移动社交网络对大学生交往方式的影响研究

郭 英 著

科学出版社

北京

内 容 简 介

本书分别选取大学生使用频率较高的微博和微信等移动社交软件或平台，从心理学、社会学和传播学等学科的视角，综合运用问卷调查、测验、实验和访谈等研究方法，以定性研究与定量研究所获数据为支撑，通过分析探讨大学生对移动社交网络的使用动机及行为，大学生移动社交网络人际交往的特征，移动社交网络背景下大学生人际交往方式的变化趋势及线上与线下人际关系结构的变化，以及移动社交网络对大学生认知、情感、行为及社会适应等方面的影响，揭示移动社交网络对大学生交往方式的影响及其机制，探究移动社交网络环境下大学生人际关系的变化规律及其社会适应性。在此基础上结合大学生实际，从国家、社会、学校与个体层面提出引导大学生科学、健康地使用移动社交网络的对策建议，以更好地发挥网络对大学生的正面导向作用，为我国社会和谐稳定做出应有的贡献。

本书适合大学生、高校教育工作者和大学生家长，网络心理学、社会学和传播学研究工作者，以及心理学和社会学爱好者阅读。

图书在版编目(CIP)数据

移动社交网络对大学生交往方式的影响研究/郭英著. —北京：科学出版社，2022.1（2023.2 重印）

ISBN 978-7-03-070185-5

Ⅰ.①移… Ⅱ.①郭… Ⅲ.①互联网络-影响-大学生-人际关系学-研究 Ⅳ.①C912.11

中国版本图书馆 CIP 数据核字（2021）第 215087 号

责任编辑：莫永国 陈丽华 / 封面校对：彭 映
责任印制：罗 科 / 封面设计：墨创文化

科学出版社 出版

北京东黄城根北街16号
邮政编码：100717
http://www.sciencep.com

四川煤田地质制图印务有限责任公司 印刷

科学出版社发行 各地新华书店经销

*

2022 年 1 月第 一 版 开本：B5（720×1000）
2023 年 2 月第二次印刷 印张：12 3/4
字数：258 000

定价：109.00 元
（如有印装质量问题，我社负责调换）

作者简介

　　郭英，女，1963 年 5 月出生，四川内江人。现任四川师范大学心理学院教授，学术院长，博士生导师，心理学一级学科硕士点负责人。四川省教学名师，四川省心理学会副理事长。主要研究领域为教育心理、社会心理和网络心理。主持国家社科基金项目等各级各类课题 20 项；出版著作或教材 10 余部；发表论文 60 余篇；获国家级教学成果奖二等奖 1 项，省级教学成果奖一等奖 1 项、二等奖 2 项、三等奖 2 项；四川省科学技术进步奖三等奖 1 项；主持建设国家级质量工程项目 1 项、省级质量工程项目 2 项、省级精品资源共享课程 1 门、省级一流课程(线上)1 门。

前　　言

互联网是人类迄今为止影响最为深远的创新成果之一，它将社会带入全新时代，是建构人类命运共同体的重要纽带。党的十八大以来，在习近平总书记关于网络强国重要思想的引领下，我国互联网基础建设及互联网应用取得历史性突破。互联网相关问题的研究也受到学界的广泛重视。

互联网时代，人类连接机制从"社会"演变为"群"，个体交往从"面对面"演变到"键对键"。人们的交往方式发生变迁，人际关系结构得以调整，"移动网络社交"成为个体与群体重要的交往方式。据中国互联网络信息中心（China Internet Network Information Center，CNNIC）的统计：2020 年 12 月，我国手机网民规模已达到 9.86 亿，手机网民人群比例提升至 99.7%。在传统社交网络的基础上发展起来的移动社交网络，其对个体及社会群体人际交往的影响成为研究者日益关注的课题。大学生作为社会群体中移动社交网络卷入程度较高的群体之一，其在移动社交网络环境下人际交往方式和人际关系的变化情况及规律更是引起研究者的高度关注。

移动社交网络对大学生人际交往方式的影响是社会学、心理学、传播学和信息学等众多学科关注的研究领域。既往的研究视角集中于社会科学领域，局限于某一具体的社交软件，全面系统地分析和阐述上述问题的研究并不多见。基于此，本书依托国家社会科学基金项目"移动社交网络对大学生交往方式的影响研究"（15BSH025），结合大学生使用频率较高的几种移动社交软件和平台，分析移动社交网络对大学生交往方式的影响，揭示其影响机制，探究移动社交网络环境下大学生交往方式的变化及其社会适应性，进而丰富学术界对移动社交网络与大学生人际交往的研究，促进人们对移动社交网络背景下个体与群体人际交往变化规律的理解和认识，为未来的研究提供借鉴与依据。

当前，移动社交网络迅速发展，网络交往作为大学生交往的主要方式之一，对大学生生活、学习和交往的积极与消极的二元影响是亟须重视的现实问题。本书的研究结论对于提出适合我国现状的大学生人际交往模式，建立适合我国大学生人际交往模式的社会学科学体系，更好地发挥移动社交网络的正面导向作用，以及对构建和谐社会具有一定的现实指导意义。

由于作者水平所限，书中难免存在疏漏之处，敬请读者批评指正。

目　　录

第1章 绪 论

1.1 研究背景

据中国互联网络信息中心(China Internet Network Information Center,CNNIC)的统计:截至 2020 年 12 月,我国手机网民规模达到 9.86 亿,网民中使用手机上网的比例为 99.7%[①]。互联网在为人们提供交往便利的同时,也在悄然改变大众的交往方式。在传统社交网络的基础上发展起来的移动社交网络,其对个体及社会群体人际交往的影响成为研究者日益重视的课题。然而,大学生作为社会群体中移动社交网络卷入程度较高的群体之一,在移动社交网络环境下其人际交往(interpersonal communication)方式和人际关系(interpersonal relationship)的变化情况及规律更是引起研究者们的高度关注。

移动社交网络(mobile social network,MSN)是一个相对新的概念,对于它的内涵的揭示,目前学术界从不同的学科展开,但没有统一的界定。Wikipedia(2017)将移动社交网络定义为,具有相似兴趣的人通过他们的手机或平板电脑进行交流和联系的社交网络。Falk(2011)指出,移动社交网络是社会科学技术与移动网络通信相结合的产物,其功能是探索移动终端用户之间的社会关系(social relationship)。有研究者认为,移动社交网络与传统的 PC(personal computer,个人计算机)端社交应用(application,App)相比,具有更强的人机交互性和实时情境性,能够让用户随时随地创造并分享内容,从而最大限度地满足人们的社交需求(Qietiläinen et al.,2009)。移动社交网络作为一个网络系统,即便没有终端之间的连接,使用者之间也能进行频繁互动(Lu and Qiu,2013)。Humphreys(2010)则将移动社交网络视为信息技术和都市生活形成的错综复杂且相互依赖的关系产物,它通过可连接的互联网且具有移动性的设备为人们提供服务,这些服务可以转变人们在公共空间中聚集和互动的方式,促进各种新信息流入公共空间,并且能够改变既有的社会和空间实践。Humphreys 和 Wilken(2015)据此提出移动社交网络是借助移动通信设备与他人建立联系和共享信息的服务。在我国,李根强等(2016)指出移动社交网络是在在线社交网络的基础上发展而来的一种社交平台,

---

[①] 中国互联网络信息中心. 第 47 次中国互联网络发展状况统计报告[EB/OL]. [2021-2-3]. http://cnnic.cn/gywm/xwzx/rdxw/20172017_7084/202102/t20210203_71364.htm.

其已经成为当下人们获取信息、传播信息、交友和娱乐等的重要渠道之一。陆奇(2011)认为移动社交网络是社交网络与移动通信技术的有机结合体，是一种新型媒体，具有更强的移动性、真实性和社交性。王玉祥等(2010)也指出，相较传统的面向互联网的社交网络服务(social network service, SNS)，移动社交网络将移动计算(mobile computing)和社会计算(social computing)无缝连接起来，极大地增强了用户的真实性、地域性和实时性。

综上，移动社交网络作为社交网络和移动通信网络相结合的产物，其主要载体是手机、平板和移动 PC(杨喜，2012)等。据此，我们将移动社交网络界定为：一种以手机、平板和移动 PC 等移动终端为媒介，由兼具社交性与移动性的各类移动社交应用平台或软件搭建起来的新型网络。这一新型网络可供个体与个体、个体与群体和群体与群体随时随地展开交流、分享与互动，实现其实质性联系的建立，使人际交往形式与特征发生巨大变化。

在社会学领域，人际交往泛指人与人的交流和往来，即人与人之间的相互作用与相互影响。它是人类社会活动的重要方式，其内容包括商品交换、思想交流、劳动服务、互助合作和娱乐活动等。而在社会心理学领域，人际交往特指在社会活动中，人与人之间进行信息交流和情感沟通的过程。从传统意义上讲，人际交往是一种现实人际交往，几千年来"面对面"的现实人际交往是人们获取信息、进行沟通和建立联系等的主要方式。但随着移动互联网的迅猛发展及移动社交网络的兴起，个体与群体在人际交往中体现出混合现实与网络海量信息的聚融特性，移动互联网和移动社交网络通过增加线上(online)和线下(offline)社交成员的交往与联系，有效地将线上和线下的社交生活联系起来，形成线上、线下交往的交融与重叠，以及现实和虚拟混合的人际交往模式(罗青 等，2013)，导致人际关系网络发生了极大变化。与此同时，移动社交网络突破传统社交模式中时间与空间的限制，满足了大学生群体的人际交往需求，不仅成为大学生学习生活中的重要工具，也为他们提供了一个崭新的"交往"场所。目前，大学生交往的主战场是"信息场景"(李桐和罗重一，2018)，移动社交网络对大学生人际交往方式及人际关系结构的影响作用日渐凸显。

目前，国内外关于移动社交网络对个体(群体)影响的研究虽不多见，但呈上升趋势。从学科领域看，多数研究集中于信息学、传播学与社会学等社会科学领域，近年来心理学科方面的研究有所增加。从社交媒介看，主要集中于某一社交平台或社交软件。Wilson 等(2012)指出国外对社交网络的研究，超过 80%以Facebook 为样本(以 Twitter、Instagram、Foursquare 和 Strava 等网络站点为研究的样本非常少见)，国内研究也大多集中于某一个移动社交软件(如 QQ、微信或微博)。从研究对象看，以一般的网络使用者及青少年为对象的研究为主，以大学生为对象的研究尚不多见。这一现状限制了研究者对社交网络宏观使用情况及其总体影响的认识，局限了研究者探究其他类型社交网络的思维(Rains and Brunner，

2015)。目前，我国用户使用的社交软件分为三大类：第一类是为用户提供沟通交流的平台(如 B 站和知乎)；第二类是实现信息分享传播及获取的软件(如微博)；第三类是为用户提供文字、语音或视频等实时沟通方式的软件(如 QQ 和微信)。由各种移动社交软件构建的社交网络，为人们提供了便捷的交流与分享平台(Trusov et al., 2010)，但不同的社交网络对个体与群体有不同的影响(Ahn, 2012)。基于此，本书分别选取大学生使用频率较高的社交网站、QQ、微博和微信等，结合社会学、传播学和心理学等学科视角，以定性研究与定量研究所获数据为支撑，通过分析探讨大学生移动社交网络使用行为，不同年级、性别和专业大学生的移动社交网络人际交往状况，移动社交网络背景下大学生人际交往方式的变化趋势及线上、线下人际关系结构的变化，以及移动社交网络对大学生认知、情感、行为及社会适应(social adaptation)等方面的影响，揭示移动社交网络对大学生交往方式的影响及其机制，探究移动社交网络环境下大学生人际关系的变化规律及社会适应性。

1.2 国内外研究概况

1.2.1 移动社交网络概述

1. 社交网络与移动社交网络

社交网络(social network)是网络用户因某种联系聚集在一起而形成的社区(Rheingold, 1993)，也称虚拟社区。Milgram(1967)的六度分离理论为社交网络的产生及发展奠定了坚实的理论基础。该理论提出通过不超过 6 个人，我们就可认识任何一个陌生人，进而形成复杂且强大的人际关系网络。

关于移动社交网络，Wikipedia(2017)有过这样一段描述：Mobile social networking is social networking where individuals with similar interests converse and connect with one another through their mobile phone and/or tablet。不少学者认为，移动社交网络是社交网络和移动通信网络两个概念相结合的产物。在陆奇(2011)的研究中，移动社交网络被定义为一种将移动终端作为媒介，把更加真实的社会关系作为基础，并将发展越来越多的移动用户进入社交网络作为目的的新型媒体，它是社交网络与当今移动通信技术的有机结合体。这一定义凸显出移动社交网络相对于传统社交网络具备更便捷的移动性和更强的真实性与社交性。同样，郝益刚(2011)关于"移动社交网络以移动终端为载体、结合移动通信技术，为广大用户提供更加真实的网络社交关系，并为用户的生活和工作提供更加便捷的网络服务，可以满足用户现实和虚拟的双重需求"的阐述也强调了移动社交网络较之于传统社交网络的区别。徐晓露(2014)则综合了陆奇(2011)与郝益刚(2011)对移动社交网络的理解,她明确指出移动社交网络是以传统社交网络为基础,将当今移动互联技术作为支持,以各种移动终端为载体,以建立和拓展更加真实的社会关系为目的,以为受众提供更具针对性的服务为主要形式的一种新媒体网络服务。此外,谭元巍(2014)将人类的社会属性作为基础,提出移动社交网络作为一种涵盖众多用户社交关系的移动通信系统,实际上是人类的社会属性与无线通信技术的巧妙结合。因此,借助移动社交网络,即便没有终端之间的连接,使用者也能双方或多方地进行频繁互动(Lu and Qiu,2013),实时沟通,共享信息(Humphreys and Wilken,2015)。

2. 移动社交网络的特征

John Doerr在2011年首次提出使用SoLoMo对移动社交网络的特征予以分析①。SoLoMo 即 Social(社交性)、Local(本地化)、Mobile(移动性)。理解这三个特性并不难,从 Color 到 Facebook,这样的 So 已经无处不在;而 Lo 则代表基于位置服务(location based service,LBS)的各种定位,如 Foursquare 或"街旁"、谷歌纵横(Google Latitude)及 Facebook Places;Mo 即苹果、谷歌带来的各种移动互联网应用。根据 Doerr(2011)的观点,移动社交网络具有社交性、本地化和移动性三个属性。此后,徐晓露(2014)指出,移动社交网络除具备传统社交网络的服务多样化、用户规模大、自组织化明显和互动性强等特征之外,在 SoLoMo 核心属性的基础上还具备几大新特征:一是基于情景与活动;二是基于移动终端设备获取在线服务;三是基于社会关系发展新的交友方式,即社交网络使用用户在原有的真实社会关系的基础上巩固熟人社交关系的同时,还可通过定位等功能发展与陌生人之间的社交网络。

根据上述研究,可将移动社交网络的特征概括如下。

第一,较强的社交性。拓展社交关系网络是人们使用移动社交网络的主要目的之一。例如,熟人社交,包括熟人之间的情感联络、动态关注和信息共享等;陌生人社交,主要是与位置相近、兴趣爱好相似或"观点一致、行为趋同"的陌生人通过展开交流互动,发展成为好友关系。

第二,服务内容的多样性。移动社交应用不仅具备传统 PC 端产品的形态和内容,同时还衍生出多种基于位置的新型移动社交应用。网易新闻、百度贴吧和商品购物等诸多传统 PC 端平台开始向移动端平台转移;以用户的兴趣爱好为基础建立相应好友圈的陌陌、探探和来往等社交应用不断更新;满足特定群体特定时期需求的社交应用,如美柚和育学园等也不断涌现。

第三,实时实地的便捷性。手机和平板等移动设备具有较高的便携性与可移

---

① 云网络. 是谁第一次提出 SoLoMo? [2011-10-31]. https://wenku.baidu.com/view/15384e390912a21614792966.html.

动性，使用者可以借助这些设备，通过移动终端与朋友甚至是陌生人进行交流沟通，实时实地地查阅感兴趣的内容，表达自己的观点并快速获得反馈。随时随地发现新鲜事，实时实地的交流与分享，能够让使用者保持交流与交往的快乐与热情，更好地满足使用者的精神需求。

第四，现实与虚拟关系的交织性。移动社交网络使用者的人际交往既有现实交往也有虚拟社区中的网络交往，其所建立的人际关系包括现实人际关系和网络人际关系。在现实人际关系中，群体彼此之间的信任度较高，如家人、朋友、同学和同事等；而在网络人际关系中则与之不同，群体是基于人们之间的某些共同点(如学习目标、兴趣爱好和性格特点等)而联系起来的，彼此间弱关系属性明显，但拥有更丰富的信息和更大规模的交往者。

3. 移动社交网络的分类

移动社交网络的分类可从实现的核心目的、结构、服务功能及开发者等多种角度进行。张晓瑞(2013)从移动社交网络实现的核心目的的角度切入，将其分为三类：①用于内容分享的移动社交网络，如微博、豆瓣等手机应用软件；②用于社交关系的移动社交网络，如微信、人人网和陌陌等；③用于商务社交的移动社交网络，如移动版的 Linkedin。谭元巍(2014)以移动社交网络的结构为依据，将其划分为三类：①中心化的移动社交网络，信息的交换和沟通依赖于移动设备中的某些服务器(如 Facebook 和微博等)或移动端网站；②分布式的移动社交网络，又称为无中心化的移动社交网络，其信息的传递不依赖于第三方服务器，手机用户间可以通过蓝牙和 Wi-Fi 等无线通信形式直接传递消息，即移动终端间可随时建立连接、实时交换或分享当前的信息；③混合式的移动社交网络，该网络同时具有前两者的优势，可根据不同的操作选用不同的方式，一般在用户登录、信息查找与管理时需要中心服务器的参与，而在信息分享和连接等过程中直接与别的终端合作完成。此外，徐晓露(2014)根据移动社交应用的功能将其分为三类：①交友类，如陌陌、微信摇一摇和同城等，该类应用主要用于与陌生人交友；②即时通信类，如 QQ、微信和飞信等，该类应用主要用于巩固熟人之间的人际交流、强化社交网络结构；③内容分享类，如微博、QQ 空间等，用户可获得信息，同时也可通过上传、转发和分享信息等功能来了解朋友的状态，该类应用主要用于保持和巩固用户之间的人际关系，是传统社交网络的延伸。然而，唐晶晶(2015)则认为国内部分学者对移动社交网络或应用类型的界定不够清晰明了，实践指导价值不大。她认为国内现有的移动社交应用按照功能可以分为四大类：①交友类，如微信、QQ、陌陌、米聊和遇见等；②软文类，如微博、豆瓣和知乎等；③话题讨论类，如百度知道、贴吧、天涯和知乎等；④专业兴趣类，如书虫、面包旅行和徒步等。本书认为，根据大学生的实际情况，常用的移动社交网络(软件)主要有三大类：第一类是为其提供沟通交流服务的平台或网站，如人人网等；第二类是能够实现信息分享、传播及获取的软件，如微博等；第三类是为其提供文字、语音或视频等实时沟通方式的软件，如 QQ 和微信等。我们的研究主要结合大学生常用的三大类移动社交网络展开。

1.2.2　大学生的人际交往及其特点

1. 大学生人际交往的界定

关于人际交往，其定义并未统一。按照社会学的观点，人际交往是人与人相互作用与相互影响的过程；传播学视域下的人际交往是人与人之间的信息传播与沟通过程；在心理学视域下，至今对人际交往无固定的定义。邓卓明(1999)曾指出人际交往是"人与人之间通过各种途径、多种方式相互接触，从而在心理、行为上相互影响的过程"。人际交往分为动态和静态两种：动态的人际交往是人与人之间物质和非物质的相互作用；静态的人际交往是通过人与人之间动态的相互作用构建的情感联系，这种情感联系即为人际关系。人际关系网络的构建是人际交往的必然结果，其本质反映的是人与人之间心理上的亲疏关系或心理距离。因此，人际交往是动态的人际关系，人际关系则是人际交往的表现结果(陈海燕，2003)。郁景祖(1995)则认为，在人际交往过程中人们要运用语言或非语言符号传达思想，表达情感、意愿或需要，交换意见。王登峰和黄希庭(2007)的观点与邓卓明(1999)的相似，其强调人际交往是个体与周围人之间的一种心理和行为沟通的过程，它源于人的合群需要(滕兆玮，2005)。

大学生的人际交往是"大学生个体之间，以及大学生与其他群体之间沟通信息、表达情感、交流思想、协调行为、构建关系的过程"(申付建，2018)。人际交往既是大学生生活的一个重要组成部分，是大学生交流信息和获取知识的重要途径，也是他们了解自我、提升自我和实现自我同一性的重要手段(王江田，2013)，同时还是培养大学生良好的社会适应，促使其社会化的重要途径(申付建，2018)。通过线上与线下、虚拟与现实相结合的方式开展良好的人际交往，可以给大学生带来积极的影响，满足其对友谊、安全感和归属感的需要，促进其心理健康。

2. 大学生人际交往的特点

当代大学生人际交往有何特点，学者们也根据自身的研究提出了不同意见。例如，李岩(2006)指出，迫切性与开放性、广泛性与时代性、平等性与不平衡性、理想性与实惠性和不稳定性五个特点是当今大学生人际交往的主要特点。吴丽(2011)通过研究发现，大学生人际交往最突出的三个特点是开放性、自主性和迫切性。李翠萍(2014)则认为，在新时期，大学生的人际交往呈现出开放性、层次性、功利性和虚拟性的特点。而从社会交换论的角度看，当代大学生人际交往显现出平等化和功利化趋势加强，以及更加理性化和契约化的特点(丁鹏和汪靓，2012)。

综上，当代大学生人际交往具有如下几个较为突出的特点。

(1)开放性。传统意义上的人际交往是一种现实交往。在网络高速发展和信息实时共享的当下，移动社交网络的崛起，使得大学生的交往视野变得更加开阔，他们的交往不再受时空约束，呈现出明显的开放性。借助现实交往和网络交往的平台，大学生的交往圈子不再局限于家人、老师和同学，而拓展到社会，甚至全球范围，其交往方式也更具多样性。

(2)自主性。经济文化的全球化和通信技术的高速发展，使当代大学生的交往方式变得便捷多样，开放的环境和充足的资源也让他们能够更加自主地按照自己的想法和标准去选择交往对象(吴丽，2011)。

(3)理想性。大学生的人际交往动机相对较单纯，情感因素占比相当高，他们注重精神需求，对人际交往抱有较高的期望(李岩，2006)。

(4)虚拟性。网络的匿名性和隐蔽性使大学生可以更好地自我表露、宣泄情绪、发表观点和相互回应，虚拟空间中的人际交往(网络人际交往)已经成为大学生人际交往中的重要形式。

3. 网络人际交往

网络人际交往(线上人际交往)是借助计算机和互联网的形式实现人与人之间信息传递与交换的过程。它是相对于现实人际交往(线下人际交往)的一个概念。对于网络人际交往的概念，我们并不陌生，可以从以下几个方面来理解：其一，网络人际交往是在传统人际交往的基础上产生的，属于人际交往的一种新方式；其二，网络人际交往是以计算机和互联网为媒介的人际交往方式，即线上人际交往，简单来说，就是在使用网络的过程中产生的人际交往形式；其三，网络人际交往具有虚拟性、平等性和开放性。网络人际交往打破了传统的人际交往模式，人们在网络中以一种非真实的(虚拟的)方式进行信息的交流与互换。在社交网络这一虚拟世界中，人们可以随意变更自己的性别、职业、年龄以及教育和家庭情况、国籍等信息，用一种自己想象的或理想的状态和他人交往。因此，这种虚拟的交往可以被理解为：我们将在现实生活中想表达的语言符号通过计算机和互联网转化成一种新的表达形式并传达给信息接收者(鲍宗豪，2003)。网络的开放性与自由性对人们具有极大的吸引力，而网络人际交往中平等与开放的环境则最受青少年青睐(陈志霞，2000)。

1.2.3　移动社交网络与大学生人际交往的关系

移动社交网络对个体(群体)人际交往的影响，研究者从心理学、社会学和传播学等视角对其进行探讨。其中，心理学侧重于从微观视角探讨移动社交网络使用的心理机制和成因，社会学侧重于从宏观视角探讨移动社交网络使用的社会发生机制和成因，传播学则侧重于从移动社交网络使用行为的典型特征探讨信息的传播机制(姜永志 等，2017)。例如，传播学将微博、微信和陌陌等具有代表性的移动社交平台作为支撑，研究网络舆情及其对民众心理和行为的影响。研究发现，在"魏则西事件"和"雷洋事件"发生后，有人在微博和微信等移动社交平台上进行信息传播，并使受众形成了不同的观点群体，网络信息的不实性与谣言的传播，造成人们对医院产生恐惧心理，对执法人员产生信任危机，群体极化(group polarization)现象严重(魏玲和郭新朋，2019)。2020 年 1 月，新冠肺炎疫情发生之初，国内外同样也是谣言四起，谣言通过微博、微信、QQ、Twitter 和 Facebook 等社交平台或应用软件迅速传播，加深了民众的恐惧和焦虑心理，继而对科研人员和医生产生不信任心理及行为。因此，传播学视角中基于移动社交网络的网络舆论分析，以及揭示网络舆情传播机理对民众心理及行为(包括交往行为)的影响，对于我们的研究具有重要的启发意义。

悉心梳理，学术界目前关于移动社交网络对大学生人际交往方式影响的研究主要集中于以下几个方面。

1. 移动社交网络使用的相关研究

1)移动社交网络使用的理论模型

当前，为什么包括大学生在内的各类用户越来越频繁地使用甚至依赖移动社交网络来进行人际交往和建立人际关系？这与移动社交网络近年来迅猛发展的态势及其对大学生各种需求，尤其是心理需求满足程度的日益提升不无关系。随着移动社交网络应用研究的不断深入，研究者提出了相关理论模型。虽然这些理论模型并不是直接针对移动社交网络和大学生群体，但仍可解释当今大学生越来越频繁地使用移动社交网络展开交往和建立人际关系的行为。

(1)技术接受模型

技术接受模型(technology acceptance model，TAM)是基于理性行为理论发展起来的。理性行为理论认为个体的信念影响态度，态度则影响行为意向，即信念—态度—意向。Davis(1989)发展了这一理论，并调整为信念—态度—意向—行为的结构链，用来预测与解释人们对信息技术(information technology，IT)的接受程度。Davis(1989)认为感知有用性与感知易用性影响了人们使用某一信息系统的态度，态度与感知有用性可以有效预测人们使用该系统的行为意向，且感知易用性也将影响感知有用性(李静，2017)。许多实证研究结果已证实，TAM 作为一个理论模型，可以帮助理解和解释信息系统的使用行为(Legris et al.，2003；Park et al.，2014；李静，2017)。从技术接受模型的角度来看移动社交网络，正是其特有的有用性及易用性让它得以迅速普及且迅猛发展，成为当今大学生越来越青睐的社交平台。

（2）心流体验理论

Csikszentmihalyi 和 Lefevre（1989）把"心流"界定为一种将个人的精神活动完全聚焦于某一对象或事件上的感觉，且认为心流体验是个体在完全投入一项活动之中时所感受到的整体性体验，当个体处于这种体验中时，其高度专注于当下从事的活动，其意识与活动深度融合，以致丧失自我意识以及对环境的掌控感。近年来有学者运用心流体验理论（flow theory）解释互联网用户的使用行为，研究表明，用该理论描述普遍存在的人机交互活动是十分有用的（Webster et al.，1993），如研究网络游戏（Hsu and Lu，2004）、探讨体育运动（Herbert and Susan，1999）和研究社交网站等（Zhou et al.，2010）。从心流体验理论的视角看，使用移动社交网络时用户的心流体验增加了其使用频率和使用时长。

（3）使用与满足理论

使用与满足理论（uses and gratifications theory）起源于传播学，主要研究满足或利益问题，即吸引观众的各种类型的媒体及内容是如何满足其社会和心理需求的（O'Donohoe，1994）。这一理论的依据是个体在生活、工作与学习中常常从相互竞争或对立的目标对象中做选择，这种选择具有刺激性，可以满足个体的需要（Lariscy et al.，2011），然而一旦需要得到满足，个体很可能复演同样的选择行为（Okazaki，2006）。近期，该理论研究把社交网站视为一个新兴的社会化媒体，并探讨个人使用社交网站的心理动机。例如，Brandtzæg 和 Heim（2009）的研究表明，包括大学生在内的各类群体使用社交网站主要有四个动机：获得各种信息、进行社会交往、开展娱乐活动和建构个人同一性。Kim 等（2011）则认为，个体使用社交网站是为了获得信息、便捷生活、结交朋友和寻求社会支持。而 Whiting 和 Williams（2013）的研究几乎概括了人们使用社交媒体的所有动机：人际交往、表达观点、消磨时间、收集信息、休闲娱乐、即时通信、快捷方便、信息分享和知晓他人。根据该理论，研究者认为移动社交网络的使用满足了大学生大部分的社会和心理需求，使大学生成为移动社交网络的追随者。这在路鹃和亢恺（2013）的研究中也得到进一步证实，人们在社交网络产生后已从被动的信息接收者转变成为发布者和传递者，可以自由主动地满足自己的需求，而大学生体现在社交网络使用中的自媒体性与使用与满足理论强调的受众主动性也相当契合。

（4）期望确认模型

期望确认模型（expectation confirmation model）源于期望确认理论，早期是由 Oliver（1980）提出的一种用于研究消费者满意度的理论，其核心观点为消费者是以购前期望与购后绩效的比较结果来判断对产品或服务的满意度，而满意度则成为消费者再度购买或使用产品或服务的参考指标。Bhattacherjee（2001）认为信息系统持续使用的决定与消费者是否再次购买的决定类似，因为初始抉择（接受或者购买）受初次使用的经验影响（信息系统或者产品），这可能使初始抉择发生逆转。该理论多用于探讨人们对信息技术的使用行为（Brown et al.，2012；Thong et al.，

2011），也可揭示大学生对社交网络持续使用的行为动机。

上述理论模型的提出，为学界进一步研究移动社交网络使用动机及使用行为提供了理论支持。

2) 移动社交网络使用动机及使用行为

在移动社交网络使用的相关研究中，大量理论与实证研究(其中不少研究是通过 Facebook、微博和微信获得数据的)早期是以互联网的使用动机作为主题的。早在 20 世纪 90 年代就有学者以使用与满足理论为支撑分析研究互联网的使用动机，他们发现个体使用互联网的动机包括主要使用动机、次要使用动机以及非使用动机三个方面。1999 年，Korgaonkar 和 Wolin(1999)对互联网的使用动机进行了分析，结果显示，人们使用互联网的主要动机为逃避现实生活、信息获取、事务性安全及隐私、互动控制、社会化需求、非事务性隐私以及经济方面的考虑。Papacharissi 和 Rubin(2000)的研究表明，多数人使用互联网的动机可以被概括为人际交往、打发无聊时光、信息获取和娱乐。

国外关于移动社交网络使用动机的研究多以互联网的使用动机的研究成果为借鉴，以使用与满足理论为主要理论基础，采用量化分析法进行分析和归纳。认为社交网络的使用动机较为丰富，既有娱乐消遣和获取信息的动机，也有联系线下朋友和结识线上朋友的动机。Jung 等(2007)对韩国受试者使用社交网络的动机进行了研究，发现娱乐、与家人朋友交流、打发时间和职业提升是个体使用社交网络的主要动机。Brandtzaeg 和 Heim(2009)采用开放式的问卷对 1200 名挪威受试者进行社交网络使用动机研究后发现，获取信息、娱乐、社会交往以及个人空间冲浪是人们使用社交网络的重要动机。

我国也有学者对社交网络的使用动机做了初步分析。有研究者依据相关理论，设计了社交网络参与动机量表，并运用探索性因子分析和验证性因子分析分别考察量表的信度和效度，最终将社交网络用户的参与动机概括为信息性动机、娱乐性动机、维旧动机、扩新动机和从众动机等方面(常亚平和朱东红，2011)。陈雅琪(2011)将社交网络使用动机分为信息获取、人际交流互动和娱乐三个方面，并采用五级利克特量表对其进行测量。而郝若琦(2010)对社交网站使用动机进行的研究显示，社交网络的主要使用动机有人际关系的建立与维系、娱乐消遣、获取信息和打发时间等。上述研究虽得出的结论不同，但为学术界进一步探究(移动)社交网络使用动机等系列相关问题奠定了基础。

在移动社交网络使用行为的研究中，社交网络使用状况，如使用规模及使用者对应用平台(软件)的选择偏好等问题近年来也越来越引人关注。调查表明，目前我国已拥有全球最大的移动终端用户规模，截至 2020 年 12 月，移动互联网用户数超过 9.89 亿，网民中使用手机上网的用户比例达 99.7%[①]。在青少年及大学

[①] 中国互联网络信息中心. 第47次中国互联网络发展状况统计报告[EB/OL]. [2021-2-3]. http://cnnic.cn/gywm/xwzx/rdxw/20172017_7084/202102/t20210203_71364.htm.

生中，使用量排在前三位的主流移动社交网络应用分别为即时通信、微博和社交网站。学者们在进一步探索社交网络用户使用行为的基础上指出，社交网络会影响人际知觉(姚琦 等，2014)，进而影响人际关系，但使用不同类型社交软件的个体在社交关系网络中也存在一定差异(Ahn，2012)。另外，东、西方文化有一定的差异，东方人具有更强的集体主义意识，西方人具有更强的个人主义意识(刘邦惠和彭凯平，2012)，因此，不同文化背景下的个体在使用移动社交网络时的行为偏好也存在差异。目前，针对上述问题，基于本土文化视角的研究并不多见。

此外，社交网络(站)真实自我呈现(true self presentation)作为一种常见的社交网络使用行为，近年来也受到关注。国外研究发现，个体通过社交网络实现真实自我呈现，可以对他人打开自己的世界，让他人更加了解自己，对自己更加信任、更加亲密，同时还可以让他人及时为自己提供一些意见和帮助，让自己处于更加健康和谐的人际关系中(Steinfield et al.，2008；Park et al.，2011；Sosik and Bazarova，2014；Lin et al.，2014)。社交网站中的真实自我呈现可以让使用者的朋友更快地了解使用者的一些状态和经验，必要时还可以给予积极的回应以及支持和帮助(Kim and Lee，2011；Yang，2014)。社交网站真实自我呈现还可以通过网络上积极回应的中介作用对人们的自尊产生影响(Liu and Brown，2014；Yang，2014)。而 Wang 等(2017)研究发现，社交网站真实自我呈现可以通过领悟社会支持和反刍的链式中介作用对抑郁产生影响。上述研究均显示，社交网络(站)真实自我呈现作为一种常见的社交网络使用行为，对个体(群体)的情绪、健康、人际交往和社会适应等有显著影响。

国内学界对社交网络(站)真实自我呈现的相关研究，近年来也呈上升趋势。研究发现，社交网站真实自我呈现能够提高青少年的自我认同水平，青少年可通过他人对自己的积极回复，促进自我认同(刘庆奇 等，2015)，提高个体的自尊水平和社会支持(牛更枫 等，2015)，提升个体的生活满意度以及友谊水平(牛更枫等，2015)。研究同时发现，社交网站真实自我呈现可以让个体获得更多来自他人的正面回复(刘庆奇 等，2016)，提高青少年的友谊质量(崔曦曦 等，2016)。纵向研究进一步显示，社交网站真实自我呈现对青少年友谊质量具有长期影响，而积极反馈在社交网站真实自我呈现与青少年友谊质量的关系中具有跨时间的完全中介作用。此外，有研究表明，社交网络真实自我呈现对人际和谐具有显著的预测作用，同时其能够通过自我和谐的中介作用影响人际和谐(冯媛媛，2017)。

无论是社交网络使用动机还是社交网络使用行为的研究，直接针对大学生的并不多见。但既往的研究，对于我们进一步了解大学生使用移动社交网络的动机及行为，探究移动社交网络对大学生交往方式的影响及其机制具有重要的启示作用。

2. 移动社交网络环境下大学生交往方式的变化

互联网的迅猛发展以及移动互联网的兴起，尤其是智能手机等移动设备在现实生活中的广泛使用，使得人们的社交活动日益依赖社交网站或平台(Tosun，2012)。研究表明，目前大学生每天在线的时间越来越多，形成了线上交往和线下交往的交融与重叠，以及现实和虚拟混合的人际交往模式(罗青 等，2013)，而且线上人际关系与线下人际关系的界限越来越模糊(Xie，2007，2008)。移动社交网络突破了传统社交模式中时间与空间的限制，满足了大学生群体的人际交往需求，丰富了他们的交往方式，扩大了其社交范围。同时，现实和虚拟混合的交往模式也导致大学生人际关系网络的极大变化。移动社交网络的出现延展了大学生交往和互动的时空，其构建的新的虚拟空间与现实社会产生了补充、交织和相互影响的关系。正如 Willmann 所言："互联网沟通对于实质的社交关系的影响，并不会造成社会生活的贫乏。事实上这并不是非此即彼的零和游戏，相反通过互联网所获得的沟通纽带，常常形成更多现实的社交纽带。"网络交往既是现实交往的替代品，也是补充空间，移动社交网络的兴起给大学生带来的是交往方式的多样性，以及交往内容的丰富性。移动社交网络的使用增加了大学生人际交往的话题、内容与信息量，提高了交往频率，降低了交往成本，拉近了人与人之间的距离(黄瑞阳，2017)。

与此同时，移动社交网络背景下交往方式的变化会增强大学生交往群体的同质性。移动社交网络的智能化，使其能个性化地筛选和过滤出用户需要和感兴趣的内容。Sunstein(2002)认为，信息过滤会使人们眼界窄小，或沉溺于"固有品味"。Pariser(2011)提出的关于网络的"过滤泡(filter bubble)"理论指出，越来越智能、越来越个性化的网络会缩小人们的世界观，把人们困在一个"网络泡"之中，降低人们接触多样化信息的可能性。即使个体有机会接触其他信息，其也会忽略与自己无关或者不感兴趣的信息(Liao and Fu，2013)。移动社交网络使大学生能自由地选择符合自己"固有品味"的群体进行交往，大学生由此便降低了与其他群体交往的主动性和可能性，易产生单一性思维、孤独和抑郁等消极情绪和不良群体效应，影响自身的社会适应。研究还表明，对通过网络进行人际交往的依赖，降低了大学生进行现实交往的主动性(何海霞 等，2016)，造成其现实社交能力减弱，交往方式单一，而长期过度使用移动社交网络存在潜在的成瘾风险(Müller et al.，2016)，可能导致睡眠障碍以及抑郁症(庄慧敏，2019；孙晓军 等，2016；牛更枫 等，2016)。

3. 移动社交网络对大学生人际关系结构的影响

早在 20 世纪 70 年代初，社会学家 Granovetter(1973)就从人际亲密度的角度对人际关系进行了划分。他认为，感情较弱、亲密度较低的人际关系是一种弱关系(weak ties)，与之相对的感情较强、亲密度较高的人际关系是一种强关系(strong ties)。他同时认为，在传统社会，每个人接触最频繁的是自己的亲人、同学、朋友和同事等，这是一种十分稳定的传播关系，也是一种强连接。此外，社会还存在一种弱连接，弱连接关系不如强连接关系稳定，但范围比较广，且具有比较高的传播效率，维护弱连接关系的成本也较低。移动社交网络的使用改变了个体人际交往方式，强化了个体弱关系的发展，削弱了个体强关系的发展，而弱关系更有利于个体间及群体间的思想交流及信息传播(Granovetter，1973；Kossinets and Watts，2006；Burt et al.，2013)。毋庸置疑，移动社交网络使大学生的人际关系网络结构发生质变，呈现出强关系减少、弱关系增多的趋势。

学界关于移动社交网络与桥际性人际关系(bridging relationship)和联结性人际关系(bonding relationship)的研究也印证了上述结论。Putnam(2001)认为人际关系从结构上可分为桥际性人际关系和联结性人际关系，前者指的是仅限于认识的人之间并未深入发展的人际关系(可理解为弱关系)；后者指的是相互了解的个体间的亲密人际关系(可理解为强关系)，这类人际关系更容易得到社会支持和精神支持。有研究表明，移动社交网络的使用增加了大学生桥际性人际关系(即弱关系)的数量。例如，大学生对 Facebook 的使用强度与其桥际性人际关系和联结性人际关系的强度有关(Ellison et al.，2007；Valenzuela et al.，2009)，Facebook 能同时促进强关系和弱关系中朋友数量的增长，但是对弱关系的促进作用更大，大学生通过 Facebook 与网络好友私信聊天越多，越能促进其桥际性人际关系的发展(Burke et al.，2011；Manago et al.，2012)。

同时，移动社交网络背景下强关系与弱关系结构的变化引起交往者社会资本(social capital)的改变，尤其是对社会资本获得的改变(DiMaggio et al.，2001)，这也是研究的一个出发点。按照 Bourdieu(1986)的分析，"社会资本是实际或潜在资源的集合体，他们与或多或少制度化了的相互认识与认知的持续关系网络联系在一起，通过集体拥有的资本的支持提供给他的每一个成员"，并且"某一主体拥有的社会资本量取决于他能有效动员的关系网络的规模"。关于社会资本，Putnam(2000)描绘了两种基本形式：联结性社会资本(bonding social capital)和桥际性社会资本(bridging social capital)。联结性社会资本是指从与自己亲近的人那里得到益处，这可能包括感情支持、物质帮助或者其他一些好处。桥际性社会资本，即寻常生活中的相识和联系所带来的利益，也能够产生有形结果，如远距离联系和广泛世界观所带来的新信息(Nicole et al.，2011)。这里的联结性社会资本和桥际性社会资本，又与联结性人际关系和桥际性人际关系密切相关。Granovetter(1973)在有关"弱关系的力量"的研究中指出，在社交网络中与桥际性社会资本有关的弱关系，更可能占有个人或者个人拥有的强关系(强关系与联结性社会资本有关)中所没有的信息(Nicole et al.，2011)。可见，移动社交网络背景下弱关系大大增强，从而导致大学生桥际性社会资本相应增强。

此外，有研究还表明，移动社交网络的高频使用不仅能够改变大学生人际关系的结构，还可以快速把"小众"组织起来，借助"社会认同（social identity）"效应，快速建立与陌生人的人际关系，从而影响大学生人际关系网络的密度、分布、发展以及社会适应性（Ellison et al.，2007；Valenzuela et al.，2009），其对于形成和维持个体的友谊关系也具有促进作用（Karle，2013；Zucchetti et al.，2013）。

1.3　研　究　内　容

本书以移动社交网络为背景，结合大学生使用频率较高的几种移动社交平台或软件（如社交网站、QQ、微信和微博），从社会学、传播学和心理学等学科的视角，综合运用多种研究方法，通过分析探讨大学生移动社交网络使用行为，以及不同年级、性别和专业大学生的移动社交网络人际交往状况，验证移动社交网络背景下大学生人际交往方式的变化趋势及人际关系结构的变化规律，解析移动社交网络对大学生认知、情感、行为及社会适应等方面的影响，进而系统全面地揭示移动社交网络对大学生交往方式的影响及其机制。具体研究内容如下。

1.3.1　大学生移动社交网络人际交往调查问卷编制

本书在全面梳理并参考国内外网络交往尤其是大学生网络交往理论研究成果的基础上，借鉴已有的网络人际交往相关问卷，分析概括移动社交网络及大学生人际交往的特点，基于开放式访谈结果以及大学生人际交往现状，编制适合本土文化的大学生移动社交网络人际交往调查问卷，并进行初步信效度检验，为进一步调查分析和科学揭示大学生在移动社交网络环境下的交往行为特征提供有效的研究工具。

1.3.2　移动社交网络影响下大学生人际交往方式的变化

使用问卷调查法和心理测验法等调查大学生在一年级、二年级、三年级和四年级等不同阶段和不同时期使用移动社交网络进行线上交往及线下交往的特征，探寻移动社交网络影响下大学生交往方式的变化趋势，并比较线上和线下人际交往背景下大学生人际关系网络结构的变化规律。

1.3.3　移动社交网络环境下大学生人际交往中强弱关系的变化趋势

以微信和微博使用等为研究背景，利用各种方法收集到的数据资料，探究大学生在人际关系网络中对社交成本的投入情况，以及强关系和弱关系的变化趋势；同时，验证移动社交网络的便捷性是否会使大学生社交成本中的启动成本逐步降低而维持成本逐步升高，进而影响大学生人际交往中强弱关系的结构，使大学生人际交往的机遇变化增大。

1.3.4　移动社交网络的使用对大学生认知、情感和行为的影响

采用问卷调查法、心理测验法和访谈法，以社交网站和微信、微博等为背景，解析微信朋友圈、微博和社交网站的使用对大学生生活满意度、主观幸福感（subjective well-being，SWB）、孤独感（aloneness）和人际适应（interpersonal adaption）等的影响，以及微博使用与社会比较（social comparision）和社会认同的关系，揭示移动社交网络使用对大学生认知、情感和社会行为的影响及其机制；同时，利用情感分析法和心理测验法，分析比较大学生线上和线下人际交往的情感（如孤独感和抑郁等）体验。

1.3.5　移动社交网络背景下大学生交往的群体效应

采用问卷法和实验法，研究大学生网络群体效应的形成过程及发展规律，比较线上群体效应与线下群体效应的差异，探索两者间存在的联系；同时，验证在移动社交网络背景下，大学生个体是否会更自主地选择加入感兴趣的群体中进行交往，由此更容易形成同质化（homogenization）群体，减少与其他群体的接触机会。

1.4　研究思路及方法

1.4.1　研究思路

基本思路：在对移动社交网络与人际交往相关文献进行系统梳理的基础上，利用中国互联网络信息中心（CNNIC）对社交软件的分类，选取大学生使用频率较高的移动社交软件或平台（如社交网站、新浪微博、QQ 和微信等）作为研究数据源，以大学生为研究对象，通过多种方法的综合运用，得出相关数据，并采用因

子分析、文本分析、回归分析和聚类分析等技术手段，分析大学生对移动社交网络的使用状况及人际关系结构的变化情况，揭示移动社交网络对大学生交往方式的影响。研究技术路线图如图 1-1 所示。

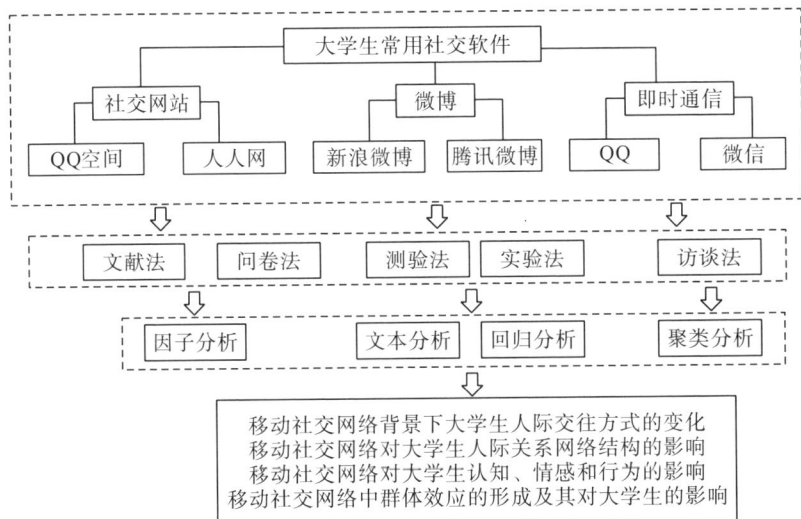

图 1-1　研究技术路线图

1.4.2　研究方法

根据研究思路，主要采用以下方法。

(1)文献法。系统地回顾和梳理国内外有关移动社交网络与人际交往的相关文献，为本书研究思路的确立、研究目标的提出、研究内容的细化、研究假设的确定、研究方法的选用及研究结果的分析奠定坚实的基础。

(2)问卷法。通过对不同年级大学生使用移动社交网络的基本数据进行收集与整理，分析大学生交往方式的嬗变，探究大学生线上和线下人际交往的变化趋势，揭示大学生人际关系网络结构的变化规律。

(3)测验法。采用心理测验的方法，并使用社交网站自我呈现量表、人际关系量表、生活满意度量表、焦虑量表、抑郁量表、社会支持量表、人际适应量表、社会比较量表和社会认同量表等工具，测量大学生线上与线下的人际交往和人际关系现状，分析移动社交网络对大学生认知、情感和行为的影响及其机制。

(4)实验法。采用自然实验的方式，分析大学生线上和线下群体极化现象的特点、差异以及相关性，探索移动社交网络对大学生群体心理的影响及其机制。

(5)访谈法。通过半结构访谈，探讨移动社交网络环境下大学生人际交往方式的变化及其与人际适应的内在联系。基于扎根理论(grounded theory)，并运用质性研究,对访谈收集的定性资料进行开放性编码、主轴性编码以及选择性编码,比较传统人际交往和移动网络环境下大学生人际交往的心理和行为变化情况,构建移动社交网络背景下大学生人际交往的变化模型,探讨移动社交网络对大学生人际交往的影响机制。其中,量化研究结果与质性研究结果相互印证,互为补充。

1.5 研 究 意 义

1.5.1 理论意义

移动社交网络对大学生人际交往方式的影响及其机制是社会学、心理学和传播学等众多学科的新兴研究领域。既往的研究视角局限于社会科学领域,集中于某一具体的社交软件,研究成果不多,缺乏全面系统的分析和阐述。本书从社会学、传播学和心理学等学科的综合视角,结合大学生使用频率较高的几种移动社交软件或平台,分析探讨不同年级大学生的移动社交网络人际交往状况、移动社交网络背景下大学生人际交往方式与人际关系的变化规律以及移动社交网络对大学生认知、情感和行为的影响及其机制。其成果能丰富学术界对移动社交网络与大学生人际交往的研究,促进对移动社交网络环境下大学生交往方式的变革及其社会适应性,以及个体与群体人际交往变化规律的理解和认识,为未来相似领域的研究提供借鉴与依据。

1.5.2 实践意义

在移动社交网络迅速发展的当下,网络交往成为青少年交往的主要方式。网络交往给青少年以及大学生的生活、学习和交往带来的积极与消极影响都是亟须重视的现实问题。本书展现的研究成果对于我们提出适合我国本土文化的大学生人际交往模式,构建适合我国大学生人际交往模式的社会学科学体系,更好地发挥移动社交网络对大学生的正面导向作用,促进青少年形成良好的社会适应性及社会和谐稳定,铸牢中华民族共同体意识,具有较强的实践价值与现实指导意义。

第2章 大学生移动社交网络人际
交往调查问卷的初步编制

2.1 问题提出

对于移动社交网络的概念，目前并没有统一的界定。李根强等(2016)认为移动社交网络是在在线社交网络的基础上发展而来的一种社交平台，用户可通过移动终端相互沟通和交流，其已经成为人们获取信息、传播信息、交友和娱乐等的重要渠道。王玉祥等(2010)认为相较传统的面向互联网的社交网络服务，移动社交网络无缝地将移动计算和社会计算结合起来，极大地增强了用户的真实性、地域性和交互的实时性。Pietiläinen 等(2009)认为移动社交网络与传统的 PC 端社交应用相比，具有更强的人机交互性和实时情境性，能够让用户随时随地创造并分享内容，从而最大限度地满足人们的社交需求。Humphreys(2010)将移动社交网络视为信息技术和都市生活错综复杂且相互依赖关系的进一步产物。他认为移动社交网络是通过可连接的互联网和具有移动性的设备为人们提供服务，这些服务可以转变人们在公共空间中聚集和互动的方式，促进各种新信息流入公共空间，且能够改变既有的社会和空间实践。综合以上定义，本书将移动社交网络界定为人们使用移动终端设备并通过相应的应用程序在人群中分享兴趣、爱好、状态和活动等信息的在线交流平台。

以往的研究中，研究者一般将借助互联网进行的人际交往称为网络交往(network communication)，目前国内外对此均有不少研究。在对其进行概念界定时，一般较多使用"网络使用(internet use)"(Reich et al.，2012)、"计算机媒介沟通(computer-mediated communication，CMC)"(Walther，1996)和"在线交流(online communication)"(Pornsakulvanich et al.，2008)等术语。国内学者将网络交往界定为以计算机和互联网为基础，利用文本、语音和视频等进行的人际交往，涉及网络交往的关系、行为、认知和结果四个层面(平凡 等，2012)。陈少华等(2010)认为网络交往是一种基于网络通信技术，通过数字化信息进行各种信息交流，从而实现人与人之间信息、情感和物质交流的活动。结合以上定义，本书认为移动社交网络上的人际交往是以社交应用程序为依托，通过相应智能终端设备接入移动社交网络，并在这一平台上进行自我展现、认识他人和交流互动等活动的社交行为。

查阅文献，发现在已有的网络交往调查问卷编制中，由于研究者的理论基础与研究视角各不相同，编制出的问卷差异很大。平凡等(2012)从关系层面、行为层面、认知层面和结果层面出发，编制出的大学生网络交往调查问卷包括网络社交自我知觉、网络自我表露、网络人际关系以及网络交往依赖 4 个因子。陈少华等(2010)所编制的问卷包括网络交往的程度和影响以及交友便捷认知、信任缺失认知、积极态度和消极态度等方面。聂衍刚等(2007)则认为，网络交往由上网地点、上网时间、上网动机、上网内容、网络人际关系、网络依赖和上网自评 7 个因素构成。同时，已有的问卷主要基于互联网对大学生网络人际交往行为进行测量，都是从传统互联网层面出发，并未涉及移动社交网络上的人际交往行为。移动社交网络虽是在传统社交网络的基础上发展起来的，但其具有自身的特点，如兼具便捷性、位置性、信源相对确认性、及时性和普遍性等(楼向英和高春玲，2013)，基于传统互联网编制的网络交往调查问卷并不能完全有效地对具有自身独特性又广泛存在于大学生群体中的移动社交网络人际交往行为进行测量。现有的网络交往调查问卷应用到移动社交网络的调查研究中还存在诸多不足：第一，现有的网络交往调查问卷忽略了移动社交网络人际交往的独特性，并没有依据移动社交网络的特性进行设计与编制，导致测量存在较大误差；第二，现有的网络交往调查问卷忽视了大学生移动社交网络人际交往中信息沟通的重要性，不能准确反映大学生移动社交网络人际交往的活动特征；第三，现有的网络交往调查问卷对网络依赖与自我表露的测量集中于传统互联网，对于移动社交网络来说并没有针对性。由于移动社交网络具有更高的便捷性与卷入度等特性，大学生群体对移动社交网络的依赖及在这一平台上的自我表露程度与传统互联网相比差异较大。

　　鉴于此，在参考国内外相关研究的基础上，基于开放式访谈结果以及大学生移动社交网络人际交往现状，本书编制了大学生移动社交网络人际交往调查问卷并进行了信效度检验，为开展大学生移动社交网络人际交往行为的相关研究，了解移动社交网络对大学生人际交往行为的影响，提供了科学有效的测量工具和理论参考。

2.2　问　卷　编　制

2.2.1　问卷项目的编制

　　根据开放式访谈的结果，在参考现有文献和量表的基础上，对大学生移动社交网络人际交往的理论框架进行了构想。结合目前大学生移动社交网络人际交往行为的现状，初步评定大学生移动社交网络人际交往主要由三个因子构成，分别是移动社交网络信息沟通、移动社交网络自我表露和移动社交网络依赖。

选取 18 名大学生进行深入访谈，对访谈内容进行转录，再对转录的内容进行编码分析。依据开放式访谈内容的编码结果，将筛选出的词条和短语编制成陈述性语句，以编制大学生移动社交网络人际交往预测问卷。邀请 20 名心理学研究生对预测问卷中的问题进行表述纠错，以避免问题出现歧义、难以理解或表述不够简练等问题。

最终确定大学生移动社交网络人际交往预测问卷共包括 75 个问题，采用"完全不符合"至"完全符合"5 点计分，其中有 4 个问题为反向计分。

2.2.2 施测对象

样本 1(初测样本)：用于探索性因素分析。采用随机抽样的方法在四川师范大学各学科分年级发放问卷 430 份，回收问卷 405 份，得到有效问卷 393 份。其中，男生 188 人，女生 205 人；理工科 153 人，文科 139 人，艺术体育专业 101 人；一年级 128 人，二年级 106 人，三年级 87 人，四年级 72 人。

样本 2(正式施测样本)：用于验证性因素分析。在四川师范大学和西华大学各学科分年级随机调查，发放问卷 1200 份，回收问卷 1106 份，得到有效问卷 990 份。其中，男生 486 人，女生 504 人；理工科 350 人，文科 332 人，艺术体育专业 308 人；一年级 255 人，二年级 277 人，三年级 271 人，四年级 187 人。

采用 SPSS 22.0 和 Amos 21.0 对数据进行分析。

2.3 结 果 分 析

2.3.1 问题分析

问题分析的主要目的是计算问卷个别问题的"临界比率(简称 CR 值)"，其步骤如下：第一步，计算量表的总分；第二步，找出高低分组上下 27%处的分数；第三步，依据临界分数将观察值在量表中的得分情况分成高、低两组；第四步，以独立样本 t 检验这两组在每个问题中的差异。根据统计分析结果，75 个问题中除第 10 个和第 30 个问题的 t 值未达到显著性水平外，其他问题的 t 值均达到非常显著性水平，表明这些问题具有良好的辨别力，适合保留下来做探索性因素分析。

计算各问题与总分的相关性，并剔除相关性 $r<0.3$ 的问题(共 6 个：问题 2、问题 10、问题 30、问题 32、问题 35 和问题 75)。剩余的 69 个问题与总分的相关性为 $0.349\sim0.650(p<0.001)$。

2.3.2　探索性因素分析

为了检验数据是否适合做因素分析，首先对样本 1(n=393)所获得的数据进行检验。对经分析后的 69 个问题进行探索性因素分析，使用主成分法和正交旋转法抽取因素，生成特征值大于 1 的因子 14 个，累计方差解释率为 60.907%，KMO=0.939，Bartlett 球形检验 χ^2=13343.415，$p<0.001$，表明数据适合做因素分析。

根据研究者编制问卷的实际经验，删减问题的原则如下：①逐步排除某些极端问题；②共同度低于 0.3；③因素负荷值小于 0.4；④存在双重负荷(双重负荷值均在 0.3 以上且负荷值之差小于 0.3)。依据这些标准对初始问卷的问题进行删减，每次删除一个问题，并重新进行探索性因素分析，依据重新分析的结果确定下一次删除的问题，最后保留 17 个问题(表 2-1)。然后对 17 个问题进行探索性因素分析，本书用主成分分析法抽取特征值大于 1 的因素，并利用正交旋转法和碎石图(图 2-1)共得到 3 个因子，方差累计贡献率为 56.393%。因子 1 包含 6 个问题(问题 37、问题 45、问题 32、问题 72、问题 27 和问题 31)，问题的表述均与大学生在移动社交网络上的信息沟通相关，因此被命名为"移动社交网络信息沟通"；因子 2 包含 6 个问题(问题 74、问题 44、问题 59、问题 54、问题 69 和问题 34)，问题的表述均与大学生对移动社交网络的依赖相关，因此被命名为"移动社交网络依赖"；因子 3 包含 5 个问题(问题 18、问题 67、问题 68、问题 23 和问题 43)，问题的表述均与大学生在移动社交网络上的自我表露相关，因此被命名为"移动社交网络自我表露"。

根据以上程序对初试问卷进行筛选，共剔除 56 个问题，保留 17 个问题作为正式问卷调查问题。

表 2-1　大学生移动社交网络人际交往调查问卷各问题的负荷值及因子特征值和贡献率

参数	因子 1		因子 2		因子 3	
	问题	负荷值	问题	负荷值	问题	负荷值
	37	0.792	74	0.782	18	0.762
	45	0.788	44	0.773	67	0.723
	32	0.759	59	0.696	68	0.719
	72	0.720	54	0.679	23	0.677
	27	0.671	69	0.666	43	0.600
	31	0.665	34	0.659		
特征值		3.491		3.326		2.770
贡献率/%		20.535		19.563		16.295
累计贡献率/%		20.535		40.098		56.393

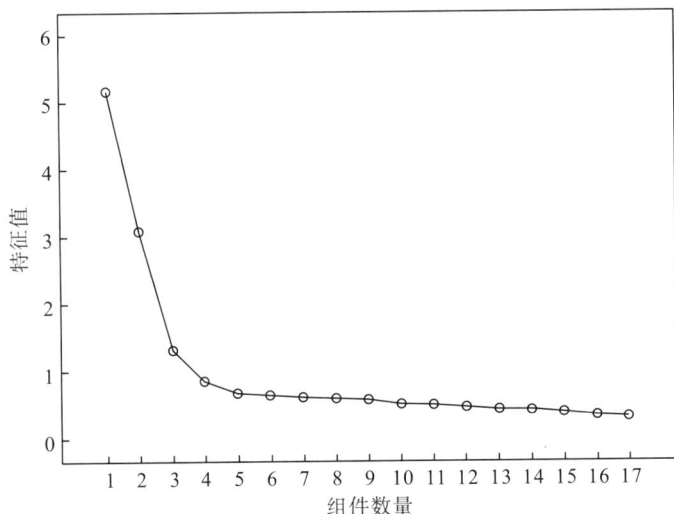

图 2-1　大学生移动社交网络人际交往调查问卷碎石图

2.3.3　信度检验

为了考察问卷各维度的内部一致性，采用克隆巴赫 α 系数以及分半信度（split-half reliability）作为该问卷的内部一致性指标。整个问卷的 α 系数为 0.855，3 个维度的 α 系数为 0.745～0.832。整个问卷的分半信度 (r) 为 0.880，3 个维度的分半信度为 0.735～0.809（表 2-2）。相关数据表明，大学生移动社交网络人际交往调查问卷及其各因子的内部一致性和稳定性良好。

表 2-2　大学生移动社交网络人际交往调查问卷的信度

因子	问题数	α 系数	分半信度
总分	17	0.855	0.880
信息沟通	6	0.745	0.735
网络依赖	6	0.832	0.809
自我表露	5	0.815	0.768

2.3.4　效度检验

（1）内容效度。为了保证问卷能够反映大学生移动社交网络人际交往的主要维度，该问卷的编制在广泛收集前人研究结果及对大学生进行开放式访谈的基础上，由相关专家及研究组成员对问卷的问题及其适宜性进行了评价，结果表明，本问卷有良好的内容效度。

(2)结构效度。检验结构效度的常用方法是考察各因子的相关性。Tuker 的理论认为，构造健全因子所需要的问题与测验总分的相关性为 0.30～0.80，问题间的组间相关性为 0.10～0.60(戴忠恒，1987)。表 2-3 显示，各因子与问卷总分之间的相关性为 0.585～0.836，各因子之间的相关性 0.188～0.548，表明各因子符合心理测量标准的要求，量表有良好的结构效度。

表 2-3 大学生移动社交网络人际交往调查问卷各因子及问卷总分相关性矩阵表

因子	信息沟通	网络依赖	自我表露
网络依赖	0.188		
自我表露	0.321	0.548	
总分	0.585	0.826	0.836

2.3.5 验证性因素分析

使用样本 2(n=990)进行验证性因素分析。根据温忠麟和叶宝娟(2014)提出的结构方程检验模型的拟合指数指标，NNFI 和 CFI 的临界值为 0.90，RMSEA 的临界值为 0.08(温忠麟 等，2006)，本问卷验证性因素分析各指标均达到较为理想的水平(表 2-4)。

表 2-4 大学生移动社交网络人际交往调查问卷验证性因素分析[①]

拟合指数	χ^2	df	χ^2/df	GFI	AGFI	IFI	NFI	NNFI	CFI	PCFI	RMSEA
三因子模型	470.580	116.000	4.057	0.944	0.926	0.932	0.912	0.920	0.932	0.795	0.056

2.4 讨   论

2.4.1 结构分析

本书依据理论构想，通过因素分析获得并验证了大学生移动社交网络人际交往的三因子模型(图 2-2)。

(1)"信息沟通"因子。根据中国互联网络信息中心(2016)的调查，人们使用社交应用的主要意图是与朋友互动(72.2%)、了解新闻热点(64.3%)、关注感兴趣的内容

---

① 该表中各指标均为验证性因素分析的拟合指数，作用是在不同的维度对拟合模型进行整体的评价。各个指标名称如下：x^2/df 为卡方自由比，GFI 为拟合优度指数，AGFI 为调整拟合优度指数，IFI 为增值拟合指数，NFI 为规范拟合指数，NNFI 为不规范拟合指数，CFI 为比较拟合指数，PCFI 为节俭调节指数，RMSEA 为近似误差均方根。

(59.0%)、获取知识和帮助(58.3%)以及分享知识(54.8%)。要达成上述目的，需要进行沟通，而移动社交网络畅通、快捷、跨越时空和低成本的特点(信息的发布不受限制，信息沟通内容丰富且易于制作)大大促进了大学生信息沟通的开展。大学生通过移动社交网络可以随时获取自己想要的信息，分享自己认为有价值的信息，维护与线下和线上好友的关系，获得丰富的情感体验。可以说，信息沟通是大学生移动社交网络人际交往的重要方面，且直接影响网络交往的参与度和质量。研究表明，大学生在移动社交网络中的有效信息沟通越多，其移动网络交往的参与度及质量越高。

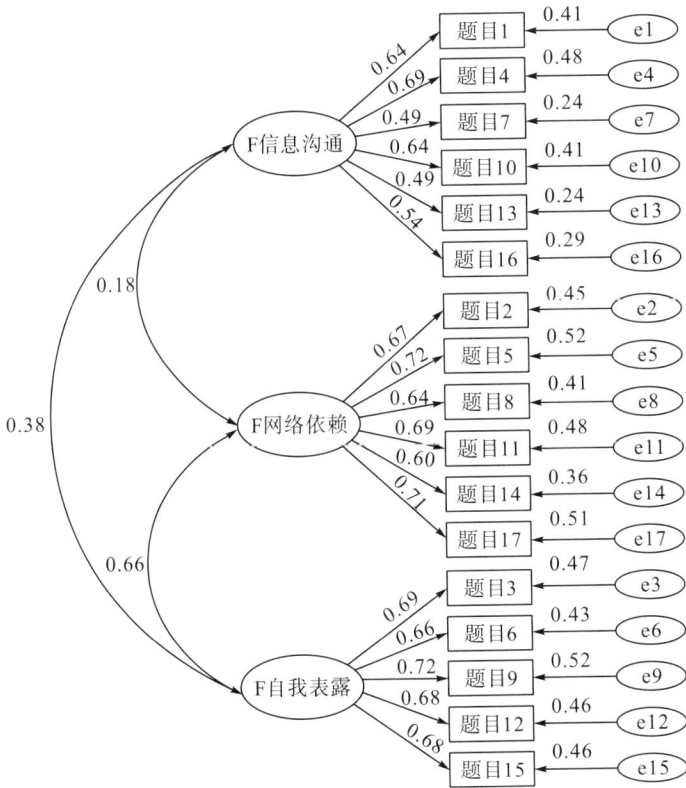

图 2-2　大学生移动社交网络人际交往调查问卷验证性因素分析模型

(2)"自我表露"因子。其主要是指大学生在移动社交网络上进行人际交往时主动暴露个人信息。自我暴露(self exposure)是 Jourard 和 Lasakow(1958)提出的概念，他们将其界定为个体将有关自己的信息告知目标人的过程，而 Chen 和 Sharma(2013)则进一步指出这些信息主要有个人的身份、性格、经历、未来打算、兴趣、爱好和生活方式等。有研究指出，网络自我表露和线下自我表露均对人的生活、学习和工作有着积极和消极两个方面的影响。积极的影响包括增进信任，进而改善人际关系、促进沟通和促进心理健康等(谢笑春 等，2013)，消极的影响包括造成个人隐私危机

(Zimmer et al.，2010)和网络欺辱行为(Bryce and Klang，2009)等。大学生面临诸多压力，交往、恋爱、学习、就业和与父母的关系等都可能成为压力源，他们需要在现实与网络中随时向他人倾诉和表露。相比而言，越来越多的大学生倾向于在网络尤其是在移动社交网络平台上进行情感和行为的倾诉或自我表露，如微博，这是因为大学生在微博上的自我暴露是一种"背对脸"的交流方式，其保持了恰到好处的距离(梁晓燕和王少强，2015)，较少受到现实印象管理的限制，更容易流露真情实感，是一种高效、真实的自我表露(刘昊，2012)。因此，自我表露成为大学生在移动社交网络平台上进行人际交往的重要内容。

(3)"网络依赖"因子。其反映大学生对移动社交网络的沉溺程度和成瘾程度。有研究表明，目前大学生中有 12.8%的网络成瘾(internet addiction)者(奚晓岚 等，2014)。这一维度反映了移动社交网络的负面作用。虽然移动社交网络给大学生的人际交往提供了不少便利，也带来了诸多益处，但过度使用则会给大学生的心理和社会功能造成一定程度的损害。已有实证研究发现网络使用时间与网络成瘾程度之间呈线性相关关系，如 Cuhadar(2012)的研究结果表明，随着大学生网络使用时间的增加，其问题性网络使用程度也随之增加。张锦涛等(2014)认为网络使用时间与社交类网络工具使用比重的交互作用能够影响个体在长期使用网络过程中所积累的背景性渴求［"渴求"是指个体对曾经体验过的由成瘾物质所引发的结果的一种高度欲望(Koob，2011)］，从而引发网络成瘾。网络依赖作为网络人际交往行为的一个负面结果，是评价移动社交网络人际交往状况的一个重要方面。本书针对"网络依赖"因子，从移动社交网络使用时间、社交网络应用使用比重以及个体对移动社交网络的"渴求"感等方面进行测量。

综上，本书在参考国内外研究的基础上，基于开放式访谈结果以及大学生移动社交网络人际交往现状，重新编制了大学生移动社交网络人际交往调查问卷，共包括 3 个因子、17 个问题。

2.4.2　问卷信度分析

从研究方法上看，本书在问卷编制的过程中将理论探讨和因素分析两种研究途径结合起来，既克服了理论构想缺乏实证支持的缺点，又避免了单纯的因素分析技术难以获取合理理论解释的不足。另外，在统计技术上同时运用探索性因素分析和验证性因素分析，并通过多种方法来证实理论设想，从而确保了问卷结构的可靠性和有效性。

从探索性因素分析的结果来看，新编制的大学生移动社交网络人际交往调查问卷的 3 个因子解释了总方差的 56.393%，理论构想与实际的探索性因素分析结果基本吻合，说明问卷具有较高的结构效度，同时也具有较高的信度。依据心理测量学的规则，一份较好的问卷，其总的信度应在 0.8 以上，分量表的信度应为

0.6～0.7(吴明隆，2003)。而本问卷总分及各维度的内部一致性系数都较高，总分内部一致性系数为 0.855，各分量表的信度也都在 0.745 以上(分半信度在 0.735 以上)。另外，本书运用 Amos 21.0 对大学生移动社交网络人际交往调查问卷进行了验证性因素分析，结果表明，该三因子模型的拟合指数均较好，各条路径系数均达到显著性水平，总体上可被认为是一个较好的模型，而大学生移动社交网络人际交往调查问卷具有较好的结构效度。

问卷的编制，不论是预测问卷的初步形成，还是正式问卷的最终确立，始终严格遵循科学的心理测量方法。同时，本书运用多种方法对大学生移动社交网络人际交往调查问卷的信度和效度进行了检验，结果显示，该问卷具有较好的信度和效度。但作为对移动社交网络人际交往这一较新研究领域的初步尝试，研究还存在不少需要改进和完善的地方。首先，由于移动社交网络人际交往研究的理论相对不太成熟，因而在编制问卷的过程中，理论基础相对欠缺。其次，研究的对象虽覆盖大学本科一至四年级各个学科的大学生，但由于实际条件限制，仅限于成都地区，样本的代表性尚有不足。因此，日后应进一步加强移动社交网络人际交往的理论研究，并拓展样本的代表性。

2.5　结　　论

通过严格的研究程序编制的大学生移动社交网络人际交往调查问卷共有 17 个问题，并包含 3 个因子：信息沟通、网络依赖和自我表露，可解释总方差的 56.393%。问卷具有良好的结构效度 (χ^2/df=4.057，GFI=0.944，AGFI=0.926，CFI=0.932，NNFI=0.920，IFI=0.932，RMSEA=0.056)，总量表和 3 个因子的 α 系数为 0.745～0.855，分半信度为 0.735～0.880。问卷的信度和效度良好，符合心理测量学各项指标的要求，可以作为大学生移动社交网络人际交往后续研究的测量工具。

第3章 大学生移动社交网络 交往行为状况分析

3.1 问题提出

互联网最近十年来带给人们的改变是巨大的，之前遥不可及的物理鸿沟在互联网时代似乎不再那么难以逾越，它在不经意间改变了人们生活的方方面面。大学生作为新生代，毫无疑问是互联网的主要使用者[①]。利用智能手机提供的移动社交网络平台开展交流，成为大学生人际交往的主要形式。许多场合我们不难见到一群大学生聚集后便掏出手机低头玩耍，他们很少或几乎没有直接的交流。这一现象对于大学生人际关系的建立及维护影响颇大。

移动社交网络人际交往(简称移动社交网络交往)是以社交应用程序为依托，通过相应的智能终端设备接入移动社交网络，并在这一平台上进行自我展现、认识他人和交流互动等活动的社交行为，它是在传统社交网络(固定终端)人际交往的基础上发展起来的，但又具有自身的特点，如兼具便捷性、位置性、信源相对确认性、及时性和普遍性等(楼向英和高春玲，2013)。查阅文献，本书发现目前关于大学生网络人际交往的研究(无论是理论研究还是实证研究)都主要基于传统的 PC 端进行。例如，陈志霞(2000)对大学生网络人际交往的形式进行了分类；赵德华和王晓霞(2005)从五个方面分析了网络人际交往的动机，其分别是展示和实现自我、寄托和宣泄情感、自主地扮演角色、有归属感以及随心所欲地表达；朱京(2004)从网络信任的角度讨论了青少年网络信任缺失与权宜行为、网络信任与受害以及网络信任与收益等的关系；杨文娇和周治金(2005)则对网络游戏成瘾、网络人际交往成瘾以及网络信息成瘾与成瘾者的感觉寻求人格特征之间的关系进行了研究；门志梅(2008)通过研究指出，大学生人际依赖和抑郁程度能较好地预测他们在网络社群中的投入程度，人际依赖越强或者抑郁得分越高的大学生，其网络人际交往需求越强；尹繁荣和周世杰(2012)的研究表明，网络成瘾的大学生会花费更多的时间和精力在互联网上，这对其心理、生理与社会适应都产生了更加消极的影响；黄利会(2008)着眼于网上聊天这一更加具体的行为，发现大学生

[①] 中国互联网信息中心. 第 37 次中国互联网络发展状况统计报告. [2016-1-22]. http://cnnic.cn/gywm/xwzx/rdxw/ 2016/201601/t20160122-53283.htm.

的网络人际关系仍然以现实中的人际圈为核心，他们从网络人际交往中获得的更多的是情感支持而不是信息支持，而网络人际交往不会导致现实人际关系疏远；孙晓军等(2014)研究发现，人际关系的内外归因倾向与网络交往动机都呈显著正相关关系，且网络交往动机在人际关系外归因倾向与网络人际关系成瘾的关系中起部分中介作用；谢建和宋怡(2007)则研究了体育专业大学生和非体育专业大学生的网络心理特点。然而，从移动终端(如手机和平板电脑等)入手对大学生网络人际交往状况进行系统性的研究则非常鲜见。

鉴于此，本书着眼于目前使用频率极高的移动社交网络，通过问卷调查，考察大学生移动社交网络人际交往行为总体状况及其在性别、年级和专业等人口学变量上的差异，以为深入了解移动社交网络对大学生交往方式及关系模式的影响，引导他们利用移动社交网络开展良好的人际交往，建立健康和谐的人际关系提供参考与借鉴。

3.2　方法与对象

3.2.1　工具

测量工具：自编的大学生移动社交网络人际交往调查问卷。问卷分为信息沟通、网络依赖和自我表露 3 个维度(因子)。该问卷严格按照心理测量学问卷编制流程编制，具有良好的信效度：结构效度(χ^2/df=4.057，GFI=0.944，AGFI=0.926，CFI=0.932，NNFI=0.920，IFI=0.932，RMSEA=0.056)。总量表和 3 个因子的克隆巴赫 α 系数值为 0.745～0.855，分半信度为 0.735～0.880。

统计工具：SPSS 22.0。

3.2.2　对象

在国内两所高校进行各学科分年级随机抽样调查，发放问卷 1200 份，回收有效问卷 990 份，有效问卷回收率为 82.5%。其中，男生 486 人，女生 504 人；理工科 350 人，文科 332 人，艺术体育专业 308 人；一年级 255 人，二年级 277 人，三年级 271 人，四年级 187 人。

3.2.3　假设

根据文献梳理和前期调查，本书提出以下假设。

假设 1：大学生移动社交网络人际交往行为卷入程度较高。

假设 2：大学生移动社交网络人际交往行为在性别、生源地、年级、专业、网龄和使用频率等人口学变量上存在显著差异。

3.3　调　查　结　果

3.3.1　大学生移动社交网络人际交往行为总览

表 3-1 显示了大学生移动社交网络使用的总体情况。可以看出，97.9%的大学生选择用手机接入移动社交网络开展人际交往；从时间上看，超过 50%的大学生利用移动社交网络开展人际交往的年限超过 5 年；从使用频率来看，40.4%的大学生每天使用移动社交网络进行与交往有关行为的频率在 10 次以上；而在调查对象中，使用频率排在前三位的移动社交网络应用分别为 QQ(92.2%)、微信(84.4%)以及微博(72.3%)。

表 3-1　大学生移动社交网络人际交往行为总览

变量	使用情况	人数	占比/%
常用设备	手机	969	97.9
	平板	21	2.1
网龄	1 年以下	24	2.4
	1～3 年	164	16.6
	3～5 年	278	28.1
	5 年以上	524	52.9
使用频率	平均每天 1～5 次	302	30.5
	平均每天 5～10 次	268	27.1
	每天 10 次以上	400	40.4
	其他	20	2.0
常用应用	QQ	913	92.2
	微信	836	84.4
	微博	716	72.3
	贴吧	272	27.5
	知乎	188	19.0
	豆瓣	92	9.3
	其他	56	5.6

3.3.2 大学生移动社交网络人际交往行为的性别差异

表 3-2 显示，大学生移动社交网络人际交往行为中的信息沟通和自我表露在性别上存在显著差异，女大学生在信息沟通方面好于男大学生($p<0.001$)，男大学生在自我表露方面好于女大学生($p<0.05$)，网络依赖维度及总分上男女大学生没有显著差异。

表 3-2   大学生移动社交网络人际交往行为的性别差异

变量	M±SD		t
	男 (n=486)	女 (n=504)	
信息沟通	23.477±3.719	25.049±2.696	−7.635***
网络依赖	16.364±5.431	16.230±4.558	0.421
自我表露	15.366±4.274	14.740±4.149	2.337*
总分	55.207±10.481	56.019±8.684	−1.325

注：*表示 $p<0.05$，***表示 $p<0.001$，下同。

3.3.3 大学生移动社交网络人际交往行为的生源地差异

从表 3-3 中可以看出，大学生移动社交网络人际交往行为中的信息沟通、自我表露和总分在生源地上均存在显著差异，城镇大学生在移动社交网络人际交往行为总分($p<0.01$)、信息沟通($p<0.05$)和自我表露($p<0.001$)得分方面均高于农村大学生，网络依赖在生源地上没有显著差异。

表 3-3   大学生移动社交网络人际交往行为的生源地差异

变量	M±SD		t
	城镇 (n=414)	农村 (n=576)	
信息沟通	24.574±3.268	24.064±3.362	2.395*
网络依赖	16.603±4.972	16.074±5.018	1.645
自我表露	15.635±4.349	14.625±4.078	3.700***
总分	56.814±9.816	54.763±9.378	3.302

3.3.4 大学生移动社交网络人际交往行为的年级差异

以年级为自变量，对大学生移动社交网络人际交往行为进行单因素方差分析（表 3-4）。结果显示，大学生移动社交网络人际交往行为中除自我表露和总分在年级上不存在显著差异外($p>0.05$)，网络依赖($p<0.05$)和信息沟通($p<0.05$)在年级上均存在显著差异。多重比较结果表明，大学四年级学生的网络依赖程度高于大学三年级($p=0.032$)、大学二年级($p=0.007$)和大学一年级($p=0.017$)学生，在信息沟通程度上大学二年级学生分别高于大学一年级($p=0.005$)和大学四年级($p=0.004$)学生。

表 3-4　大学生移动社交网络人际交往行为的年级差异

变量	M±SD				F	p	多重比较
	1 大学一年级 ($n=255$)	2 大学二年级 ($n=277$)	3 大学三年级 ($n=271$)	4 大学四年级 ($n=187$)			
信息沟通	24.000±3.515	24.815±2.949	24.247±3.436	23.903±3.377	3.825	0.010	
网络依赖	16.078±5.068	15.945±4.667	16.214±4.923	17.229±5.423	2.824	0.038	2>1，2>4 4>3，4>2， 4>1
自我表露	15.074±4.255	15.205±4.253	14.616±4.099	15.401±4.281	1.516	0.209	
总分	55.152±9.974	55.967±8.669	55.077±9.608	56.534±10.400	1.174	0.318	

3.3.5　大学生移动社交网络人际交往行为的专业差异

以专业为自变量，对大学生移动社交网络人际交往行为进行单因素方差分析（表 3-5）。结果显示，大学生移动社交网络人际交往行为中的网络依赖($p<0.05$)和自我表露($p<0.05$)在专业上存在显著差异，信息沟通($F=1.366$，$p>0.05$)和总分($F=2.666$，$p>0.05$)在专业上差异不显著。多重比较结果表明，理工类($p=0.048$)和体育艺术类($p=0.014$)大学生网络依赖程度明显高于文史类大学生，同时，体育艺术类大学生在移动社交网络上的自我表露程度明显高于文史类($p=0.004$)大学生。

表 3-5　大学生移动社交网络人际交往行为的专业差异

变量	M±SD			F	p	多重比较
	1 理工类 ($n=350$)	2 文史类 ($n=332$)	3 体育艺术类 ($n=308$)			
信息沟通	24.420±3.201	24.367±3.516	24.019±3.267	1.366	0.256	
网络依赖	16.482±5.300	15.725±4.626	16.698±5.009	3.409	0.033	1>2，3>2
自我表露	15.128±4.308	14.542±4.286	15.500±3.999	4.241	0.015	3>2
总分	56.031±9.838	54.635±9.588	56.217±9.323	2.666	0.070	

3.3.6 大学生移动社交网络人际交往行为的网龄差异

以网龄为自变量，对大学生移动社交网络人际交往行为进行单因素方差分析（表 3-6）。结果显示，大学生移动社交网络人际交往行为中除网络依赖在网龄上不存在显著差异外（$F=2.600$，$p>0.05$），其他两个维度及总分在网龄上均存在显著差异（$p<0.001$）。多重比较结果表明，在信息沟通程度上，网龄为 3～5 年的大学生高于网龄为 1～3 年（$p=0.003$）的大学生，网龄为 5 年以上的大学生分别高于网龄为 1 年以下（$p=0.002$）、1～3 年（$p=0.000$）和 3～5 年（$p=0.001$）的大学生；在自我表露程度和总分上，网龄为 5 年以上的大学生分别高于网龄为 1～3 年（$p_{自我表露}$ =0.001；$p_{总分}$ =0.000）和 3～5 年（$p_{自我表露}$ =0.000；$p_{总分}$ =0.000）的大学生。

表 3-6   大学生移动社交网络人际交往行为的网龄差异

变量	M±SD				F	p	多重比较
	1	2	3	4			
	1 年以下 ($n=24$)	1～3 年 ($n=164$)	3～5 年 ($n=278$)	5 年以上 ($n=524$)			
信息沟通	22.708±3.939	23.097±3.385	24.043±3.347	24.839±3.148	14.623	0.000	3>1，4>1
网络依赖	16.916±6.156	15.750±4.938	15.838±4.776	16.682±5.067	2.600	0.051	4>2，4>3
自我表露	15.083±4.633	14.365±4.047	14.471±3.958	15.575±4.327	5.973	0.000	4>2，4>3
总分	54.708±12.224	53.213±9.739	54.352±8.973	57.097±9.550	9.456	0.000	4>2，4>3

3.3.7 大学生移动社交网络人际交往行为的使用频率差异

以使用频率为自变量，对大学生移动社交网络人际交往行为进行单因素方差分析（表 3-7）。结果显示，大学生移动社交网络人际交往行为总分及各维度在使用频率上均存在显著差异（$p<0.001$）。多重比较结果显示，在信息沟通程度方面，使用移动社交网络频率为每天 5～10 次的大学生高于每天 1～5 次（$p=0.009$）的大学生，每天使用 10 次以上的大学生分别高于每天使用 1～5 次（$p=0.000$）和 5～10 次（$p=0.029$）的大学生；在总分以及网络依赖和自我表露程度上，每天使用移动社交网络 10 次以上的大学生分别高于每天使用 1～5 次和 5～10 次的大学生（p 值均小于 0.001）。

表 3-7　大学生移动社交网络人际交往行为的使用频率差异

变量	M±SD				F	p	多重比较
	1 每天 1~5 次 (n=302)	2 每天 5~10 次 (n=268)	3 每天 10 次以上 (n=400)	4 其他 (n=20)			
信息沟通	23.549±3.396	24.268±3.256	24.837±3.232	24.200±3.396	8.777	0.000	2>1, 3>1, 3>2
网络依赖	15.129±5.239	15.578±4.403	17.660±4.887	16.250±5.128	18.113	0.000	3>1, 3>2
自我表露	14.572±4.308	14.403±3.917	15.857±4.196	14.650±4.934	8.515	0.000	3>1, 3>2
总分	53.251±10.132	54.250±7.889	58.355±9.521	55.100±11.451	19.807	0.000	3>1, 3>2

3.4　讨　　论

　　总体上看，大学生在接入移动社交网络时使用最多的是智能手机，占总人数的 97.9%；从使用频率看，大学生对移动社交网络的使用非常频繁，超过 40% 的学生每天使用 10 次以上；从使用的移动社交网络应用来看，绝大部分学生使用即时通信类，如 QQ 和微信，微博作为一个整合功能很强的移动社交网络应用也受到学生的欢迎。

　　从性别差异看，女生更倾向于在移动社交网络中进行信息沟通，这与女生的交往风格有关。女生在人际交往中倾向于更多的交流，而男生则相对较为缄默。从进化心理学的角度看，女性在远古时主要为采集者，这一角色要求女性更多地分享关于果实的信息，以更好地提高自己采集果实的效率(Buss，2007)。而男生则倾向于自我表露，这与前人的相关研究结果一致。许惠清(2006)指出男性一般都在寻找权力、地位和统治，因此他们更倾向于丰富的信息资源和富有侵略性的互动游戏，这就需要男性更多地表露自己的需求。另有研究得出，在有关社会地位的表露方面，男性的表露程度高于女性(Joinson et al.，2008)。但 Kays 等(2012)则认为女性的网络自我表露程度高于男性，这与本书的研究结果不同。得出不同的研究结论可能与研究设计和自我表露的内容不同有关。

　　从生源地看，城镇学生的自我表露和信息沟通得分都高于农村学生。一方面，根据肖日葵(2016)的研究，家庭背景与文化资本对学生的教育收获有明显影响，经济条件的劣势致使农村学生更易在教育环境更好且见多识广的城镇学生面前产生自卑感，从而封闭自己。另一方面，城镇学生和农村学生在家庭环境和教养方式等方面不同，导致他们在人际交往上有诸多差异，城镇学生更加主动，而农村学生则相对被动(滕兆玮，2005)。无论是在真实的环境中，还是在网络平台中，均如此。此外，城镇学生相较于农村学生，其交友和沟通的范围也更广。池丽萍(2013)以控制信念为切入点考察了生源地对大学生人际关系的影响，她研究后发现，相比城镇学生，农村学生在间接控制维度上得分更低并达到显著性水平，表明农村学生在遇到困难和挫折时更加不愿意求助他人。这在一定程度上解释了城镇学生在自我表露和信息沟通两个维度得分高于农村学生的缘由。

从年级看，信息沟通和网络依赖两个维度在年级变量上有显著差异，其中在信息沟通维度，大二学生得分高于大一和大四学生，大二和大三学生之间差异不显著，这与相关研究结果一致。谢晶和张厚粲（2008）在一项研究中将大学生活分为四个阶段：大一为适应阶段，大二为稳定阶段，大三为提高阶段，大四为完成学业阶段。不同阶段人际交往效能感不同，这也是不同年级的大学生其网络人际交往有所差异的原因之一。此外，田可新等（2005）从人际信任的角度分析了不同年级大学生人际关系的差异，他指出，大一新生的人际信任得分最低，且人际关系紧张的发生率最高。当一个人对交往对象缺乏信任时，很难有较充分的信息沟通。在网络依赖维度，大四得分高于其他三个年级。为什么会出现这种状况？有研究指出，随着年级的升高，大学生对从互联网中获取娱乐的动机呈增长趋势（李瑛 等，2007），其更容易产生网络依赖。邓伟等（2013）从成人依恋和社会支持方面研究了网络依赖，他指出，网络成瘾者的依恋回避和依恋焦虑得分显著高于非网络成瘾者，而社会支持得分则显著低于非网络成瘾者，这两个方面的问题都是造成网络成瘾的重要原因。他通过分析发现，大四学生面临着从校园踏入社会的转变，在这一过程中，之前在学校真实环境中形成的依恋关系和社会支持都将在毕业后产生变化，这可能直接导致大四学生更多地选择在虚拟网络环境中寻找替代，最终产生更强的网络依赖。

从专业上看，在网络依赖维度上理工类和艺体类学生得分显著高于文史类学生，这与王春芳和张晋芳（2007）的研究结果相符。谢晶和张厚粲（2008）的研究指出，不同专业的大学生由于其专业知识结构和专业能力培养差异较大，他们形成了不同的思维方式和智力结构，进而在人际交往中产生了不同的效能感，这也使他们在网络中表现出不一样的交往方式及不同程度的网络依赖。理工类大学生由于专业需要，较文史类大学生接触计算机和网络更多，艺体类大学生相较于文史类大学生其可自由支配的时间更多，且有更多的机会接触手机和使用移动网络，由此更容易产生网络依赖。此外，在自我表露维度上，艺体类大学生的得分显著高于文史类大学生。这可能与艺体类大学生的专业性质有关，一般而言，艺体类大学生待人做事更加外向、开放和自如，因而在移动社交网络人际交往中更喜欢自我表露。

从网龄和使用频率上看，网龄越长和使用频率越高的大学生其自我表露程度越高，信息沟通也更加频繁。只是在网络依赖维度上，网龄越长并不意味着网络依赖程度越高，反而是每天使用网络的频率更能预测网络依赖程度，每天使用网络的频率越高，网络依赖程度也就越高。

3.5　结　　论

调查表明,97.9%的大学生通过智能手机等移动终端开展以"信息获取与自我表露"为主的网络人际交往,且每日使用频率在 10 次以上的大学生超过 40.4%,移动网络社交已成为大学生人际交往的主要形式。大学生使用手机等移动终端进行人际交往频率最高的三个应用分别是 QQ、微信以及微博。移动网络交往推动了大学生弱关系的发展,但削弱了强关系的建立,有利于大学生个体之间的交流及信息传播、自我表露,但不利于彼此之间亲密关系的维护,易滋生孤独情绪,产生网络依赖。在教育实践中应引导大学生合理选择交往方式,线上、线下交往适度转换,提升交往质量,构建健康和谐的人际关系,有效预防或减少因人际交往不当而导致的各种心理问题。

从性别看,女大学生在网络信息沟通方面显著好于男大学生,男大学生的网络自我表露程度明显高于女大学生;从生源地看,城镇大学生通过移动社交网络开展人际交往的总体状况及在网络信息沟通和网络自我表露两个维度的情况明显好于农村大学生;从年级看,大学四年级学生的网络依赖程度明显比其他三个年级学生高,而在网络信息沟通方面大学二年级学生明显好于大学一年级和大学四年级学生;从专业看,理工及艺体类大学生的网络依赖程度比文史类大学生高,艺体类大学生网络自我表露程度高于文史类大学生;从网络交往时间看,网龄越长的大学生其网络交往总体状况以及网络信息沟通与网络自我表露明显好于网龄相对短的大学生;从使用频率看,移动社交网络使用频率越高的大学生其网络自我表露程度越高,网络依赖程度也越高。因此,性别、生源地、年级、专业、网龄和使用频率对大学生移动社交网络人际交往行为中的信息获取、自我表露和网络依赖均有不同程度的影响。

第4章 微博使用与大学生社会比较和社会认同的关系

4.1 问题提出

网络是新时代的产物，是一种全新的传播媒介，也是物理和精神之外的第三空间(周宗奎和刘勤学，2016)。在匿名状态下，大学生可以依据自己的喜好在网络中建立多重身份，把自己归属于多个群体，而这种现实与虚拟的社会认同之间，可能会产生相互影响。与此同时，包括微博在内的社交网络平台还会影响个体社会认同的建构、表达、管理和重构(王新月 等，2018)，因为个体在使用社交网络平台时，总会不可避免地进行分类，从而产生社会比较，影响个体的社会认同。但学界对于这种影响是积极的还是消极的，仍存在争议。有研究表明，当个体使用社交网络平台时，如果其接触到的大多是来自其他群体的积极性信息，则可能会产生对自己所属群体的消极社会认同(靳宇倡，2018)。如果群体内的成员让个体感受到自己是不被认可的，就可能导致个体选择脱离自己现在所属的群体(Barker，2009)。除此之外，社交网络的使用可能使个体感到不被接纳，从而使个体产生抑郁(谢笑春 等，2016)，而抑郁会对个体的社会认同产生消极影响(Cruwys et al.，2014)。

然而，也有研究者认为社交网络的使用可以帮助个体获得积极的社会认同。Levine 等(2005)的研究结果表明，个体的社会认同水平处于较高水平时，会更愿意帮助群体中的其他成员，也会更频繁地使用社交网络。因此，有研究者认为个体可能会为了提升自己的社会认同感，而选择使用社交网络，以获取群体内的言行特点，让自己能与其保持一致(Valkenburg et al.，2006)。除此之外，还有研究证实社交网站的使用可以减少个体的孤独感，帮助个体获得幸福感和归属感(Ellison et al.，2007；Indian and Grieve，2014)，从而使个体维持积极的社会认同。导致这一问题存在争议的原因有很多，比如其他可能的中间变量的影响(姚琦 等，2014；Oh et al.，2014)，或者不同理论、不同视角造成的差异(Barker，2012)，但毋庸置疑，社交网络(包括微博)的使用不可避免地对个体的社会认同产生了影响。

社会认同作为维持社会稳定和帮助个体发展的重要方面，一直是心理学和社会学的研究重点。在心理学视域中，Tajfel(1978)将社会认同定义为"个体认识到他(她)属于特定的社会群体，同时也认识到作为群体成员带给他(她)的情感和价值意义"。这个群体可以是自然决定的，如个体知道自己是属于女性群体还是男性群体；也可以是人为划分的，如个体能意识到自己是某一个组织或团体的成员。另外，在偏向于去个体化的情景研究中，社会认同被局限地定义为自我归类；在侧重于以个体化为基础的研究中，常将社会归属等同于社会认同。在社会学视域中，方文 (2008) 认为社会认同是个体在自己归属于某一群体后，从积极的层面对其所拥有的成员资格或"范畴资格积极的认知评价、情感体验和价值承诺"。由于本书着重从心理学层面对大学生的社会认同进行研究，因此采用 Tajfel (1978) 对社会认同的定义。

社会比较是个体在与自己类似的他人进行比较时，对自己各方面的能力、行为水平及行为结果加以评价的过程 (管林初，2005)。社会比较是建立社会认同中的第二个子过程，与社会认同之间存在密切的联系。它往往不需要个体付出意志和努力，当个体在浏览他人信息时，社会比较便同时发生。而个体会努力地在社会比较的过程中让自己表现得更好，以获得积极的社会认同。但社交网络中的社会比较与日常生活中的社会比较略有不同，其呈现出自发性、对象多样性和信息两极化的特点 (李彩娜 等，2019)。多项研究表明，网络中的社会比较往往会给个体带来消极影响，对社会认同也是如此。研究发现，社会比较对社会认同有显著的负向预测作用，在使用社交网络的过程中，越倾向于进行社会比较，个体越容易获得消极的社会认同 (靳宇倡，2018)。个体在使用微博的过程中，也会浏览到他人选择性地呈现出的"积极信息"，通过比较就可能产生"他比我好"的心态，或是对自己所在的群体感到不满意，从而产生消极的社会认同。

通过对微博、社会比较和社会认同的相关文献进行梳理和总结，可以发现既往的研究存在以下不足。

首先，微博的相关研究已较为广泛，无论是微博对营销推广和新闻传播，还是微博使用对主观幸福感和用户行为等变量或因素的影响皆有涉及，但将微博使用与社会认同联系起来的研究，却屈指可数。

其次，社会比较的现有研究已经将社会比较与各种变量结合起来进行考察，如个体的自尊、自我概念、幸福感、学业和身体意象，甚至对一些社会现象也逐渐开始用社会比较的理论进行分析和探究。大量研究结果表明，社会比较往往在两个相关因素之间起中介作用，但以大学生为对象探讨微博使用与社会比较和社会认同之间关系的研究却寥寥无几。

最后，国外关于社会认同的研究比较成熟且应用广泛，但国内仍然处于起步阶段，且不成体系，涉及的领域较窄，在研究对象上也更倾向于青少年群体，对大学生社会认同的研究十分少见。虽然已有研究表明社交网络在社会认同的发展中起着重要的作用，但理论探讨偏多而实证数据的支持不够 (王新月 等，2018)。因此，社交网络与社会认同之间的具体关系及作用机制，仍然有待通过实证研究来加以证明。

综上，本书旨在以使用微博的大学生为研究对象，通过问卷调查，对微博使用、社会比较和社会认同之间的关系以及可能的内在作用机制进行实证研究和深入的讨论。

4.2　研究内容与意义

4.2.1　内容

通过问卷调查，探讨大学生微博使用强度、社会比较和社会认同在性别、生源地、是否为独生子女和年级等人口学变量上的差异，以及大学生微博使用、社会比较和社会认同三者间的相关关系。

4.2.2　意义

1. 理论意义

从理论上看，我们的研究可以弥补国内对大学生社会认同研究的不足，拓展网络化背景下对大学生社会认同的特征分析，为后续的研究提供支撑与借鉴；同时，验证微博使用、社会比较和社会认同之间的关系及可能的内在作用机制，进一步拓宽社交网络、社会比较和社会认同的研究领域。

2. 实践意义

首先，社会认同的研究结果有助于大学生了解自身的社会认同现状；社会比较的研究结果有助于大学生思考自身的比较倾向，理性看待比较的结果，从而促进其健康成长和发展。其次，研究结论有助于大学生更清楚地认知微博对自身日常生活的影响，帮助其合理、正确地使用社交网络，建立更加和谐的人际关系。最后，研究结论可以为教育管理者制定有关大学生科学使用社交网络，引导其理性地进行社会比较，以及促进社会认同的政策或制度等提供参考。

4.3　研　究　设　计

4.3.1　对象

以使用微博的大学生为研究对象，这些大学生主要来自国内 6 所高校。采用随机抽样，通过网络发布问卷，并以匿名方式进行问卷调查。共收回问卷 535 份，排除不使用微博的大学生 61 人后，共计 474 份。剔除无效问卷后，最终有效问卷共计 396 份，有效回收率为 83.54%。其中，女生 226 人(57.07%)，男生 170 人(42.93%)，年龄范围为 16～26 岁。

4.3.2　工具

1. 微博使用问卷

自编微博使用情况调查问卷，其主要包含社会人口学变量、微博使用行为、关注对象和微博使用强度等方面的内容。其中，微博使用强度部分采用 Ellison 等(2007)编制的《社交网站使用强度量表》，该量表包含 3 个部分，主要调查个体拥有的好友数量、每天使用时长和个体对社交网站的情感联系，共计 8 个问题。个体微博使用强度的大小将由这 8 个问题分别转换成标准分数后的平均值来表示。该量表在国内关于社交网站使用的研究中已被广泛应用(丁倩 等，2017；牛更枫 等，2016；闫景蕾 等，2016)，结果表明，其具有较好的信效度。该量表在本书的研究中，其克隆巴赫 α 系数为 0.832。

2. 社会比较量表

采用 Gibbons 和 Buunk 在 1999 年编制的社会比较倾向量表(Iowa-Netherlands comparison orientation measure)。该量表采用 5 点计分法，从能力和观念比较两个维度进行测量，共计 11 个问题，其中问题 5 和问题 11 为反向计分，量表总分值越大表示个体越可能进行社会比较。该量表已被我国学者王明姬等(2006)进行了翻译、修订和信效度检验，在本书研究中该量表的 α 系数为 0.795。

3. 社会认同量表

社会认同量表由 Luhtanen 和 Crocker(1992)编制，它可以帮助使用者了解个体在社会认同上的自我感知，因此广泛用于测量社会认同。该量表共计 14 个问题，其中有 6 个问题是反向计分项(问题 4、问题 6 和问题 9～12)，其所包含的 4 个维度是成员身份、他人对群体的评价、自我对群体的评价和认同的重要程度。阴良(2010)在研究中对该量表的项目因子进行了一定的调整。国内也有学者应用此量表开展测试(杨欣欣 等，2017；董开莎 等，2014)，在本书研究中该量表的 α 系数为 0.785。

4.3.3　统计方法

采用 SPSS 20.0 软件及其插件对数据进行分析和处理，所涉及的分析有差异性分析和相关性分析等。

4.3.4　假设

根据文献梳理和前期小范围调查的结果，本书做出以下假设。

假设 1：大学生微博使用强度、社会比较和社会认同均在性别、生源地、是否为独生子女和年级等人口学变量上存在显著差异。

假设 2：大学生微博使用、社会比较与社会认同之间两两呈显著相关关系。

4.4　研　究　结　果

4.4.1　共同方法偏差检验

由于研究中所有数据均来源于调查对象填写的 3 份量表，易产生共同方法偏差（common method biases），根据周浩和龙立荣（2004）的建议，在研究过程中，采用匿名作答和部分问题反向计分等方式来控制偏差。同时，研究中使用 SPSS 20.0 软件，并通过 Harman 单因素因子分析方法对共同方法偏差进行检验。从未旋转的探索性因子分析结果中提取出特征根大于 1 的因子共 8 个，其中最人因子方差解释率为 15.966%（小于 40%），表明研究不存在明显严重的共同方法偏差，适宜做进一步分析。

4.4.2　大学生微博使用基本情况

为了解大学生微博使用的基本情况，对其使用微博的原因、关注对象和使用时长等进行初步统计，所得结果如图 4-1～图 4-4 所示。

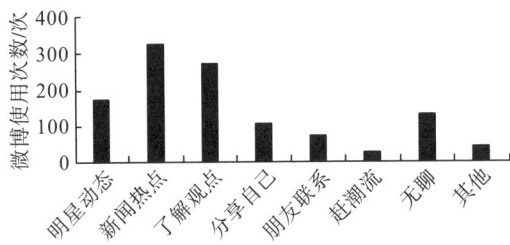

图 4-1　使用微博的主要原因

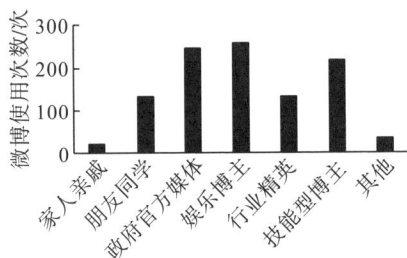

图 4-2　关注的博主类型

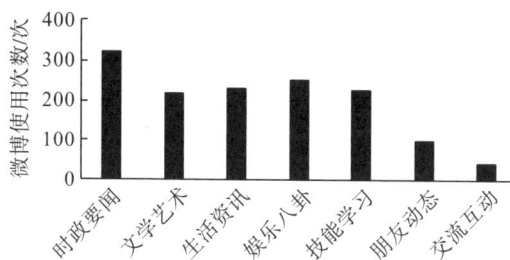

图 4-3　关注的主要内容

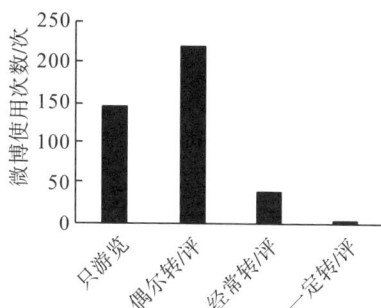

图 4-4　转发/评论感兴趣内容

研究结果显示，大学生大多因为了解新闻热点(328 次)、关注明星动态(174 次)和了解他人对热点事件的观点(275 次)而使用微博。在使用微博的过程中，政府官方媒体(246 次)、娱乐博主(258 次)和技能型博主(219 次)是他们主要关注的对象。同时，大多数大学生更倾向于浏览微博内容而非转发或评论，他们希望借助微博了解时政要闻(318 次)、文学艺术(215 次)、生活资讯(228 次)、娱乐八卦(246 次)和技能学习(220 次)，而较少关注朋友动态(100 次)，与他人交流互动(42 次)。

表 4-1 和表 4-2 的结果显示，大学生在微博上的关注对象个数差异较大，但多为 10 个以下(95 人)和 10～49 个(99 人)。在使用时长上也存在较大差异，每天使用微博 10～29 分钟的有 146 人，每天少于 10 分钟的有 92 人。

表 4-1　微博关注对象情况

关注对象个数/个	人数/人	百分比/%	累计百分比/%
0～9	95	24.0	24.0
10～49	99	25.0	49.0
50～99	60	15.1	64.1
100～149	64	16.2	80.3
150～199	22	5.6	85.9
200～249	16	4.0	89.9
250～299	14	3.5	93.4
300～399	13	3.3	96.7
400 或更多	13	3.3	100
总计	396	100	

表 4-2　微博每天使用情况

每天使用时长	人数/人	百分比/%	累计百分比/%
从不使用	0	0	0
0~9 分钟	92	23.2	23.2
10~29 分钟	146	36.9	60.1
30~59 分钟	79	19.9	80.0
60~119 分钟	48	12.1	92.1
120~180 分钟	20	5.1	97.2
180 分钟以上	11	2.8	100
总计	396	100	

4.4.3　大学生微博使用强度、社会比较和社会认同的现状

1. 微博使用强度总体情况

使用强度量表在情感依赖维度采用 5 点计分，共 6 个问题，每个问题的理论中值为 3。由表 4-3 可以看出，大学生对微博的情感依赖程度处于中等水平。

表 4-3　微博使用强度总体情况

变量	人数(n)	平均数(M)	方差(SD)
使用强度总分(Z 分数)	396	0	0.71
关注人数	396	3.17	2.12
使用时长	396	3.47	1.26
情感依赖	396	16.61	4.82

2. 社会比较总体情况

社会比较量表采用 5 点计分，分为 2 个维度，共 11 个问题。由表 4-4 可见，大学生的社会比较倾向处于中等水平，其中能力比较维度的平均分高于观念比较维度的平均分。

表 4-4　社会比较总体情况

变量	人数(n)	平均数(M)	方差(SD)
社会比较总分	396	34.03	5.94
观念比较	396	13.91	2.65
能力比较	396	20.11	4.45

3. 社会认同总体情况

社会认同量表采用 4 点计分，分为 4 个维度，共 14 个问题。结合表 4-5 中的数据，大学生整体上的社会认同得分处于较高水平，其中在群体地位评价和成员身份两个维度上平均分都较高，而认同的重要程度(无论是积极还是消极)维度的平均分最低。

表 4-5 社会认同的总体情况

变量	人数(n)	平均数(M)	方差(SD)
社会认同总分	396	41.53	5.22
群体地位评价	396	18.43	2.42
成员身份	396	11.63	2.09
重要程度(消极)	396	6.33	1.46
重要程度(积极)	396	5.14	1.32

4.4.4 各变量在人口统计学变量上的差异性检验

对主要变量在性别上进行差异性检验，结果见表 4-6。结果表明，男生和女生在社会比较和社会认同上不存在显著差异，但在微博使用强度上存在显著差异，t 值为-5.641($p < 0.001$)。其中，女生在使用强度上高于男生。

表 4-6 使用强度、社会比较和社会认同的性别差异

变量	性别($M \pm SD$)		t
	男	女	
使用强度	-0.22 ± 0.67	0.17 ± 0.69	-5.641^{***}
社会比较	33.77 ± 5.42	34.22 ± 6.31	-0.739
社会认同	41.45 ± 5.01	41.58 ± 5.38	-0.247

注：***表示$p < 0.001$。

对主要变量在生源地上进行差异性检验，结果见表 4-7。结果表明，生源地在微博使用强度、社会比较和社会认同三个变量上均存在显著差异，t 值分别为 3.285($p < 0.01$)、2.418($p < 0.05$)和 3.225($p < 0.01$)。其中，来自城镇的大学生在微博使用强度、社会比较和社会认同上均略高于来自农村的大学生。

表 4-7　使用强度、社会比较和社会认同的生源地差异

变量	生源地 (M±SD)		t
	城镇	农村	
使用强度	0.12±0.80	−0.11±0.58	3.285**
社会比较	34.75±5.92	33.32±5.89	2.418*
社会认同	42.37±5.22	40.70±5.10	3.225**

注：*表示 $p < 0.05$，**表示 $p < 0.01$。

对主要变量在是否为独生子女上进行差异性检验（其中 184 人为独生子女，212 人为非独生子女），结果见表 4-8。结果表明，大学生个体是否为独生子女在微博使用强度、社会比较和社会认同三个变量上均不存在显著差异，即独生子女大学生与非独生子女大学生在微博使用强度、社会比较和社会认同三个方面都处于基本一致的水平。

表 4-8　使用强度、社会比较和社会认同的独生子女与否差异

变量	是否为独生子女 (M±SD)		t
	是	否	
使用强度	0.05±0.75	−0.04±0.66	1.268
社会比较	34.20±6.03	33.88±5.88	0.531
社会认同	41.79±5.46	41.30±5.01	0.943

将年级作为自变量，对使用强度、社会比较和社会认同进行单因素方差分析，并利用最小显著性差异法（least-significant difference，LSD）进行事后检验，结果见表 4-9 和表 4-10。

方差分析结果（表 4-9）显示，使用强度和社会比较在年级上不存在显著差异，但社会认同在年级上存在显著差异（$F = 4.573$，$p < 0.01$）。对社会认同变量进行 LSD 事后检验（表 4-10），结果表明，大一与大三、大二与大三学生之间均存在显著差异，其他年级之间无显著差异。

表 4-9　使用强度、社会比较和社会认同的年级差异

变量	年级 (M±SD)				F
	大一	大二	大三	大四	
使用强度	−0.05±0.73	0.03±0.56	0.01±0.68	0.08±0.76	0.777
社会比较	33.78±5.68	34.40±5.76	34.08±6.30	34.25±6.35	0.226
社会认同	42.33±5.23	41.62±4.94	39.57±5.77	41.18±4.67	4.573**

注：**表示 $p < 0.01$，下同。

表 4-10　大学生社会认同在年级上的 LSD 事后检验

变量	(I)年级	(J)年级	平均差值(I-J)	标准误差	p
社会认同	大一	大二	0.713	0.792	0.368
		大三	2.758	0.761	0.000
	大二	大三	2.044	0.958	0.033
		大四	1.154	0.649	0.076
	大三	大四	0.441	0.871	0.613
		大四	-1.603	0.843	0.058

4.4.5　各变量间的相关性

为了解大学生的转发(或评论)行为、关注人数和使用时长分别与微博使用强度、社会比较和社会认同的相关关系,使用 SPSS 20.0 软件对所得数据进行 Pearson 相关性分析,结果见表 4-11~表 4-13。

表 4-11　转发行为与使用强度、社会比较和社会认同的相关关系

变量	1	2	3	4
1 转发行为	1.000			
2 使用强度	0.388**	1.000		
3 社会比较	0.212**	0.265**	1.000	
4 社会认同	-0.031	0.007	0.091	1.000

表 4-12　关注人数与使用强度、社会比较和社会认同的相关关系

变量	1	2	3	4
1 关注人数	1.000			
2 使用强度	0.594**	1.000		
3 社会比较	0.149**	0.265**	1.000	
4 社会认同	0.012	0.007	0.091	1.000

表 4-13　使用时长与使用强度、社会比较和社会认同的相关关系

变量	1	2	3	4
1 使用时长	1.000			
2 使用强度	0.733**	1.000		
3 社会比较	0.119**	0.265**	1.000	
4 社会认同	-0.068	0.007	0.091	1.000

　　转发行为、关注人数和使用时长均分别与使用强度和社会比较呈显著正相关关系，但三者均与社会认同不存在显著相关关系。同时，从数据分析结果来看，大学生微博使用强度与社会比较之间呈显著正相关关系（$R=0.265$，$p<0.01$），但与社会认同之间不存在显著相关关系；社会比较与社会认同三者间也不存在显著相关关系。

　　对各量表各维度间进行相关性分析（表 4-14），结果显示，使用强度的 3 个维度均与社会比较中的观念比较和能力比较两个维度呈显著相关关系，但与社会认同的 4 个维度均不存在显著相关关系。社会比较中的观念比较与社会认同中的群体地位评价、成员身份和认同的重要程度（积极）3 个维度呈显著相关关系，但与认同的重要程度（消极）维度不存在显著相关关系；而能力比较维度与社会认同中的群体地位评价和认同的重要程度（积极）2 个维度呈显著相关关系，但与社会认同中的成员身份和认同的重要程度（消极）2 个维度不存在显著相关关系。

　　为进一步揭示微博使用强度与社会比较之间的关系，本书将微博使用强度作为自变量，将社会比较作为因变量，建立回归方程并对两者进行回归分析。结果显示，微博使用强度对社会比较起显著的正向预测作用，模型拟合良好（$F=29.822$，$p<0.001$），其对社会比较的解释率为 6.8%（$R=0.265$，调整后的 $R^2=0.068$），详见表 4-15。

表 4-14　使用强度、社会比较和社会认同各维度间的相关矩阵

变量	1	2	3	4	5	6	7	8	9
SY1	1.000								
SY2	0.490**	1.000							
SY3	0.421**	0.600**	1.000						
BJ4	0.160**	0.101*	0.237**	1.000					
BJ5	0.103*	0.099*	0.223**	0.358**	1.000				
RT6	0.029	-0.028	0.037	0.213**	-0.112*	1.000			
RT7	0.014	-0.080	0.012	0.132**	-0.034	0.496**	1.000		
RT8	0.044	-0.006	-0.009	0.074	-0.050	0.280**	0.446**	1.000	
RT9	-0.077	-0.085	0.004	0.277**	0.225**	0.207**	0.306**	0.094	1.000

　　注：*表示 $p<0.05$，**表示 $p<0.01$。SY1 表示微博关注的人数，SY2 表示每日使用时长，SY3 表示情感联系程度；BJ4 表示观念的比较，BJ5 表示能力的比较；RT6 表示对群体地位的评价，RT7 表示成员身份，RT8 表示认同的重要程度（消极），RT9 表示认同的重要程度（积极）。

表 4-15　微博使用强度对社会比较的回归分析结果

自变量	因变量	B	SE	Beta	t	F	R	R^2
使用强度	社会比较	2.229	0.408	0.265	5.461***	29.822	0.265	0.068

　　注：***表示 $p<0.001$。

4.5　讨　　论

4.5.1　大学生微博使用、社会比较和社会认同的特点

1. 微博使用及其强度总体情况探讨

从研究结果中不难发现，大学生更常使用微博关注即时新闻热点、了解大众对人物和事件的评价和态度以及关注娱乐明星及其新闻动态(罗雪，2016；王景，2015；艾博，2014)，而较少进行自我分享和"暴露"。也就是说，大学生使用微博的行为较单一，与他人的互动行为较少。步入成年期的大学生，在身份发生转变的同时，也意识到自身责任的变化。因此，除通过微博了解新鲜事物以外，他们一方面会关注娱乐圈的动态和八卦，另一方面会更多地关注时事政治和新闻热点。而具有即时性特点的微博，拥有广受关注的热搜(每 10 分钟更新一次)功能，该功能可以使个体以最简单直观的方式了解最新的热点内容，这与大学生的需求不谋而合。

同时，大学生在关注微博用户或事件时可能更重视质量而非数量。大学生群体十分关注新兴事物，也希望与志同道合和有相同爱好的个体相结识，因此，他们在使用微博的过程中会不断地寻找自己感兴趣的个体和群体并予以关注。但微博的信息量巨大，只有高质量地关注用户，才能有效控制个体信息的输入量，从而使个体更聚焦和更深入地关注某个自己感兴趣的话题、人物或事物等。

在使用时长上，绝大部分大学生每天更倾向于花 30 分钟左右或更少的时间来使用微博，这与前人的研究结果一致(曹婷和张洁，2011)；而从大学生对微博的情感依赖情况来看，整体处于中等水平。大学生使用微博的时间不太长，其情感依赖程度并不强的原因可能有两个方面：一是当前社会节奏较快，个体需要迅速捕捉最新、最热的事物，且大学生群体本身就更倾向于快速阅读(李兴华和马超，2018)，而微博热搜能满足这一需求；二是微博较微信和 QQ 等社交软件在形式上略有不同，它虽然能帮助使用者接触和认识更大范围的人和事，但很少涉及个体与亲人、朋友和同学的日常联系，更多的是帮助使用者了解即时新闻和娱乐潮流等，而日常的沟通交流往往需要通过微信和 QQ 这样的社交 App 来实现。

2. 社会比较总体情况探讨

根据数据结果，大学生的社会比较倾向处于中等偏上水平，且在能力上的比较倾向强于在观念上的比较倾向。也就是说，大学生在使用微博时，常常与他人进行比较，尤其是进行能力上的比较。例如，个体会去了解和比较自己和他人处

理事情的方式，以此来确定自己是否能很好地处理事情，这与微博本身所拥有的各种功能密切相关。微博是一个即时和便捷的消息流通平台，使用者可以通过"私信"与他人进行交流，其即时热搜和即时话题也带来了大范围的信息交流和互换，个体可以通过刷微博了解他人对自己所关注的事件和人物的态度、观点和可能的做法，而这一过程中社会比较就会自然而然地产生，且比较的范围较日常生活、微信和 QQ 来说会更加广泛。此外，我们的研究发现，大学生在能力上的比较强于在观念上的比较。原因有两个方面：一是大学阶段个体的价值观和各种态度仍处在一个逐渐形成和不断完善的过程中，且观念较能力更容易被改变，而能力需要通过时间不断积累；二是大部分大学生会积极参加各种学生组织、社会实践和校外兼职等，而这就不免会通过比较个人的能力来选取更适合加入的成员。因此，从稳定程度和生活环境来说，大学生会更倾向于比较能力的差异，从而获得更明确的自我概念。

3. 社会认同总体情况探讨

研究表明，大学生社会认同水平整体较高。众所周知，微博中存在各式各样的群体，它几乎能够满足用户所有的兴趣和需要，使每一个人都能找到自己所认同的群体，且允许个体同时加入多个不同类型的群体当中，即微博为个体构建社会认同提供了更大和更丰富的平台和选择，同时也能帮助个体缓解社会认同威胁(Sanderson et al.，2016)，从而保持自己积极的社会认同。这就不难理解为何大学生的社会认同水平整体偏高。而从社会认同的各维度来说，大学生在群体地位评价和成员身份两个维度上的平均分都较高，在认同的重要程度(无论是积极还是消极)维度上的平均分最低。我们知道，大学生的自我意识较强，十分渴望自己的观点、态度和能力等能够被群体和他人，尤其是其他重要的人或自己特别敬重的人所承认和认可。因此，他们更加看重自己和他人对自身所属群体的评价和看法，也更加关注自己是否在群体中有更多的参与感，对所属群体是否有所贡献。

4.5.2 各变量的人口统计学变量探讨

1. 微博使用强度的人口学变量差异讨论

大学生微博使用强度不受是否为独生子女和年级两个变量的影响，但在性别上呈现出显著差异，女生的使用强度较男生来说更高。Haferkamp 等(2012)的研究显示，在社交网络的使用上，女生更多出于享乐目的，男生则更多出于实用目的。微博是明星、综艺节目等与大学生群体之间的桥梁，而大学生使用微博的主要动机也是要借助这一平台时刻关注偶像的最新动态，了解最新的娱乐新闻，这与女生出于享乐而使用社交网络的目的更具一致性。同时调查过程中明显发现，使用微博的女生多于男生，这也能从另一个侧面佐证女生微博使用强度更强这一结果。

微博使用强度在生源地上呈现出显著差异，城镇大学生的微博使用强度相较于农村大学生更强，这与前人的研究结果一致(董开莎 等，2014；胡健和胡康，2013；孔燕和杨洋，2012)。虽然目前网络的普及率已经提高，但因经济条件和硬件设施等各方面的原因，城镇大学生接触网络或微博的机会和时间较农村大学生存在一定差异，从而造成两者在使用强度上出现差异。这一结果与微博用户调查结果基本一致。《2018 年微博用户发展报告》从城镇分级层面了解微博用户的特征，发现用户来源持续保持"下沉"趋势，一直以来城镇用户的微博使用强度都高于农村用户。当然，随着时间推移，"下沉"趋势可能会日渐趋于稳定，未来大学生微博使用强度可能不会继续在生源地这一人口学变量上出现显著差异。

2. 社会比较的人口学变量差异讨论

根据研究结果，大学生的社会比较倾向在性别、年级和是否为独生子女三个人口学变量上不存在显著差异，但在生源地上存在显著差异，城镇大学生的社会比较倾向强于农村大学生，这与前人的研究结果一致(连帅磊，2016；王璇，2008；杨倩茜，2011)。大学生群体中的个体，无论男女、年级和是否为独生子女，都会面对相似的对象进行各个方面的比较，因而比较倾向在这些方面不会存在显著差异。但它在生源地上出现差异，这可能是由城镇大学生比农村大学生在社会阶层、家庭背景、经济条件、生活环境和父母文化等方面表现出的"异质性"更强，以及较之农村，城镇的社会环境更为复杂且竞争压力也更大所致。

3. 社会认同的人口学变量差异讨论

研究表明，大学生的社会认同水平不受是否为独生子女的影响，同时也不存在显著的性别差异。大学生无论性别、是否为独生子女，都必定有其认可和归属的群体，因此其社会认同水平处于基本一致的状态。

社会认同在生源地上存在显著差异，且城镇大学生高于农村大学生，这与前人的研究结果基本一致(邓治文和卿定文，2006)。出现这一情况，可能是由于城镇大学生原本就生活在城镇，当进入一个建立在城镇环境(或许是新环境)中的大学时，更容易适应新环境和新群体，并迅速建立社会认同。从我国的现状来说，农村大学生更加渴望通过学习渠道进入自己向往的城镇工作或生活，因此，这可能导致其对原归属群体的社会认同水平较低，而城市学生对自己原有的身份和归属的群体原本就有较高的社会认同水平(董开莎 等，2014)。

除此之外，社会认同在年级上呈现出显著差异。其中，大一与大三、大二与大三之间均存在显著差异，整个社会认同水平的发展趋势略呈 U 形，即社会认同水平从大一至大三逐渐降低，至大四开始升高。

刚入大学虽处于适应阶段，但网络能够保证大学生个体与亲人及原有的群体间保持联系，这在一定程度上能够维持他们积极的社会认同。随着时间流逝，大学生与原有群体间的距离会越来越远，联系也可能会更少，与此同时，他们在不断加入和适应新的群体，因此，在从大一迈入大二的过程中，大学生的社会认同水平有降低的趋势。

大三时，大学生的社会认同水平达到最低点，出现这种现象的原因可能有两个方面。一是经过两年多的大学生活，其自我意识不断增强，或认识到自己的能力等发生变化，从而开始逐渐脱离原有的群体，导致其社会认同水平较大一和大二更低。二是经过两年多的学习，大学生将面临选择未来发展方向的问题——读研或工作，无论是读研还是工作，对于他们来说，其关注点都会从原来的群体中转移。而在这一过程中，社交会相对减少，可比较的对象和内容也会减少，个体获得社会认同的渠道也会减少，因此社会认同水平可能会降低。然而，对于已就业的学生来说，还存在一定的心理矛盾——信心满满与担忧怀疑，一方面觉得自己在大学有积累、有成长，另一方面又怀疑在校期间所获得的成绩和能力无法满足工作要求；还有人十分担心自己技不如人，不能胜过他人获得工作机会。由此可以看出，大学生在大三阶段获得社会认同的途径较少，且还会感受到不同程度的压力，因此其社会认同水平较低。

到大四，一方面，不少大学生已对后续生活做出决定，同时也经历了实习，有的已经找到工作，他们面临的压力和焦虑逐渐减少。另一方面，大四是大学生活的最后阶段，个体难免会对生活了四年的校园、城市以及交往了四年的老师和同学有深厚的情感，因此他们由此会提高认同感，其社会认同水平又会上升。

4.5.3　大学生微博使用、社会比较和社会认同的关系探讨

1. 关注人数、使用时长和转发行为与各变量的关系讨论

研究表明，大学生使用微博时，转发(或评论)感兴趣的话题内容这一行为以及关注人数和使用时长均与其使用强度和社会比较呈显著正相关关系，但三者均不与社会认同存在显著相关关系。

微博中的"朋友"数量在很大程度上影响着个体所浏览的信息量，因为微博会主动推送个体关注对象的最新动态，这样一来，使用时长及强度也会不可避免地增加。而从大学生转发(或评论)感兴趣的话题内容的行为来看，如果个体选择转发(或评论)话题，则其势必会花费更多的时间进行更深入的话题探讨。因此，转发行为、关注人数和使用时长与微博使用强度之间有着密不可分的联系。

社会比较产生于大学生个体与个体、个体与群体、群体与群体之间，因此，人数越多、范围越广，可比较的人、事、物和各种观点内容等就会越多。相较于现实生活中的比较，大学生使用微博时其关注的用户人数便能为其提供更丰富的社会比较信息和更广阔的社会比较范围。在使用时长上，大学生使用微博的时间越长，其越会浏览到更多的信息，大量新信息的涌入能为他们进行社会比较创造更大的可能。而当大学生浏览某一话题内容时，其已经在不自觉地进行社会比较，如果其选择转发或评论这一话题内容，则可能会获得新的信息反馈和互动，这一新的反馈和互动会为他们提供新的可供比较的信息。

2. 使用强度、社会比较和社会认同的关系讨论

1）使用强度与社会比较

大学生的微博使用强度与社会比较倾向之间存在显著相关关系，且使用强度能够显著地正向预测社会比较，也就是说，大学生使用微博的强度越高，其就越倾向于和他人进行社会比较，这与既往的研究结果基本一致（牛更枫 等，2016；孙晓军 等，2016；Lee，2014）。

在使用微博的过程中，每个个体都会进行不同程度的自我分享和自我表露。个体既是信息的发布者和传递者，也是大量信息的接收者，这样一来，个体的社会比较就会不自觉地产生。同时，在社会本身就倾向于比较的大环境下，个体需要不断地确认自己与他人的异同，了解自己在同龄人或某个群体中的地位水平，又或者为了获得积极肯定的自我概念等，需要与他人进行社会比较。因此，高强度地使用微博可以使大学生获得大量他人的信息，并将其用于与他人进行比较。

2）使用强度与社会认同

大学生的微博使用强度与社会认同之间不存在显著的相关关系，但前人的研究结果显示，社交网络的使用与社会认同之间存在显著相关关系（阴良，2010；Barker，2009），甚至使用强度对社会认同有显著的负向预测作用（靳宇倡，2018；董开莎 等，2014）。出现不同结果的原因，可能在于以下三个方面。

首先，社交 App 本身的功能特点存在一定差异。微博受众范围广、传播速度快且影响力强，但较之微信和 QQ，其仍是一个弱关系的 App。因此，微博中的社群关系较之其他的社交 App 可能更弱。虽然微博能够帮助个体建立不同的群体，使个体可以在行为和语言等表层内容上与自己的群体有联系并建立认同，但因为群体关系微弱，可能无法使个体从更深的层面被认可，使个体无法获得归属感等，由此个体社会认同的建立就会受到影响。

其次，微博是一个匿名性极强的 App（王新月 等，2018），匿名性会导致个体与他人之间的信任程度降低，而社会认同极可能受匿名性和信任等因素的影响（邓志强，2014；Zhao et al.，2008）。当彼此之间产生怀疑时，即使双方属于同一群体，某一方对群体及群体成员的信任感和归属感也可能会同步降低，个体将不再

认同群体或不被群体成员认同，这时社会认同将受到威胁，它的建立和水平的提高也将不可避免地遇到阻碍。

最后，微博使用方式可能是其中最重要的影响因素。无论是在现实生活中还是在网络中，只有通过相互交流和积极互动才能获得更多信息和反馈，也才能更加确认自己是否归属于某一群体，是否被群体成员接纳，从而体验到归属感，而社会认同就源于个体所认知的自己归属于某一群体(王锦，2011)。社交网络的使用能帮助个体获得归属感(Shapiro and Margolin，2014)，但使用上的不同可能造成个体对群体的归属感有一定差异。从我们的研究结果看，大学生使用微博主要是为了解最新时事和浏览关注的人的动态，其很少转发(或评论)话题内容或与他人进行更多样化和更深入的互动。而只有在网络中积极分享信息和沟通交流，才可能促进个体社会认同的建构(Cheng and Guo，2015；Shapiro and Margolin，2014；Sanderson，2013)。因此，一方面，归属感可能是潜在的影响因素；另一方面，大学生微博使用方式(即较少与他人进行互动交流的行为)的特殊性可能是造成使用强度与社会认同不显著相关的一个主要原因。

3) 社会比较与社会认同

我们的研究表明，大学生的社会比较与社会认同总体上不存在显著相关关系，但两者的分维度之间大部分都存在显著相关关系，这与前人研究后所得出的社会比较与社会认同呈显著负相关的结果并不完全一致(靳宇倡，2018)。从数据结果分析，样本不足可能是其中一个影响因素，而微博这一社交平台是另一个重要原因。前人在相关研究中大多选择微信平台，微信的使用更多地在于维护现实的人际关系，微信在很大程度上关注的是周围的信息，而微博则更多的是建立一种虚拟的陌生关系，其关系强度明显低于微信，但关注的内容比微信更为广泛。同时，社会认同的建构要经历三个过程，而微博使用过程中的信息获取、转发，以及关注他人和发布分享自己的信息这一系列行为，与形成社会认同的过程基本相对应(肖玮颉和王雨馨，2014)。但我们在研究中发现，大学生在使用微博时，较少与他人进行互动交流，这可能导致个体在浏览信息时虽完成了社会比较这一过程，却并没有完成积极区分，因为他们并没有用行为表现来证明和凸显自己在各个比较维度上的优势，使自己在所属群体中表现得更为出色。另外，这种比较的可能性还停留于个体与个体之间，而非群体与群体之间，这可能导致大学生的社会比较不能直接影响其社会认同。此外，另一种可能的解释是：在使用微博的过程中，某些群体中的个体建立社会认同时，对内外群体的差异认识并非来自社会比较，而是自身就认为两者间存在本质的不同(李扬，2013)，由此导致其社会比较与社会认同之间不存在显著相关关系。

4.6　结　　论

基于获得的数据结果,我们得到以下结论。

(1)大学生在使用微博时更倾向于关注时事热点和娱乐八卦,其在关注对象上注重质量而非数量,他们在微博使用过程中较少与他人进行互动。同时,大学生每日使用微博的时长集中于 10～30 分钟。

(2)大学生对微博的情感联系程度和依赖程度较低,其微博整体使用强度处于中等水平,社会比较和社会认同均处于较高水平。

(3)大学生微博使用强度在性别和生源地上存在显著差异。其中,女生高于男生,城市高于农村。社会比较在生源地上存在显著差异,社会认同在生源地和年级上呈现出显著差异,社会认同水平发展趋势在年级上略呈 U 形。

(4)大学生的微博转发(或评论)行为、关注人数和使用时长分别与使用强度和社会比较呈显著正相关关系。

(5)大学生的微博使用强度和社会比较均不与其社会认同存在显著相关关系,但社会比较和社会认同的部分维度之间呈显著相关关系,微博使用强度与社会比较呈显著正相关关系,且能够正向预测社会比较。

关于大学生微博使用强度、社会比较与社会认同之间关系的研究,我们在探索中仍存在诸多不足。

(1)在样本选取上。研究中调查对象是使用微博的大学生,由于研究处于新冠疫情之初,取样困难,样本数量整体偏少,且男女比例较为失衡,这可能会对研究结果产生一定影响。未来研究应增加调查对象人数,平衡男女比例,使研究结果更具适用性和说服力。

(2)在变量定义上。对微博使用的定义和测量,主要根据自编问卷和《社交网站使用强度量表》。客观地看,只利用关注对象和使用时长等来研究微博使用情况及使用强度失之偏颇,未来的研究可以从个体使用微博的具体行为和使用的功能等多个角度进行定义和研究。

(3)在研究工具上。研究所采用的量表虽然在国内已经经过修订及信效度检验,且已被大量使用,但在施测过程及后期的访谈中发现,部分大学生对量表的个别问题仍存在一定程度上的理解困难,后续研究应加以修订。

(4)在研究方法上。所有变量的测量均采用网络问卷调查方式,虽然测量结果通过了共同方法偏差检验,但由于社会赞许性等原因,调查对象可能会选择与自身实际情况并不相符的选项,因此,根据研究所得数据分析出的各变量水平等可能与实际情况存在一定的差异。

(5)在个体差异上。研究中对大学生的社会比较进行了调查,但忽略了个体差异带来的影响。本书研究测量的是社会比较倾向,但没有考虑社会比较的方向和内容等(Olson and Evans,1999),这对研究结果也可能产生一定影响。因此,未来研究应该从更全面的角度考虑对变量的测量。

未来研究可在以下方面进一步完善与拓展。

首先,对社交网络使用的定义以及测量内容和方式进行完善。不同的定义、不同的衡量指标会导致同一问题的研究结果不一致,也会增加结果之间进行比较的难度。因此,在测量社交网络的使用情况时,要兼顾质与量,同时要考虑不同社交平台在功能和性质上的差异。

其次,研究中所有数据皆由量表测得,具有一定的主观性。社交网络和社会认同均十分复杂(王新月 等,2018),基于这一现实,未来研究应该采用更多不同的方法(如结合实验法和质性研究的方法),以增强研究结果的可靠性。

再次,本书的研究是横断研究,并未对大学生微博使用强度、社会比较和社会认同的发展变化及其带来的影响进行研究和探讨。尤其是社会认同,它并非一成不变的,其形成过程是一个不断变化发展的动态过程。因此,未来研究可以结合横向研究和纵向研究进行聚合交叉设计,使研究结果更有效。

最后,未来在三个变量的相关研究中,一方面可以进一步关注性别在微博使用上的各种差异,另一方面可以着重研究社交网络匿名性这一特点所带来的影响。而对社会认同的研究还可以探究其在网络与现实背景下的区别,以及线上与线下人际交往的交互影响(姚琦 等,2014)。同时,对于移动社交网络使用与社会认同的关系,目前仍然缺少足够的实证数据进行支撑,而两者之间可能存在潜在变量,如网龄(邓志强,2016)和归属感,它们之间的内在作用机制有待于更深层次的研究。而针对社会比较和社会认同的关系问题,未来可以通过完善社会比较的测量内容和改进社会认同的测量方式进行进一步验证和探讨。

第5章 移动社交网络人际交往
与大学生主观幸福感的关系

5.1 问 题 提 出

移动社交网络是人们使用移动终端设备，通过相应的应用程序在人群中分享兴趣、爱好、状态和活动等信息的在线交流平台(郭英 等，2016)。在这一平台中，新的表达和互动模式重构了人与人之间的关系，个体和群体也呈现出与现实中不同的社会文化特征，并由此催生了各种新的社会文化现象，网络社交成为现代人的一种生活方式(卜玉梅，2012)。大学生作为移动社交网络的主要使用群体，借助网络平台可以开展便捷的交流、沟通与分享，个体或"小众"可以快速组织起来，搭建与陌生人之间的关系(Trusov et al.，2010；郭英 等，2016)，从而对他们人际关系网络的密度、分布、发展以及社会适应产生明显的影响(Ellison et al.，2007；Valenzuela et al.，2009)，进而调整自身人际关系网络的结构形式(Ellison et al.，2011)，移动网络社交已成为大学生主流的人际互动方式(梁晓燕和魏岚，2008)。

主观幸福感是个体在一个从积极到消极连续体上对其生活质量的整体评价和情感体验，是个体生活质量的重要心理参数(池丽萍和辛自强，2002)。其不仅可以评估一个人的生活质量，还可以衡量一个人的心理健康和心理发展水平(李金珍 等，2003)。研究证实，社交网站的使用与幸福感息息相关(Huang，2010)，但相关结论存有分歧。有研究发现，社交网站的使用会提升个体的幸福感(Valenzuela et al.，2009)，网络社交媒体的使用或网络人际交往对青少年主观幸福感具有直接的正向预测效果(倪晓莉和邵潇怡，2019)；另有研究则指出，社交网站的使用降低了个体的幸福感(Kross et al.，2013)。因此，有必要借助网络社交，尤其是大学生使用频率极高的移动社交网络对交往与主观幸福感之间的关系做进一步研究。有学者发现，青年人的主观幸福感也易受到社会经济地位比较的影响(黄婷婷 等，2016)，而在线社交网络为个体提供了较多用于社会比较的信息(Wallace et al.，2017)。基于以上论述，我们提出研究假设一：大学生的幸福感受移动社交网络使用的影响，特别是移动社交网络使用过程中社会比较的影响。

社会比较理论(social comparison theory)由 Festinger(1954)首先提出。社会比

较具有自我评价、自我提升和自我增强三个动机(Gibbons and Buunk，1999)，其首要目的是获取关于自我的信息。人类关于自我的信息具有相对性，其强烈受到个体与他人之间比较过程的影响(邢淑芬和俞国良，2006)。而社会比较倾向作为个体在社会比较需求上体现出的一种人格特征(Gibbons and Buunk，1999)，其个体差异性会影响人们进行比较的频率和效应，一般具有强烈社会比较倾向的人更喜欢做比较，更容易受到社会比较的消极影响(郭淑斌和黄希庭，2010)。移动社交网络的使用通过应用程序分享兴趣、爱好、状态和活动，给大学生提供了更多的社会比较机会。同时，社交媒体的使用可以通过上行社会比较(upward social comparison)降低个体的自我概念清晰性(self-concept clarity，SCC)水平(孙晓军等，2016)。自我概念的清晰性与社会比较频率呈负相关关系(Butzer and Kuiper，2006)，即自我概念清晰性高的个体更少地进行社会比较(刘得明和龙立荣，2008)。综上，本书提出研究假设二：自我概念清晰性对社会比较产生影响。

自我概念清晰性是自我概念(self-concept)的结构特征，是自我概念的内容能够被个体清晰确定，并体验到内在一致性和时间稳定性的程度(Campbell et al.，1996)。有研究表明，自尊(self-esteem)与自我概念清晰性呈显著正相关关系(刘广增 等，2017)，自尊助推主观幸福感(孔繁昌，2015)，自我概念清晰性与主观幸福感呈正相关关系，自我概念清晰性可以止向预测主观幸福感(聂晗颖和甘怡群，2017)，且对大学生的幸福感起到一定保护作用(胡心怡和陈英和，2017)。基于以上论述，本书提出研究假设三：自我概念清晰性不仅影响社会比较，同时也影响主观幸福感。

基于上述研究假设，本书初步构建了一个有调节的假设中介模型，具体如图 5-1 所示。通过该模型，可以研究并揭示移动社交网络人际交往、社会比较倾向和自我概念清晰性与主观幸福感的关系。

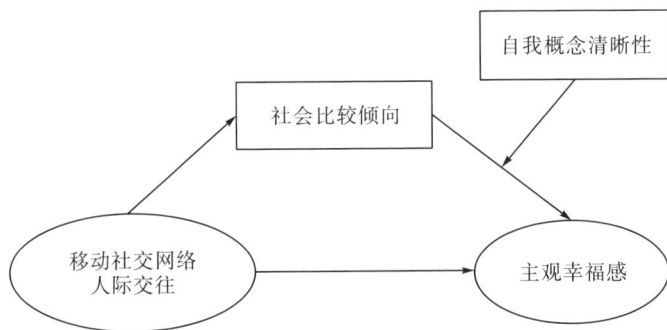

图 5-1 社会比较倾向的中介作用及自我概念清晰性的调节作用假设模型图

5.2　对象与方法

5.2.1　对象

采用整群随机抽样的方法从国内选择 7 所高校，其中 6 所本科大学，1 所职业技术学院；选取 1200 名大学生，以班级为单位发放问卷并现场回收。共发放问卷 1200 份，剔除无效问卷(有规律作答或部分不完整作答)后最终获得有效问卷 1039 份，有效问卷回收率为 86.5%。其中，男生 241 人，占比为 23.2%，女生 798 人，占比为 76.8%；大一 584 人占比为 56.2%，大二 227 人，占比为 21.9%，大三 228 人，占比为 21.9%(因大四学生在外实习，无法收集数据)。

5.2.2　工具

1. 移动社交网络人际交往问卷

采用郭英等(2016)编制的大学生移动社交网络人际交往问卷。该问卷有 17 个问题，包括信息沟通、网络依赖和自我表露 3 个因子，采用 5 点计分。此次研究中，问卷的克隆巴赫 α 系数值为 0.85。

2. 生活满意度量表

采用 Diener 等(1985)编制的生活满意度量表，该量表是单维量表，包含 5 个问题。此次研究中，该量表的 α 系数为 0.86。

3. 积极与消极情感量表

采用 Watson 等(1988)编制的积极与消极情感量表，该量表包含 20 个问题。此次研究中，该量表的 α 系数为 0.82。

采用生活满意度量表和积极与消极情感量表分别测量主观幸福感的认知成分和情感成分，将个体在生活满意度、积极情感和消极情感上的得分标准化，然后用生活满意度得分加上积极情感得分再减去消极情感得分，以此作为主观幸福感的指标(王焕贞 等，2017；Linley et al.，2010)。

4. 社会比较倾向量表

采用 Gibbons 和 Buunk(1999)编制的社会比较倾向量表，该量表包含 12 个。此次研究中，该量表的 α 系数为 0.73。

5. 自我概念清晰性量表

采用 Campbell 等(1996)编制的自我概念清晰性量表。该量表为单维结构,包含 12 个问题,分数越高代表自我概念清晰性越高。此次研究中,该量表的 α 值为0.75。

5.2.3　施测过程与数据处理

采用统一的指导语,由研究者本人和有心理学专业背景的辅导员及心理学专任教师组织大学生以班级为单位进行集体施测。测试前先说明问卷或量表的保密性、注意事项以及填写方法,学生理解后单独作答,问卷填写完毕后当场收回,并致谢。整个测试过程大致 30 分钟。剔除无效问卷,录入有效数据,然后用 SPSS 22.0 软件进行数据的处理与分析。

5.3　研　究　结　果

5.3.1　共同方法偏差检验

由于采用问卷法或量表进行测试,以及通过集体施测和自评方式收集数据,因此测量过程中可能会存在共同方法偏差。在数据收集过程中,主要利用作答的匿名性以及数据的保密性等进行程序控制;进行数据分析时,采用 SPSS 22.0 软件对数据进行 Harman 单因素检验,以评估共同方法偏差的严重程度。同时,对所有变量进行探索性因素分析,检验未旋转的因素分析结果,如果只析出一个因子或某个因子的解释力特别大,即可判定存在严重的共同方法偏差(周浩和龙立荣,2004)。检验结果表明,未旋转主成分分析中共有 14 个因子的特征值大于 1 且第一个因子解释的变异量仅为 11.93%,说明本研究的共同方法偏差问题不严重。

5.3.2　各变量的相关性分析

各变量相关性分析结果(表 5-1)表明,移动社交网络人际交往与社会比较倾向和主观幸福感呈显著正相关关系,与自我概念清晰性呈显著负相关关系;社会比较倾向与自我概念清晰性呈显著负相关关系,与主观幸福感呈显著正相关关系;自我概念清晰性与主观幸福感相关性不显著。

表 5-1　各变量相关性分析结果

变量	1	2	3	4
1 移动社交网络人际交往	1.00			
2 社会比较	0.23**	1.00		
3 自我概念清晰性	-0.20**	-0.19**	1.00	
4 主观幸福感	0.12**	0.15**	0.05	1.00

注：**表示 $p < 0.01$。

5.3.3　有调节的中介模型的检验

采用 Hayes(2012)编制的 process(使用 V3.3)中的模型 4(简单中介模型)，在控制性别、家庭所在地和是否为独生子女的情况下，检验社会比较倾向在移动社交网络人际交往与主观幸福感之间的中介效应。结果表明，移动社交网络人际交往对主观幸福感的预测作用显著($\beta=0.34$，$t=4.01$，$p<0.001$)，且当放入中介变量后，移动社交网络人际交往对主观幸福感的预测作用依然显著($\beta=0.26$，$t=3.02$，$p<0.01$)。同时，移动社交网络人际交往对社会比较倾向的预测作用显著($\beta=0.06$，$t=7.42$，$p<0.001$)，社会比较倾向对主观幸福感的预测作用显著($\beta=0.37$，$t=4.08$，$p<0.001$)(表 5-2)。移动社交网络人际交往对主观幸福感的直接影响效应及社会比较倾向中介效应值的 Bootstrap 95%置信区间的上、下限均不包含 0，表明移动社交网络人际交往不仅可以直接预测主观幸福感，而且能够通过社会比较倾向的中介作用预测主观幸福感，其直接效应(0.26)和中介效应(0.08)分别占总效应(0.34)的 76.47%和 23.53%(表 5-3)。

表 5-2　社会比较倾向的中介模型检验

回归方程($n=1039$)		拟合指标			系数显著性	
结果变量	预测变量	R	R^2	F	β	t
主观幸福感		0.13	0.02	4.69***		
	性别				-0.09	-0.70
	家庭所在地				-0.02	-0.18
	是否为独生子女				-0.14	-1.22
	移动社交网络人际交往				0.34	4.01***
社会比较倾向		0.24	0.06	15.29***		
	性别				0.03	0.71
	家庭所在地				0.21	1.58
	是否为独生子女				0.03	0.75

续表

回归方程(*n*=1039)		拟合指标			系数显著性	
结果变量	预测变量	R	R^2	F	β	t
主观幸福感	移动社交网络人际交往				0.06	7.42***
		0.18	0.03	7.14***		
	性别				−0.11	−0.86
	家庭所在地				−0.04	−0.38
	是否为独生子女				−0.15	−1.33
	社会比较倾向				0.37	4.08***
	移动社交网络人际交往				0.26	3.02**

注：**表示 $p<0.01$；***表示 $p<0.001$。

表 5-3　总效应、直接效应及中介效应分解表

变量	效应值	Boot 标准误差	BootCI 下限	BootCI 上限	相对效应值/%
总效应	0.34	0.11	0.05	0.46	
直接效应	0.26	0.10	0.06	0.47	76.47%
中介效应	0.08	0.03	0.03	0.14	23.53%

采用 Hayes(2012)编制的 process(使用的是 V3.3)中的模型 14(假设中介效应后半段受到调节)，在控制性别、家庭所在地和是否为独生子女的情况下，对有中介调节的模型进行检验。结果表明，将自我概念清晰性放入模型后，社会比较倾向得分与自我概念清晰性得分的乘积对主观幸福感的预测作用显著(β=0.33，t=2.61，$p<0.05$)(表 5-4)，说明自我概念清晰性在社会比较倾向与主观幸福感的关系中起调节作用。

表 5-4　有调节的中介模型检验

回归方程(*n*=1039)		拟合指标			系数显著性	
结果变量	预测变量	R	R^2	F	β	t
主观幸福感		0.22	0.05	7.36***		
	性别				−0.09	−0.82
	家庭所在地				−0.04	−0.38
	是否为独生子女				−0.15	−1.39
	网络比较倾向				0.41	4.46***
	自我概念清晰性				0.33	3.34***
	网络比较倾向×自我概念清晰性				0.33	2.16*

注：*表示 $p<0.05$；***表示 $p<0.001$。

简单斜率分析结果(图 5-2)表明，高自我概念清晰性(M+LSD)社会比较倾向对主观幸福感具有显著的正向预测作用(simple-slope=0.57，t=4.83，$p<0.001$)。低自我概念清晰性(M−LSD)社会比较倾向对主观幸福感的预测作用不显著(simple- slope=0.22，t=1.80，$p>0.05$)。

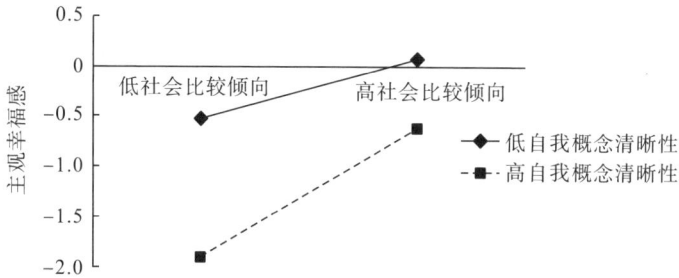

图 5-2　自我概念清晰性在社会比较倾向与主观幸福感关系中的调节作用

5.4　讨　　论

5.4.1　大学生移动社交网络人际交往对主观幸福感的直接效应

研究发现，移动社交网络人际交往对主观幸福感的预测作用显著，且当放入中介变量后，移动社交网络人际交往对主观幸福感的预测作用依然显著。已有的研究发现，人际交往或人际网络被认为是人们主观幸福感的一个重要来源，高水平的幸福感离不开与他人的积极交往(Ryff，1989)。大学生人际交往能力能够预测心理健康水平(刘文 等，2008)，且可以直接影响幸福感，也可以间接影响幸福感(杨雪花和陈万明，2016)。人际交往对大学生幸福感的正向影响具有跨文化的稳定性，且同伴交往、师生交往和校园活动均在其中起到重要的作用(朱晓文和刘珈彤，2018)。一方面，人际交往对主观幸福感的影响是积极的；另一方面，良好的人际交往对主观幸福感又有促进作用。

既往的研究显示，社交媒体的使用提高了大学生社交网络的异质性，而网络异质性与主观幸福感呈正相关关系(Kim and Kim，2017)；同时，"社交型"的社交网站使用者，其社交网站的使用与其幸福感呈正相关关系(Wang et al.，2014)。出现这种情况的原因可能是大学生线上人际关系仍然以现实中的人际圈为核心，因此，大学生可以从网络交往中获得更多的情感支持，而不会导致现实人际关系疏远(黄利会，2008)。另有研究也发现，大学生在网络交往中可以获得情感支持、工具性支持、信息支持和社会成员支持(梁晓燕和魏岚，2008)。移动社交网络人际交往可以给大学生提供社会支持，良好的社会支持有利于提升个人的主观幸福感。而我们的研究再次证实，移动社交网络人际交往行为对大学生主观幸福感有正向的影响。

5.4.2　社会比较倾向的中介作用

社会比较倾向在移动社交网络人际交往与主观幸福感之间具有中介作用。已有的研究发现，在社交网站中，个体可通过发布/更新动态、上传照片和发表日志/评论等多种方式来进行自我表露(柴唤友 等，2018)。在移动社交网络人际交往中，来自其他人的自我表露将给予其互动的人带来更多的社会比较，因此，移动社交网络的使用和社会比较倾向呈正相关关系。

有研究者对 Instagram 用户进行研究后发现，弱社会比较倾向的个体具有较低的孤独感(Yang，2016)。对 Facebook 的使用者关系研究后发现，强社会比较倾向的人对 Facebook 的使用更多，且强社会比较倾向的人更易表现出低自我评价、低自尊心和消极情感体验(Vogel et al.，2015)。社会比较倾向和主观幸福感之间是显著负相关关系(白红敏 等，2009)。社会比较倾向性高的人似乎更容易激活糟糕的自我，更关注别人的感觉，对他人有更强烈的同情心，对他人的需要更敏感(郭淑斌和黄希庭，2010)，以及更倾向于将发生在别人身上的事情联系在自己身上，且对与自己身处相似环境的人的想法和行为更感兴趣(王明姬 等，2006)。

上行社会比较是个体与比自己优秀的人进行比较，目的是提升自我表现能力，而下行社会比较(downward social comparison)是个体与比自己表现差或境遇糟糕者进行比较，目的是增强自我、维护自尊或调节情绪(Wood，1989)。在社会比较过程中，人们不仅不能坚持理智和公正，而且会对比较过程施加多种影响(郭淑斌和黄希庭，2010)，减少社会比较倾向的负面影响。社会比较倾向和社会能力呈正相关关系(Fu et al.，2018)，社会比较中许多人会贬低他人，时间比较中人们会贬低过去的自我，从而提高自我，最终使自我感觉变得更好(孙炯雯和郑全全，2004)。因此，社会比较倾向在移动社交网络人际交往与主观幸福感之间具有中介作用。

5.4.3　自我概念清晰性的调节作用

我们的研究发现，自我概念清晰性能够调节"移动社交网络人际交往—社会比较倾向—主观幸福感"这条路径的后半段，即能够调节社会比较倾向对主观幸福感的影响。简单斜率分析发现，自我概念清晰性的高低可以调节社会比较倾向对主观幸福感的影响，自我概念清晰性高者，其社会比较倾向对主观幸福感具有显著的正向预测作用。这可能是由于自我概念清晰性具有压力缓冲作用，其影响着个体的心理调适，高自尊个体具有较为明晰的自我概念(徐海玲，2007)，高自我概念清晰性的个体其心理调适能力更强，更少受到社会比较的负面影响。自我概念清晰性与自尊呈正相关关系，与消极情感、焦虑和抑郁呈负相关关系（Campbell et al.，1996），与孤独感呈显著负相关关系（徐欢欢 等，2017）。自我概念清晰性程度可以预测个体的抑郁和主观幸福感（Usborne and Taylor，2010），高自我概念清晰性能够为大学生提供一定保护作用（胡心怡和陈英和，2017）。综上，自我概念清晰性能够调节移动社交网络人际交往对主观幸福感的影响，前述理论假设模型得到证实。

5.5　结　　论

研究显示：①移动社交网络人际交往对大学生主观幸福感的预测作用显著（β=0.34，t=4.01，$p<0.001$），当放入中介变量后，移动社交网络人际交往对大学生主观幸福感的预测作用依然显著（β=0.26，t=3.02，$p<0.01$）；②移动社交网络人际交往对大学生社会比较倾向的预测作用显著（β=0.06，t=7.42，$p<0.001$），社会比较倾向对大学生主观幸福感的预测作用显著（β=0.37，t=4.08，$p<0.001$）；③将自我概念清晰性放入模型后，社会比较倾向得分与自我概念清晰性得分的乘积对大学生主观幸福感的预测作用显著（β=0.33，t=2.61，$p<0.05$）。综上，可以得出以下结论。

(1)移动社交网络人际交往与大学生的社会比较倾向和主观幸福感呈显著正相关关系，与自我概念清晰性呈显著负相关关系；大学生的社会比较倾向与自我概念清晰性呈显著负相关关系，与主观幸福感呈显著正相关关系；自我概念清晰性与大学生主观幸福感相关性不显著。移动社交网络人际交往对大学生主观幸福感影响显著。

(2)大学生社会比较倾向在移动社交网络人际交往对主观幸福感的影响中起中介作用。

(3)大学生自我概念清晰性在社会比较倾向与主观幸福感的关系中起调节作用。

第6章 网络交往与现实交往中大学生孤独感的比较研究

6.1 问题提出

互联网在人们的生活中扮演着越来越重要的角色，逐渐成为人们学习生活的重要载体，人们的生活方式也随之发生质的变化（Gosling and Mason，2015）。网络所具有的特殊功能使得它冲破人类交往的时空限制，为民众交往提供新的工具和形式（Huang，2010；Ong et al.，2011），但它也不可避免地存在利与弊。探究并比较网络交往与现实交往中大学生孤独感是否存在差异，对于揭示包括移动网络社交在内的网络交往对大学生孤独感的影响具有重要意义。

目前，关于网络交往与孤独感之间的关系，学术界存在两种观点：一是认为网络交往行为会增加个体的孤独感；二是认为网络交往行为会减弱个体的孤独感。有研究表明，相对于现实交往，个体进行网络交往一方面可以拓展和巩固人际关系（Stoll，1995），另一方面也会导致社会孤立和焦虑（Turow and Kavanaugh，1996），增强孤独感（Huang，2010；Ong et al.，2011）。究其原因，研究者认为网络交往之所以比现实交往有更强的孤独感，一方面是由于个体在网络上的交往具有一定的隐秘性，这种人际关系相对而言是比较浅薄、感情较弱且亲密度较低的人际关系（Granovetter，1983），是一种弱关系，其不能给个体带来实质性的心理适应（Putnam，2000），因而导致个体孤独感增强（Kraut et al.，1998）；另一方面是因为孤独个体自身的特质使得他们更加偏好进行网络交往（Amichai-Hamburger and Ben-Artzi，2003；Ceyhan and Ceyhan，2008；Bontti et al.，2010），这种相互影响的恶性循环使得孤独者更加孤独。但也有研究得到相反的结论，如有学者基于网络使用的社交补偿（social compensation）模型开展研究，并认为与现实交往相比，网络交往的匿名性等特点有利于个体隐藏自己的身份，减少孤独和内向个体在网络交往中被讪笑和拒绝的可能性，使得在现实生活中表现出社交焦虑和体验到较强孤独感的个体在网络空间中能够更轻松地与他人建立人际关系（Kraut et al.，2002；Mckenna et al.，2002）。因此，网络交往与孤独感之间的关系，或者网络交往与现实交往相比，究竟个体孤独感会增强还是减弱，目前并没有统一的结论。

大学生作为网络使用率较高的群体，网络交往已成为他们在交往中不可或缺的部分及主要方式。然而，关于大学生网络交往与孤独感的关系问题，以及在网络交往与现实交往中孤独感是否存在差异，研究者同样没有得出统一的结论。例如，孔芳(2010)在关于大学生社会支持、孤独感与网络成瘾倾向的关系研究中发现，网络交往并不会引起个体的孤独感，反而会降低个体的孤独感。研究者分析，这是由于网络自身的优势使得它具有高度的互动性，因而个体得到了更多关注和反馈，其人际关系更加紧密，孤独感减弱。而 Yao 和 Zhong(2014)以香港地区的大学生为对象展开研究，结果表明，过度的网络使用会增强个体的孤独感。由此可以看出，研究者采取的研究方法以及研究视角不同，导致研究结果出现分歧(周宗奎和王超群，2015)。因此，大学生在网络交往中的孤独感是否强于现实交往中的孤独感，网络交往是否真的会提升人们的孤独感水平，尚需进一步研究。

　　针对上述研究背景，结合社会学家 Granovetter(1983)和 Putnam(2000)等的人际关系理论(human relations theory)，本书以大学生为研究对象，采用问卷调查法，并基于网络交往与现实交往的比较视角，探讨大学生在网络交往与现实交往中的孤独感是否存在差异，考察大学生在网络交往与现实交往中的孤独感在性别、专业、生源地和年级上是否存在差异，以期为在教育实践中引导大学生合理选择交往形式，适度开展人际交往，提升交往质量，构建健康和谐的人际关系，有效预防或减少因交往而导致的孤独感等心理问题提供参考依据，也为日后相关研究的进一步开展提供借鉴。

6.2　调查方法与假设

6.2.1　对象

　　抽取国内 5 所高校大一到大四 4 个年级共计 511 名大学生参加本书研究。其中，男生 224 人，女生 287 人；文科学生 210 人，理科学生 301 人；大一学生 120 人，大二学生 154 人，大三学生 160 人，大四学生 77 人，年龄为 18～24 岁。

6.2.2　工具

　　(1)UCLA 孤独量表。本书研究采用 Russell 等(1996)编制的 UCLA 孤独量表(第三版)(汪向东 等，1999)，该量表由 20 个问题组成(11 个正向计分问题和 9 个反向计分问题)，采用 4 点计分。反向计分后，计算所有问题的总分，得分越高表明孤独感越强。该量表用于测量大学生的孤独水平，具有良好的信度和效度，量表的克隆巴赫 α 系数为 0.86。

　　(2)网络交往与现实交往的类型划分。以大学生网络人际交往及现实人际交往的时长作为指标,将大学生的人际交往划分为网络交往型和现实交往型。具体的划分步骤如下:在用 UCLA 孤独量表测试前加入人口学变量因素及测试对象平均每天在网络交往和现实交往中所花费的时间等信息,并将测试对象自评的平均每天进行网络交往的时长与现实交往时长进行比较,然后根据时间对比结果进行划分。①网络交往型(类型一):以网络交往为主,平均每天网络交往时间明显多于现实交往时间(每天网络交往时间大于 4 小时,现实交往时间少于 0.5 小时);②现实交往型(类型二):以现实交往为主,平均每天现实交往时间明显多于网络交往时间(每天现实交往时间大于 4 小时,网络交往时间少于 0.5 小时)。

6.2.3　程序与数据处理

以班级为单位进行团体测试,测试完成后当场回收问卷。将有效问卷整理后,使用 SPSS 20.0 软件对数据进行分析。

6.2.4　假设

根据文献及前期调查,做如下假设。

假设 1:网络交往型与现实交往型大学生的孤独感存在显著差异。

假设 2:网络交往型与现实交往型大学生的孤独感在性别、专业、生源地和年级等人口学变量上存在差异。

6.3　研　究　结　果

6.3.1　网络交往型与现实交往型大学生孤独感的差异

为比较不同交往类型大学生的孤独感是否有差异,本书对网络交往型与现实交往型大学生的孤独感得分进行独立样本 t 检验,结果见表 6-1。可见,网络交往型与现实交往型大学生的孤独感得分有显著差异($t=12.56$,$df=509$,$p<0.001$),网络交往型大学生的孤独感显著强于现实交往型大学生的孤独感。

表 6-1　网络交往型与现实交往型大学生孤独感的差异

变量	M ± SD		t	p
	类型一($n=266$)	类型二($n=245$)		
孤独感	44.38±8.32	35.39±5.91	12.56***	0.000

注:***表示 $p<0.001$。

6.3.2　不同性别网络交往型与现实交往型大学生孤独感差异

分别对不同性别网络交往型与现实交往型大学生的孤独感得分进行独立样本 t 检验，结果见表 6-2。结果表明，网络交往型大学生的孤独感在性别上差异不显著（$t=0.09$，$df=303$，$p>0.05$），现实交往型大学生的孤独感在性别上差异也不显著（$t=-3.42$，$df=204$，$p>0.05$）。

表 6-2　不同性别网络交往型与现实交往型大学生孤独感的差异

变量	性别	n	M ± SD	t	p
类型一	男	123	46.17 ± 8.78	0.09	0.762
	女	182	43.41 ± 7.94		
类型二	男	101	34.38 ± 6.61	-3.42	0.066
	女	105	35.59 ± 5.76		

6.3.3　不同专业网络交往型与现实交往型大学生孤独感差异

分别对不同专业（本研究包括文科专业与理科专业）网络交往型与现实交往型大学生的孤独感得分进行独立样本 t 检验，结果见表 6-3。结果显示，网络交往型大学生的孤独感在专业上没有显著差异（$t=-0.55$，$df=264$，$p>0.05$），现实交往型大学生的孤独感在专业上差异同样不显著（$t=1.02$，$df=243$，$p>0.05$）。

表 6-3　不同专业网络交往型与现实交往型大学生孤独感的差异

变量	科类	n	M ± SD	t	p
类型一	理科	149	44.18 ± 8.78	-0.55	0.461
	文科	117	44.61 ± 7.79		
类型二	理科	152	35.53 ± 5.67	1.02	0.313
	文科	93	35.16 ± 6.30		

6.3.4　不同生源地网络交往型与现实交往型大学生孤独感差异

对不同生源地网络交往型与现实交往型大学生的孤独感得分进行独立样本 t 检验，结果见表 6-4。可见，网络交往型中来自城镇和农村的大学生孤独感差异不显著（$t=-1.87$，$df=264$，$p>0.05$），现实交往型中来自城镇和农村的大学生孤独感差异也不显著（$t=1.28$，$df=243$，$p>0.05$）。

表 6-4　不同生源地网络交往型与现实交往型大学生孤独感的差异

变量	生源地	n	M ± SD	t	p
类型一	城镇	107	43.44 ± 7.24	-1.87	0.170
	农村	159	45.00 ± 8.95		
类型二	城镇	96	35.78 ± 5.57	1.28	0.260
	农村	149	35.14 ± 6.12		

6.3.5　不同年级网络交往型与现实交往型大学生孤独感差异

对不同年级网络交往型与现实交往型大学生的孤独感得分进行单因素方差分析，结果见表 6-5。表 6-5 显示，网络交往型大学生的孤独感在年级上存在差异（$F=3.13$，$p < 0.05$），通过事后多重比较发现，在孤独感得分上，大学一年级（$p=0.018$）、二年级（$p=0.016$）和三年级（$p=0.003$）的学生与四年级的学生差异显著，一年级、二年级和三年级大学生的孤独感水平明显高于四年级大学生。现实交往型的孤独感在年级上也存在显著差异（$F=8.42$，$p < 0.05$），通过事后多重比较发现，在孤独感得分上，大学一年级（$p=0.000$）、二年级（$p=0.000$）和三年级（$p=0.003$）的学生与大学四年级的学生差异显著，一年级、二年级和三年级大学生的孤独感水平显著高于四年级大学生。

表 6-5　不同年级网络交往型与现实交往型大学生孤独感的差异

变量	年级	n	M ± SD	F	p	多重比较
类型一	1 一年级	65	44.50±9.14	3.13	0.028	1＞4，2＞4，3＞4
	2 二年级	87	44.55±7.99			
	3 三年级	88	45.87±7.19			
	4 四年级	26	38.50±8.57			
类型二	1 一年级	55	36.56±5.11	8.42	0.000	1＞4，2＞4，3＞4
	2 二年级	67	35.87±5.47			
	3 三年级	72	34.75±5.99			
	4 四年级	51	31.92±3.01			

6.4　讨　　论

6.4.1　网络交往型与现实交往型大学生孤独感的差异分析

研究发现，网络交往型大学生的孤独感显著强于现实交往型，这与相关研究结论一致（Kraut et al.，1998；Sagioglou and Greitemeyer，2014；刘旺和黄克乐，

2011)。Kross 等(2013)采用非干预性在线调查的方式对个体在使用社交网站过程中的实时情绪体验进行测量，证实与现实交往相比，网络交往会对个体的情绪感受带来更为消极的影响。此外，有研究者将上网时长作为考察网络交往与孤独感之间关系的重要指标，发现上网时间与孤独感得分呈显著正相关关系，个体在网络使用中的卷入程度越高，其孤独感越强(刘加艳，2004；Morahan-Martin and Schumacher，2000，2003；Kubey et al.，2001)。究其原因，可以结合社会学家 Granovetter(1983)和 Putnam(2000)等的人际关系理论及相关研究成果予以分析。Granovetter(1983)认为，从人际关系亲密度的角度看，感情较弱和亲密度较低的人际关系是一种弱关系，与之相对的感情较强和亲密度较高的人际关系是一种强关系。当今社会，个体接触最频繁的是自己的亲人、同学、朋友和同事等，这些关系是十分稳定的传播关系，也是一种强连接。此外，社会中还存在一种弱连接关系，弱连接关系不如强连接关系稳定，但它的范围较广，而且具有较高的信息传播效率；维护弱连接关系的成本也较低。网络交往与现实交往相比，其能够强化个体弱关系的发展，但削弱了强关系的发展。有研究者以微信平台上的网络交往为例进行研究，同样发现在弱网络社会关系下，大学生微信朋友圈的好友异质性较强。个体间形成的关系有助于信息的获取与流动，能拓宽大学生群体的社交范围，但微信的"摇一摇"和定位等功能给大学生带来便利的同时，也存在个人隐私暴露和被诈骗等隐患，从而对其生活和人际信任产生不利影响(肖斌，2015)。因此，弱关系虽有利于包括大学生在内的个体之间的交流及信息传播(Granovetter，1983；Kossinets and Watts，2006；Burt et al.，2013)，但不利于个体彼此之间亲密关系的维护，易滋生孤独和寂寞等情绪。

　　Putnam(2000)将人际关系分为桥际性人际关系和联结性人际关系，桥际性人际关系是仅限于认识的人之间未深入发展的人际关系(即弱关系)；联结性人际关系是相互了解的个体间亲密的人际关系(即强关系)，这类人际关系更容易得到社会支持和精神支持。研究表明，大学生的 Facebook 使用强度与其桥际性人际关系和联结性人际关系的强度相关(Ellison et al.，2007；Valenzuela et al.，2009)，Facebook 能同时促进强关系和弱关系中朋友数量的增长，但对弱关系的促进作用更大。大学生通过网络交往能增加桥际性人际关系的数量，与网络好友私信聊天越多，越能促进桥际性人际关系的发展(Manago et al.，2012)。大学生的人际关系假如更多的是通过社交网络建立，那么其强弱关系中朋友的数量和质量都会发生变化，大学生在提高人际交往对象数量的同时，社交质量降低，由此更容易产生孤独和抑郁等消极情绪。正如 Valkenburg 和 Peter(2007b)所言：网络中的交往是一种浅薄的弱关系，它与现实生活中的强关系相比更缺乏真实感情和信任。因此，网络交往中跨时空的交流并不能给个体带来足够的满足感，个体反而会因幸福感减少而出现孤独感增强(Ong et al.，2011)。

同时也应看到，本书研究得出的结论与既往的部分研究结论不一致。例如，Shaw 和 Gant(2002)让多名调查对象与另一名匿名调查对象进行 5 次交谈，在不同的时间间隔对他们的孤独感进行测量，并对其分数变化进行观察追踪，结果表明，网络沟通行为能显著降低个体的孤独感水平；有研究者在一项以老年人群体为调查对象的研究中发现，使用网络对慢性疾病患者和身体有残疾的老年人进行干预后，与控制组相比，其孤独感水平显著下降(Fokkema and Knipscheer，2007)；另有研究者在一项关于青少年学生网络交往的研究中发现，如果其交往对象是熟悉的人，则网络交往对其孤独感具有显著的负向预测作用(黎亚军 等，2013)。

综上，关于网络交往与现实交往中个体孤独感水平的研究结果不尽一致。其原因可能在于网络交往与孤独感之间的关系受到其他因素的影响，如个体的人格特质、孤独感类型和网络使用动机等，并且在不同的研究中，选取的调查对象不同，以及测量工具和研究方法的差异也会影响研究结果的一致性。

6.4.2　网络交往型与现实交往型大学生孤独感的人口统计学差异分析

研究发现，无论是网络交往型大学生还是现实交往型大学生，首先，在性别上，孤独感均值均存在差异，但未达到统计学显著性水平。这一结果与既往的研究结果一致(刘旺和黄克乐，2011；Moody，2001；Borys and Perlman，1985；李传银，2000；郭妮妮，2016)，但与孟晋(2002)、王希林和赵晓明(2000)以及蒋艳菊等(2005)的研究结论不一致。其次，在专业类型上，文科专业大学生与理科专业大学生的孤独感均值存在差异，但也未达到统计学显著性水平。这与郭妮妮(2016)、黄海(2004)和邹赐岚等(2005)的研究结果相一致，但与蒋艳菊等(2005)、李萌(2013)以及邓丽芳等(2007)的研究结果不一致，他们的研究结果表明，文科专业大学生与理科专业大学生的孤独感具有显著差异。最后，在生源地上，城镇大学生与农村大学生的孤独感均值存在差异，但同样未达到统计学显著性水平。这一结果与郭妮妮(2016)、蒋艳菊等(2005)和李萌(2013)的研究结果一致，但与黄海(2004)和邓丽芳等(2007)的研究结果不一致，他们研究发现，城镇大学生与农村大学生的孤独感水平具有显著差异。结论不一致可能是不同的研究采用的评估工具与抽样方法不同和调查对象所处区域不同，以及学科门类划分标准不完全统一所致。

综上，男生与女生、文科专业大学生与理科专业大学生以及城镇学生与农村大学生的孤独感均值均存在差异，但差异均不显著。究其原因：第一，在当今社会，受性别交往文化趋同及城乡一体化等社会因素的影响，男女大学生、文科专业大学生与理科专业大学生以及城镇大学生与农村大学生无论是在网络交往中还是在现实交往中，其交往动机、交往形式和交往频率与内容趋向一致，差异不大，这种趋同性使得他们在交往中获得的情感体验(积极与消极的体验)也表现出一致性,包括孤独感水平;第二,由于研究使用的 UCLA 孤独量表偏重测量的是个体特质性孤独感,这种孤独感不是个体一时体验到的孤独情绪,而是一种长期感受到的特质性孤独感,其不易受性别、专业和生源地等人口学变量的影响,具有较强的稳定性,因此无论是网络交往型大学生还是现实交往型大学生,其孤独感水平的性别、专业和生源地差异均不显著。

研究同时显示,无论是在网络交往中还是在现实交往中,大一、大二和大三学生的孤独感水平无明显差异,但均显著高于大四学生。众所周知,大四学生面临学业、就业与择业多种选择与压力,其生活忙碌而充实,孤独感减弱,压力感增强。此外,大四学生相较于大一、大二和大三学生,其情绪的自我调节能力更强,人际关系网络更为宽广且结构更为复杂,其拥有相对完善的社会支持网络,这在很大程度上可减少其孤独和失落等消极情感。

6.5　结　　论

通过调查,得出如下结论。

(1)网络交往中大学生的孤独感显著强于现实交往中大学生的孤独感。

(2)在网络交往与现实交往中,不同性别、专业和生源地的大学生其孤独感差异均不显著,但大一、大二和大三学生的孤独感显著强于大四学生。

在日后的研究中,应尽力弥补以下前期研究中的不足。

首先,从测量工具看,研究中所采用的 UCLA 量表主要测量的是特质性孤独感。然而孤独感的类型很多,今后应进一步探讨不同类型的孤独感在大学生网络交往与现实交往中是否存在差异,明晰大学生在网络交往中产生的孤独感是否会随着时间的增加而递增(或递减),并深究其内在影响机制。

其次,在网络交往与现实交往中大学生孤独感的形成是否存在其他中介因素或调节因素的影响(李云峰和帅煜朦,2016),也值得进一步分析。

最后,纵观目前的研究方式,大都使用的是问卷调查法。但是网络作为一个交往平台,其使用频率和使用时间对个体的影响(包括孤独感、社交质量和社会认同等)是有一定差异的。因此,日后的研究在使用问卷调查法的同时,可结合实验法和访谈法等予以进行。只有使纵向研究与横向研究结合,量化研究与质性研究相互补充,才能更加科学全面地探究在网络交往与现实交往中个体孤独感是否存在差异,从而趋利避弊,充分发挥各种交往途径(线上和线下)在大学生良好情绪形成及健康人际关系构建中的积极作用。

第7章 微博使用对大学生网络人际交往的影响：基于强弱关系的视角

7.1 问题提出

微博作为一个社交应用软件，主要通过简短文字、图片和短视频等形式来强化其媒介属性，并借助"关注"和"粉丝"的方式来进行人际关系的建构，具有简易性、自主性和交互性等特点(傅颖，2012)。它是以 Twitter 为原型发展而来的，是以用户之间的关系为基础，通过关注机制分享简短和实时的信息，以及进行信息的获取、分享和传播的广播式社交网络平台，用户可以从计算机或者手机、平板等移动设备登录。微博作为移动社交网络和社交信息传播的重要载体，可以满足人们随时分享的需求，为交流提供了新的渠道，使人们有了前所未有的社交体验。

大学生是使用微博的主力军，"微博控"已成为大学生在互联网环境下颇具时代特点的一个形容词。已有研究显示，微博给大学生的心理、价值观和人际交往等带来巨大影响(马英和郝书翠，2014)。微博的使用减少了大学生现实人际交往，部分自制力不强的大学生甚至沉溺于网络交往(徐贝勒，2015)，导致大学生人际关系的建立与维护，以及人际关系结构产生巨大变化。然而，既往的研究大多关注网络平台(包括微博)对大学生现实人际交往的影响，很少有研究关注微博使用对大学生网络交往(线上交往)行为的影响。

强弱关系理论是 Granovetter 于 1973 年提出的。在这一理论中，Granovetter (1973)强调在网络社会交往关系中主要有强关系和弱关系两种关系。强关系主要是指感情较强和亲密度较高的一种人际交往形成的关系，如在日常生活中，每个人与自己的家人、同事和朋友等之间的关系；形成强关系的个体间一般具有同质性。而弱关系则与之相反，它是由联系较少甚至陌生的个体通过社交网络或社交媒体接触而形成的，其突出特点是社会关系遥远和互动不频繁。弱关系之间往往没有亲密的情感，但能为个体提供不同的信息(罗雪，2016)；形成弱关系的个体间一般异质性较高。Granovetter (1973)认为，现代社会中个体的行为会受到关系强弱的定向影响。在日常生活中，带有弱连接属性的关系可能对人们的影响更大。这是因为涉及工作和事业的密切关系一般不是强连接关系，而是弱连接关系。仅从交往的角度看，强连接关系中个体之间的接触比较紧密，交际圈易出现重合，从而导致交往中出现排他性，人际圈减小。弱连接虽然难以建构亲密的关系，但弱连接关系中个体之间的活动圈出现重合的概率很低，所以能够形成一个信息网络，其在交流互动中可发挥更大的作用。

有研究认为，从社会关系的角度出发，由于微博以分享内容和传播信息为主，使用者与分享者大多为陌生人，且社会网络中人际关系强弱连接分化的情况更加严重，因此微博上的社会网络关系趋向于弱连接关系，微博上的社交是基于弱关系的"兴趣社交"(宋欣怡和从红艳，2017；陈若薇，2014)，但微博的弱连接属性有助于增加信息的流动性。相关文献说明，从强弱关系理论视角开展的研究主要集中在微博用于政务信息传播和社会群体心态的形成等方面，这些研究主要关注微博对社会心态与网络舆情的引导作用。心理学领域针对人际交往问题也有少量研究，但总体而言，其对微博弱关系属性的关注度相对较低，且大量研究多采用的是访谈法和案例分析法等定性的方法。从心理学的角度结合强弱关系理论，采用实证研究方法探讨微博与移动社交网络人际交往关系的研究实属鲜见。

鉴于以往的研究状况，本书拟采取问卷调查的方法，运用人际交往相关理论，从强弱关系视角出发，探讨当下大学生使用频率较高的移动社交 App——微博对网络人际交往的影响，以为深入比较和探索网络时代线上和线下的大学生人际交往状况及人际关系网络结构(强弱关系结构)提供实证依据。

7.2　研　究　设　计

7.2.1　目的

研究采取问卷调查法，在收集有关大学生微博使用情况以及移动社交网络人际交往基本数据的基础上，从强弱关系理论视角出发，深入探讨当下大学生普遍使用的 App (微博)对其移动社交网络人际交往的影响。

7.2.2　对象

研究主要通过"问卷星"网络平台以及在大学现场发放纸质问卷的形式进行数据收集，共收集问卷 900 份，剔除无效数据后，有效问卷为 738 份，有效问卷回收率为82%。其中，男生 307 人，女生 431 人；大一 179 人，大二 279 人，大三 163 人，大四 117 人；文科 246 人，理科 356 人，其他 136 人；城镇 353 人，农村 385 人；独生子女 349 人，非独生子女 389 人。

7.2.3　工具

1. 网络参与量表

采用卜巍巍 (2014)编制的SNS用户参与行为量表对大学生微博使用行为进行

相应的测量(国内已有众多研究采用此量表考察微博使用行为)。SNS 用户参与量表将微博使用行为分为浏览行为和互动行为两个维度,这与 Kelley 等(1990)划分的维度一致。其中,浏览行为指用户在社交网络上搜索对自己有用的信息,基本上不参与发帖和回帖等网络互动,互动少是浏览行为的主要特点。而互动行为主要是指用户在社交网站上回复帖子、点赞、转发和评论等,其在网络上的互动频率较高。该量表采取 5 点计分的方式(1 表示"很不同意",5 表示"非常同意"),主要包括"我经常在社交网络中浏览信息"等 7 个问题。得分越高,说明个体的网络参与程度越高。在此项研究中,经信度检验 $\alpha=0.87$,说明该量表具有良好的信度。

2. 大学生移动社交网络人际交往问卷

采用大学生移动社交网络人际交往问卷(郭英 等,2016)对大学生的网络人际交往状况进行测量。该问卷将大学生移动社交网络人际交往分为移动社交网络信息沟通、移动社交网络自我表露以及移动社交网络依赖 3 个维度,共 17 个问题。问卷采取 5 点计分的方式(1 表示"非常不符合",5 表示"非常符合")。该量表已被证实具有良好的信度和效度。在此项研究中,经信度检验 $\alpha=0.83$。

为方便讨论,以下我们将微博参与行为简称为参与行为,微博浏览行为和微博互动行为两个维度分别简称为浏览行为和互动行为;移动社交网络人际交往简称为网络人际交往,移动社交网络信息沟通、移动社交网络自我表露以及移动社交网络依赖 3 个维度分别简称为信息沟通、自我表露和网络依赖。

7.2.4　假设

各种移动社交软件构建的社交网络,为人们提供了便捷的交流与分享平台,改变了人们的交往方式(Trusov et al.,2010)。微博是基于弱关系互动的"泛社交"和信息收集平台,其"关注"与"粉丝"彼此之间的人脉重叠度较低,好友间的异质性较高,而这可以创造更多的人际关系,增加微博信息的传播速度与广泛程度。微博这一新媒体具有较强的黏性和隐蔽性,容易使大学生产生依赖。对于大众来说,弱关系的建立具有临时性,而网络人际交往具有隐匿性和虚拟性,因此,人们往往对此保持谨慎的态度,似乎不太愿意表露出真实的自己。为此,提出如下假设。

假设 1:参与行为与大学生网络人际交往呈显著正相关关系。

假设 2:浏览行为和互动行为均与信息沟通呈显著正相关关系。

假设 3:浏览行为和互动行为均与网络依赖呈显著正相关关系。

假设 4:浏览行为和互动行为均与自我表露呈显著负相关关系。

假设 5:浏览行为和互动行为对大学生网络人际交往具有正向预测作用。

7.2.5　数据处理与统计分析

本书研究采用 SPSS 22.0 与 AMOS 22.0 软件对收集的数据进行相应的处理与分析。

7.3　研　究　结　果

7.3.1　人口统计学差异性检验

对人口统计学中的性别变量进行独立样本 t 检验，结果见表 7-1。

表 7-1　性别在各研究变量上的差异性检验（男 n=307，女 n=431）

变量	性别	M±SD	t
浏览行为	男	9.96±3.36	-5.32***
	女	11.26±3.23	
自我表露	男	15.87±4.20	2.16*
	女	15.18±4.40	
信息沟通	男	24.12±3.80	-2.89**
	女	25.01±4.38	

注：*表示 p<0.05；**表示 p<0.01；***表示 p<0.001。

由表 7-1 可以看出，浏览行为（t=-5.32，p<0.001）、自我表露（t=2.16，p<0.05）和信息沟通（t=-2.89，p<0.01）在性别上差异显著。

对人口统计学中的生源地变量进行独立样本 t 检验，结果见表 7-2。

表 7-2　生源地在各研究变量上的差异性检验（城镇 n=353，农村 n=385）

变量	生源地	M±SD	t
互动行为	城镇	11.51±4.22	2.51*
	农村	10.74±4.06	
参与行为	城镇	22.44±6.20	2.46*
	农村	21.30±6.30	
自我表露	城镇	15.83±4.54	2.17*
	农村	15.14±4.10	

注：*表示 p<0.05。

由表 7-2 可以发现，生源地在参与行为(t=2.46)、互动行为(t=2.51)和自我表露(t=2.17)上均存在显著差异(p<0.05)。

对是否为独生子女进行独立样本 t 检验，结果见表 7-3。

表 7-3　是否为独生子女在各研究变量上的差异性检验(是 n=349，否 n=389)

变量	是否为独生子女	M±SD	t
互动行为	是	11.57±4.21	2.83**
	否	10.71±4.05	
参与行为	是	22.50±6.32	2.62**
	否	21.30±6.17	
自我表露	是	15.81±4.18	2.05*
	否	15.16±4.44	

注：*表示 p<0.05；**表示 p<0.01。

由表 7-3 可以发现，互动行为(t=2.83，p<0.01)、参与行为(t=2.62，p<0.01)以及自我表露(t=2.05，p<0.05)在是否为独生子女上存在显著差异。

对专业类型和年级变量进行方差分析，结果分别见表 7-4 和表 7-5。

表 7-4　不同专业类型大学生在各研究变量上的差异性检验

变量	M±SD			F	事后检验
	文科(A) (n=246)	理科(B) (n=356)	艺术类(C) (n=136)		
浏览行为	11.30±3.24	10.46±3.34	10.32±3.44	5.804**	A>B，B>C
互动行为	11.40±4.00	10.55±4.15	12.10±4.22	7.717***	A>B，C>B
参与行为	22.73±5.84	21.03±6.39	22.45±6.52	6.166**	A>B
自我表露	15.57±4.27	15.20±4.31	16.02±4.47	1.878	
信息沟通	24.82±3.85	24.97±3.81	23.40±5.32	7.361***	A>C，B>C
网络依赖	18.11±4.56	17.72±4.45	18.11±5.26	0.636	
网络人际交往	58.43±8.59	57.92±8.68	57.54±11.06	0.453	

注：**表示 p<0.01；***表示 p<0.001。

由表 7-4 可以看出，专业类型在浏览行为(F=5.804，p<0.01)、互动行为(F=7.717，p<0.001)、参与行为(F=6.166，p<0.01)和信息沟通(F=7.361，p<0.001)上均存在显著差异。

进一步进行事后检验发现，文科专业大学生在浏览行为、互动行为和参与行为上得分显著高于理科专业大学生，理科专业大学生在浏览行为和信息沟通上得分显著高于艺术类专业大学生，艺术类专业大学生在互动行为上得分显著高于理科专业大学生。

表 7-5　不同年级大学生在各研究变量上的差异性检验

变量	M±SD				F	事后检验
	大一 (A) (n=179)	大二 (B) (n=279)	大三 (C) (n=163)	大四 (D) (n=117)		
浏览行为	9.85±3.61	10.93±3.16	11.13±2.92	10.96±3.67	5.507***	A<B, A<C, A<D
互动行为	10.15±3.82	11.04±4.06	11.75±4.16	11.86±4.56	5.930***	A<C, A<D
参与行为	20.03±6.25	21.99±6.02	22.92±6.06	22.82±6.65	7.776***	A<B, A<C, A<D
自我表露	14.28±4.11	15.66±4.09	15.63±4.59	16.60±4.46	7.624***	A<B, A<C, A<D
信息沟通	24.05±4.39	25.48±3.83	24.73±3.39	23.42±5.08	8.557***	A<B, D<B
网络依赖	17.05±4.13	17.95±4.23	17.73±4.91	19.41±5.53	6.357***	A<D, B<D, C<D
网络人际交往	55.38±7.96	59.03±8.59	58.13±9.05	59.43±11.15	7.277***	A<B, A<C, A<D

注：***表示 $p < 0.001$。

由表 7-5 可以看出，浏览行为 ($F=5.507$)、互动行为 ($F=5.930$)、参与行为 ($F=7.776$)、自我表露 ($F=7.624$)、信息沟通 ($F=8.557$)、网络依赖 ($F=6.357$) 以及网络人际交往 ($F=7.277$) 在年级上均存在显著差异 ($p < 0.001$)。

进行事后检验发现，大一学生在浏览行为、参与行为、自我表露和网络人际交往上得分均显著低于其他三个年级，在互动行为上得分显著低于大三和大四两个年级。大二学生在信息沟通上得分显著高于大一和大四学生。在网络依赖上，大四学生得分显著高于大一、大二和大三学生。

7.3.2　相关关系矩阵

对数据进行相关关系分析，结果见表 7-6。

表 7-6　参与行为与网络人际交往相关关系矩阵

变量	1	2	3	4	5	6
1 参与行为	1.000					
2 网络人际交往	0.442**					
3 浏览行为	0.794**	0.325**				
4 互动行为	0.873**	0.413**	0.402**			
5 自我表露	0.420**	0.739**	0.184**	0.491**		
6 信息沟通	0.190**	0.584**	0.267**	0.078*	0.134**	
7 网络依赖	0.314**	0.751**	0.234**	0.289**	0.405**	0.126**

注：*表示 $p < 0.05$；**表示 $p < 0.01$。

由表 7-6 可以看出，参与行为与网络人际交往呈显著正相关关系（$r=0.442$，$p<0.01$）。浏览行为和互动行为与自我表露、信息沟通、网络依赖及网络人际交往之间总体上均呈显著正相关关系（$p<0.05$）。

7.3.3　研究假设检验

根据研究假设，用 AMOS 22.0 软件建立相应的模型，并根据修正指数对模型进行修改。修改后的模型（图 7-1）在标准化估计值模型中，其所有标准化回归系数的绝对值均小于 1，没有出现不合理参数。因此，修改后的模型拟合度良好（$\chi^2=2.492$，$df=2$，RMSEA=0.018，CFI=0.999，NFI=0.993，IFI=0.999，TLI=0.996）。

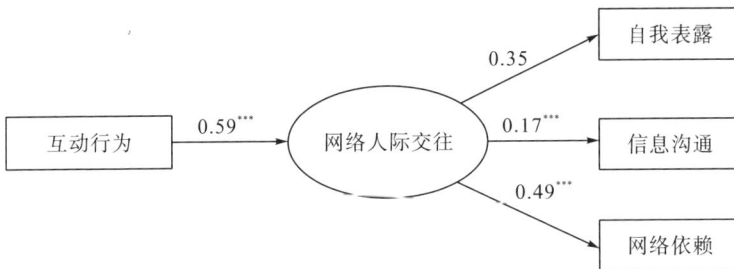

图 7-1　预测效应检验模型

由图 7-1 可以看出，互动行为对大学生网络人际交往具有显著的正向影响（$\beta=0.59$，CR=15.251，$p<0.001$），而浏览行为对大学生网络人际交往不存在显著影响（$\beta=0.01$，$p>0.05$）。假设 5 得到了部分验证。

7.4　讨　　论

7.4.1　不同人口统计学变量的差异性

研究显示，性别在微博浏览行为及网络人际交往的自我表露、信息沟通两个维度上具有显著差异。浏览行为与信息沟通，女性得分显著高于男性；男性在自我表露上的得分显著高于女性。相比男性，女性更倾向于在网络上进行互动和收集信息，这与以往的相关研究结果一致（郭英 等，2017）。男女之间存在的差异性可能是男女交往风格的差异导致的。从进化心理学角度看，女性在母系社会时期主要从事采集工作，这就需要其进行更多的沟通与交流，以提高工作效率。中国儒家传统观念强调"男儿有泪不轻弹"，要求男性要勇敢和内敛，在现实生活中男性的自我结构也不允许其向他人透露自己内心体验的全部广度和深度，而且男性受到性别角色的束缚也抑制了其在现实生活中的自我表露(Jourard，2005)。但是随着社会的进步，男性中的"女子气"倾向越来越强，男性在网络上的自我表露在一定程度上减轻了现实生活中男性角色所带来的诸多压力，其更倾向于在网络上表达自己的看法与观点。此外，男性与女性在网络上自我表露的内容存在差异，男性多在网络上表露自己的权利和地位，体现的是男性对理想自我(ideal self)的追求，这也在一定程度上强化了男性在网络上进行自我表露的行为。

是否为独生子女在微博互动行为、参与行为以及网络人际交往的自我表露维度上存在显著差异，独生子女的得分显著高于非独生子女的得分。既往的研究发现，与非独生子女相比，独生子女的一般安全感与人际安全感更强(张小远 等，2007)，对微博的接受程度也更高，其更倾向于在微博上进行互动，以及参与微博信息的浏览与评论。这是因为在现实生活中孤独感较强的个体，更倾向于在网络沟通中更深入地表露有关自己的信息(周宗奎 等，2017)。而微博的弱关系属性给独生子女提供了一个在网络上表达自己情绪与观点的机会。非独生子女的家里有 2 个或 2 个以上的孩子，在现实生活中其有机会与兄弟姐妹互动交流和表达自己的想法，其更加注重强关系的建立与维护。相比之下，独生子女在现实生活中的孤独感更强，其更倾向于在网络上进行浏览与互动，表露自己的相关信息。

生源地在微博参与行为、互动行为以及网络人际交往中的自我表露维度上存在显著差异，城镇大学生得分显著高于农村大学生得分。肖日葵(2016)发现，家庭背景会对教育资源的获取产生直接影响。与农村相比较，城镇的资源相对更好，城镇大学生之间沟通与交流的范围更广，故城镇大学生在网络交往与现实交往中更具有主动性，对网络交往也表现出更高的接受度。相对发达和完善的网络设施体系使城镇大学生接触微博这种新的网络交流方式较早，其在微博使用技巧上也更加娴熟，这些都可能导致城镇大学生更多地参与微博使用。此外，微博通常是建立陌生人之间社交关系的平台，其弱关系属性使信息具有广泛性，信息获取具有便捷性，这也在一定程度上对城镇大学生表露自我和宣泄情绪等具有积极意义。

年级在微博参与行为和移动社交网络人际交往总分及其各维度得分之间均存在显著差异，得分情况为大一显著低于其他年级，这与既往的相关研究结果一致。已有研究发现，个体的娱乐动机以及获取信息的动机会随着年级的升高而呈现出增长的趋势(李瑛 等，2007)。刚进入大学校门的新生，保留着高中时期被动获取信息的习惯，其对网络上的自我表露持较高的警惕性，较少在移动社交网络上暴露有关自己的信息。大一学生保留着中学的交往定势，喜欢与自己具有同质性的人建立强关系，倾向于现实人际交往，以减少环境改变可能带来的孤独感与陌生感。同时，个体使用微博以及进行网络人际交往并不仅仅是为了情感维系，更多的是基于获取信息的需要。大四学生面临着毕业与找工作的双重压力，而微博这一高度开放的平台给大学生提供了更多招聘信息，高年级的学生可以通过浏览招聘信息以及展示自我简历来达到求职等目的，由此就不难理解为什么大四学生会在微博参与行为和移动社交网络人际交往方面处于比较活跃的状态了。

专业在微博参与行为、浏览行为、互动行为和移动社交网络人际交往的信息沟通等方面存在显著差异。传统观念强调"术业有专攻"，不同专业能力的培养使学习者形成了不同的思维方式(谢晶和张厚粲，2008)，使得个体在网络上的互动行为和网络人际交往方式存在一定差异。艺术类专业的大学生认为自身的专业创造性非常强，是其他专业的同学无法比拟的，因而更为重视交往对象的同质性，而在现实生活中发展人际关系可以保证他们的交往对象之间有共同的话题或"固有品味"。文科和理科专业大学生由于专业特点需要借助网络和数据库浏览查阅所需要的信息，其在网络上花费的时间比较多。理科专业大学生认为自己在现实生活中的理性思维偏多，不太善于表达自己的情感，因而更加倾向于利用网络发展自己的交往行为，构建人际关系。

7.4.2 大学生微博参与行为与移动社交网络人际交往的相关关系

研究显示，大学生微博参与行为、浏览行为和互动行为均与移动社交网络人际交往、自我表露、信息沟通以及网络依赖呈显著正相关关系，微博使用对大学生的移动社交网络交往行为具有直接影响。我们知道，微博的用户关系模式是一种"蒲公英"模式，每一个节点都可以通过微弱的关系与其他任何一个节点建立联系(熊灵，2017)。在远离自身现实生活圈的一个相对安全的环境中，微博使用者之间并不知晓彼此是谁，他们在微博上进行信息浏览、公开表达自己的意见与见解和倾诉与发泄内心的真实情感，微博增加了他们进行自我表露的机会。社交网站使用中的一种普遍行为就是自我表露，研究发现，进行适当的网络自我表露可以促进人际关系的发展(柴唤友 等，2018；王慧和王学刚，2019)。此外，微博是属于弱关系的社交网络交往平台，其用户拥有更广泛的人际关系结构(武锋，2010)。在陌生人际社交圈中，用户之间的匿名性更高，而网络的匿名性会增加用户在移动社交网络中的自我表露程度。因此，在微博这一弱关系社交圈中，大学生也愿意进行自我表露。

微博的弱关系属性为大学生释放压力和宣泄情绪提供了一个良好的平台与工具，同时为信息之间的传播与共享提供了快捷和便利的渠道(刘春雁，2011)。国外研究者发现，弱连接的社交网站可以使人们更好地获得机会以及综合和分享信息(Granovetter，1973；Kim et al.，2015)。相比信息同质性较强的强关系而言，弱关系的信息异质性更高，而且弱关系中的个体能接触到不同的社会群体，拥有更广泛的社会关系网络。此外，微博的弱连接属性有助于增强信息的流动能力。

在关系建立过程中用户之间的情感基础较弱，信息沟通成为主要的驱动力，微博的"一键转发"功能可以实现信息的传播，这使用户间信息的沟通变得便捷。浏览行为与互动行为在本质上是一个自我表露的过程，其加快了信息之间的传递与人与人之间的交互。相对于现实人际交往，网络上的交流更加省时和便捷。另外，信息寻求、社会交互和感知享乐与社交网站用户持续意图呈正相关关系(Zong et al.，2019)。如前所述，微博是以弱关系为主的交流平台，其网络人际圈的扩大更加容易，而个体需要依赖网络交往获取新信息，结交新朋友，这强化了他们对微博的依赖程度。因此，社交网络的使用对大学生的社交网络依赖具有正向预测作用(丁倩　等，2016)。

7.4.3　大学生微博参与行为对移动社交网络人际交往的预测作用

研究发现，微博互动行为对大学生的移动社交网络人际交往具有正向预测作用。大学生在微博上表现出较多的互动行为，说明其更愿意在网络上进行信息之间的沟通，同时导致他们对网络的依赖性增强。

俞轶楠(2012)发现微博使用动机对微博使用行为具有显著预测作用，人际互动、信息获取和娱乐等动机是用户使用社交网络的重要动机(陈雅琪，2011；罗雪，2016；Papacharissi and Rubin，2000)。移动社交网络的发展以及微博的弱连接属性使得信息的传播呈现出加速化、碎片化和高互动性的特征。微博中的互动行为相比浏览行为，其用户的动机更强。微博的弱关系社交通过与陌生人的互动，使用户对信息的理解程度加深，用户也可以借此获得更多额外信息。微博作为最流行和发展最快的移动社交媒体，提供了极其丰富的信息，满足了用户对内容的需求。在受信任控制的情况下，具有弱关系的知识接受者获益更多，其易获得更多共享知识(Levin and Cross，2004)。而互动行为使个体在网络上花费的认知资源更多，个体使用频率与卷入程度更高，其中微博使用动机越深和卷入程度越高的大学生会越愿意参与热点问题的讨论。此外，微博是一个弱关系的移动社交网络交往平台，具有开放性与透明性，其信息流的传播呈现出点状蔓延趋势，微博的弱关系属性使用户可以通过它在个人和社区级别上建立社会联系(Chen，2011)。人们只要在微博上浏览相关信息或参与互动，都会获得社会信息，而信息获取的便捷性为人们之间的人际交往与信息沟通提供了方便。个体在微博上的互动与反馈行为增加了用户的社交互动，而虚拟社交网络关系的建立可以实现多元文化的交流与沟通。

既往的多数研究都表明，网络成瘾和网络依赖受到诸多因素的影响。社交网络使用强度与网络成瘾具有显著正相关关系(Müller et al.，2016)。个体在微博上的互动在一定程度上会模糊和淡化身份和地位的界限，微博上的交往有利于缓解一部分现实交往的压力，减少现实交往中的不确定性，使人们在网络上的交往更加舒适，体验感更好，从而使个体更愿意花费大量时间参与线上交往，这与Guadalupe(2011)的研究结果相类似。Guadalupe(2011)发现，青少年会在社交网站浏览信息和回复个人资料页面的评论上花费大量的时间，而在线社交联系和在线社交支持、网络媒体使用时间会对移动社交网络成瘾产生极大影响(Yang et al., 2016；刘德寰和崔忱，2010)。宋秀娥(2010)也认为，大学生的网络行为是由其追求个性、从众、满足、依赖和自我认知等心理因素造成的。大学生倾向于追求个性，对新鲜事物充满好奇，而微博作为一个具有匿名性的平台，其丰富的资源使大学生追求个性的需求得到满足，使大学生更加偏好微博上的互动，从而强化了大学生对网络人际交往的心理依赖性。同时，大学生通过微博上的互动行为可以避免现实社交中的焦虑，增强自己的积极情绪，以及进行移动社交网络人际交往的主动性与积极性，而网络交往反过来又会进一步强化其在微博上的互动行为。再者，大学生并未真正步入社会，其对网络事物保持着相对信任的态度，这也是其喜爱通过微博进行移动社交网络交往的原因。最后，安全感的获得是个体心理健康的重要基础，其与人际信任密切相关(安莉娟和丛中，2003)。微博上进行互动和参与问题的评论与转发，可以使大学生获得安全感与心理满足感，进一步强化其移动社交网络人际交往行为。

7.5　结　　论

从强弱关系视角出发，本章初步探讨了大学生普遍使用的App——微博对其移动社交网络人际交往的影响，总结如下。

(1)微博参与行为与大学生移动社交网络人际交往在性别、生源地、是否为独生子女、专业和年级上都有不同程度的差异。

(2)微博参与行为及其各个维度与大学生移动社交网络人际交往及其各维度存在显著正相关关系，微博使用对大学生移动社交网络交往行为具有显著影响。

(3)微博互动行为对大学生移动社交网络人际交往具有显著的正向预测作用。

此次研究建立在既往研究的基础之上，初步探讨了微博参与行为对大学生移动社交网络人际交往(线上交往)的影响，但认真审视后发现，仍存在以下不足。

(1)选取的调查对象具有局限性，研究数据是小样本数据，导致研究结果的推广受到一定限制。

(2)在研究方法的选择上，由于只采取问卷调查的方式进行研究，故方法较为单一。

(3)研究主要探讨的是微博使用对移动社交网络人际交往的影响，研究视角仅仅局限在虚拟网络背景下，缺乏微博使用对大学生现实人际交往与网络人际交往影响的比较。

（4）在研究中仅考察了微博参与行为对移动社交网络人际交往的影响，对其中可能存在的中介变量或调节变量没有进行相应的分析与考察。

在后续研究中，可以从以下几个方面进行拓展与深化。

（1）采用多种研究方法相结合的方式，结合强弱关系理论更加深入地探讨微博对大学生移动社交网络人际交往影响的比较。

（2）重视微博使用对现实人际交往影响的研究，通过对虚拟人际交往和现实人际交往进行比较，进一步探讨微博使用在大学生线上与线下人际交往中的不同作用。

（3）加强对大学生微博参与行为与移动社交网络人际交往之间中介或调节因素的分析，进一步揭示微博对大学生移动社交网络人际交往的影响机制。

第8章 移动社交网络人际交往与大学生人际适应的关系

8.1 问题提出

人际适应是社会适应的一项重要内容，目前学界从不同角度对其给出了不同定义。陈建文(2001)从人格的角度对人际适应进行阐释，他认为人际适应是个体在人际适应过程中所应具备的和所表现出的人格特征，其主要通过乐群性、合作性、信任感和利他倾向表现出来。卢谢峰(2003)提出，人际适应是指考察的个体在脱离以往熟悉的人际和社会环境时，能否在新的坏境中建立和发展良好的人际关系的能力，例如，能否独立处理人际关系、能否快速结交新的朋友以及能否与他人进行良好交往等。Swenson 等(2008)将人际适应定义为与他人建立和维持关系的过程。张琴心(2008)则认为，人际适应是指个体在进入新环境时，主动调整自己的心理和行为模式去适应新集体，并与他人形成良好人际关系的过程，如结交新朋友、适应新环境和与他人进行积极交往等。余益兵等(2009)认为，从社会化的角度看，人际适应是个体在社会化过程中对他人的信任、善意、支持与敌意表现出来的状态。程玉洁和邹泓(2011)则将人际适应定义为人们在互动过程中形成的一种能够与他人建立友好关系和给予支持的能力，如正向的信任、分享、帮助和卷入以及负向的人际疏离(interpersonal alienation)、敌意和孤独等。综合学界有关人际适应的不同界定，本书将人际适应定义为：个体在新环境中表现出的调整自我、建立人际关系和适应新环境的能力。

大学阶段是青少年从学校走向社会的过渡期，又称为前社会期，在该时期青少年极易产生一系列心理适应问题，其中人际适应问题是重要的心理适应问题之一(王钢 等，2010)。大学生在大学期间的人际适应不仅会对其当下的日常生活和学习产生影响，还会对其将来的工作和社会适应造成深刻影响。梳理既往的研究发现，人际适应较好的大学生拥有更高的心理健康水平(张晖 等，2016)，能够更好地进行团队合作，获得更大的发展空间(彭思远，2019)；而人际适应较差的大学生容易产生焦虑、抑郁和孤独感等负面情绪，较差的人际适应还会影响学业成绩，甚至催生攻击性行为(冯廷勇 等，2010)。大学生的人际适应能力受到多种因素的影响，既有外在因素，又有内在因素。其中有关内在影响因素的研究发现，青少年阶段独特的闭锁又开放的矛盾心理容易导致人际交往障碍，是影响人际适应的重要因素(王钢，2007)；自卑和害羞心理也会对大学生人际交往造成阻碍，大学生害羞倾向与人际适应问题的解决存在负相关关系(Covert et al.，2003)。同时，自我意识过强容易在交往过程中产生以自我为中心的心理，阻碍新环境下人际关系的建立。此外，手机成瘾倾向也会对大学生人际适应造成影响，损害大学生现实交往技能，造成人际适应问题(张亚利 等，2018)。

早在十多年前 Ye(2006)的研究就显示，同伴互动(peer interaction)是大学生融入大学环境，进行良好适应的主要方式。此后，Gray 等(2013)的研究进一步表明，移动社交网络的互动行为与更好的大学生人际适应有很强的相关性。通过移动社交网络的直接互动和浏览行为，大学生可以有效管理人际关系，获取对人际适应有用的信息；移动社交网络上的状态更新和自我展示，可以让学生了解自己(Ellison et al.，2012；Thomas et al.，2017)。移动社交网络的使用有利于维系人际关系和拓宽交际圈，使大学生的社交需要得到满足(戴琳琳，2018)。同时，其所带来的互联性有利于减轻孤独感，而基于图片的社交网络使用更是以线性模式减轻孤独感(Pittman and Reich，2016)。另外，社交网络的使用还能改善社交焦虑，提升幸福感(贺金波 等， 2014；Kraut and Burke，2015)，增加传统的线下面对面交流(Dienlin et al.，2017)。而从网络反馈来看，在社交网络人际交往中获得的支持越多，越有利于人际适应(周莉 等，2016)。因此，从使用方式来看，社交网络的积极使用与大学生人际适应呈显著正相关关系，而社交网络的消极使用(网络成瘾)则与人际适应不良有关(张亚利 等，2018)。周莉等(2016)也发现，网络依赖与人际适应呈显著负相关关系。从使用时间来看，大学生在移动社交网络人际交往过多时，容易忽视现实人际交往，减少人际交往时间，从而导致交往能力降低，人际适应变差(Chen et al.，2016)，甚至使用手机成瘾。由此可见，既往的对于网络交往与大学生人际适应关系的研究结论不一，且大多是基于传统 PC 端进行的，较少从移动终端角度对网络人际交往与大学生人际适应之间的关系进行深入探讨。开展关于移动社交网络人际交往行为与大学生人际适应关系的研究，对于揭示人际适应的影响因素，丰富社会学和心理学中有关人际适应的理论，帮助大学生建立和发展和谐的人际关系具有积极意义。

鉴于此，本章从移动社交网络入手，采用问卷调查法和半结构化访谈法，考察大学生移动社交网络人际交往以及人际适应在性别、生源地、是否为独生子女、专业和年级等人口学变量上的差异，以为探究移动社交网络人际交往与大学生人际适应的关系，揭示移动社交网络人际交往对人际适应的影响作用，帮助大学生建立和发展和谐的人际关系，以及促进形成良好的人际适应提供实证研究依据。

8.2 　研 究 设 计

8.2.1 　对象

问卷调查的对象采用随机抽样的方式，通过"问卷星"网络平台以及现场发放纸质问卷的形式进行数据收集。问卷共收集 650 份，剔除无效问卷后，有效问卷为 569 份，有效问卷回收率为 87.5%。其中，男生 209 人，女生 360 名；大一146 人，大二 237 人，大三 123 人，大四 63 人；文科及艺体专业 204 人(由于艺体专业学生只有 8 人，故没有单列)，理工专业 365 人；城镇 250 人，农村 319 人；独生子女 257 人，非独生子女 312 人。运用 SPSS 22.0 软件进行数据分析处理。

访谈的对象为参加过问卷测试后，采取自愿的原则选取 23 名大学生，根据访谈提纲对其进行一对一的深入访谈。

8.2.2 　方法

采用问卷调查、量表测验和半结构化访谈等方法进行研究。

1. 问卷调查法与量表测验法

采用的工具有大学生移动社交网络人际交往问卷和大学生人际适应性量表。

1) 大学生移动社交网络人际交往问卷

采用郭英等(2016)编写的大学生移动社交网络人际交往问卷进行研究。该问卷将大学生移动社交网络人际交往分为自我表露、信息沟通和网络依赖 3 个维度，共 17 个问题(如"我经常在移动社交网络上发起并讨论自己感兴趣的话题")，并采用 Likert 5 级计分法(1 表示"非常不符合"，5 表示"非常符合")进行测量。此次研究中克隆巴赫 α 系数为 0.80，量表的信度较好。

2) 大学生人际适应性量表(简单版)

采用王钢(2007)编写的大学生人际适应性量表(简单版)对大学生的人际适应状况进行测量。该量表分为人际认知性和人际互动性两个维度，其中人际认知性是指大学生能否"客观、合理地认识自己""换位思考""评估自己与他人的关系状况""对人际适应成功或失败的原因进行分析"，而人际互动性主要是指大学生能否"主动与人交往""完好表达想表达的内容""以协作的方式与他人相处""设身处地的体会到他人的情绪感受"。该量表共 60 个问题，采用 Likert 5 级计分法(1 表示"很不赞同"，5 表示"非常赞同")测量大学生人际适应的程度(如"人际互动的情景发生变化时，我能明锐地觉察到")。此次研究中 α 值为 0.906，量表的信度较好。

2. 访谈法

结合问卷调查和量表测试结果，同时根据大学生的特点和研究目的，本书初步编制了访谈提纲，并采用已有的提纲对 3 名大学生进行了试访。根据试访对象的访谈感受及反馈，本书对访谈提纲进行了进一步的修改和完善，最终形成半结构式访谈提纲。访谈者将访谈对象进行编号，并根据访谈提纲进行访谈；访谈过程中通过录音记录访谈信息，结束后将访谈内容进行整理和分析。

8.2.3　假设

根据相关研究及前期调研，提出如下假设。

假设 1：移动社交网络人际交往行为与大学生人际适应在性别、是否为独生子女、出生地、年级和专业等人口学变量上存在显著差异。

假设 2：移动社交网络人际交往行为与大学生人际适应及其各维度呈显著相关关系。

假设 3：移动社交网络人际交往行为对大学生人际适应具有正向预测作用。

8.2.4　程序

本研究由两个子研究(研究一和研究二)组成。研究一采取问卷调查法和量表测验法对大学生移动社交网络人际交往行为与人际适应的关系进行探究。研究二采取半结构化访谈法进一步了解移动社交网络人际交往行为对大学生人际适应的影响，以及人际适应的影响因素。

8.2.5　数据处理与统计分析

研究采用 SPSS 22.0 与 AMOS 22.0 软件对收集的数据进行相应处理与分析。

8.3　研　究　结　果

8.3.1　调查结果

1. 人口统计学变量的差异性检验

对性别变量进行独立样本 t 检验，结果见表 8-1，其中 n 为人数，M 为平均数，SD 为方差，与下文同。

表 8-1 性别在各研究变量上的差异性检验

变量	性别	n	M	SD	t	p
自我表露	男	209	13.97	4.15	-0.900	0.368
	女	360	14.30	4.10		
信息沟通	男	209	24.60	3.16	-3.095**	0.003
	女	360	25.52	3.80		
网络依赖	男	209	16.09	4.26	-2.469*	0.014
	女	360	16.97	3.95		
移动社交网络人际交往行为	男	209	54.74	8.77	-2.603*	0.010
	女	360	56.68	8.29		
人际认知性	男	209	88.22	13.02	2.435*	0.015
	女	360	85.70	9.53		
人际互动性	男	209	103.48	13.65	0.080	0.936
	女	360	103.39	11.85		
人际适应	男	209	191.75	23.76	1.302	0.194
	女	360	189.26	18.45		

注：*表示 $p < 0.05$；**表示 $p < 0.01$。

由表 8-1 可以看出，信息沟通（$t=-3.095$，$p < 0.05$）、网络依赖（$t=-2.469$，$p < 0.05$）、移动社交网络人际交往行为（$t=-2.603$，$p < 0.05$）和人际认知性（$t=2.435$，$p < 0.05$）存在显著的性别差异。

对是否为独生子女这一人口学变量进行独立样本 t 检验，结果见表 8-2。

表 8-2 是否为独生子女在各研究变量上的差异性检验

变量	是否为独生子女	n	M	SD	t	p
自我表露	是	257	14.58	4.04	2.085*	0.038
	否	309	13.85	4.18		
信息沟通	是	257	25.33	4.34	0.773	0.440
	否	309	25.09	2.83		
网络依赖	是	257	16.82	4.22	0.881	0.379
	否	309	16.51	3.97		
移动社交网络人际交往行为	是	257	56.66	9.04	1.696	0.090
	否	309	55.44	7.99		
人际认知性	是	257	86.72	10.31	0.165	0.869
	否	309	86.57	11.58		
人际互动性	是	257	103.04	12.52	-0.73	0.465
	否	309	103.81	12.56		
人际适应	是	257	189.81	20.67	-0.45	0.654
	否	309	190.59	20.55		

注：*表示 $p < 0.05$。

由表 8-2 可以看出，是否为独生子女在自我表露上存在显著差异(t=2.085，p=0.038，$p<0.05$)。

对生源地变量进行独立样本 t 检验，结果发现，生源地在各研究变量上均不存在显著差异($p>0.05$)。

对年级变量进行方差分析，结果见表 8-3。

表 8-3　年级在各研究变量上的差异性检验

变量	M±SD				F	事后检验
	A 大一 (n=146)	B 大二 (n=237)	C 大三 (n=123)	D 大四 (n=63)		
自我表露	13.25±3.93	14.80±3.92	13.62±4.73	15.06±3.46	6.191***	A<B，A<D
信息沟通	25.20±3.27	25.89±3.75	24.33±3.36	24.19±3.71	7.143***	B>C，B>D
网络依赖	16.05±3.87	17.16±4.06	16.28±4.14	16.79±4.35	2.690*	A<B，B>C
移动社交网络人际交往行为	54.49±7.93	57.74±8.58	54.26±8.60	56.05±8.28	6.738***	A<B，B>C
人际认知性	85.31±8.88	87.09±12.42	85.99±9.52	89.16±12.10	2.098	
人际互动性	103.07±12.43	103.45±12.53	101.75±11.73	107.38±13.69	2.888*	C<D
人际适应	188.45±19.38	190.74±21.22	187.89±18.87	196.54±22.94	2.946*	C<D

注：*表示 $p<0.05$；***表示 $p<0.001$。

由表 8-3 可以看出，自我表露(F=6.191，$p<0.001$)、信息沟通(F=7.143，$p<0.001$)、网络依赖(F=2.69，$p<0.05$)、移动社交网络人际交往行为(F=6.738，$p<0.001$)、人际互动性(F=2.888，$p<0.05$)和人际适应(F=2.946，$p<0.05$)在年级上存在显著差异。

进行事后检验发现，在自我表露得分上，大一学生显著低于大二和大四学生；在信息沟通得分上，大二学生显著高于大三和大四学生；在网络依赖得分上，大一学生显著低于大二学生，大二学生显著高于大三学生；在移动社交网络人际交往行为得分上，大一学生显著低于大二学生，大二学生显著高于大三学生；在人际互动性和人际适应得分上，大三学生显著低于大四学生。

对不同专业在各研究变量上进行方差分析，结果发现，不同专业大学生在自我表露、信息沟通、网络依赖、移动社交网络人际交往行为、人际认知性、人际互动性和人际适应上不存在显著差异($p>0.05$)。

2. 相关关系矩阵

运用 SPSS 22.0 软件对数据进行相关关系分析，结果见表 8-4。

表 8-4　各研究变量相关关系

变量	1	2	3	4	5	6	7
1 移动社交网络人际交往行为	1.000						
2 人际适应	0.136**						
3 自我表露	0.746**	0.196**					
4 信息沟通	0.654**	0.106*	0.220**				
5 网络依赖	0.755**	−0.006	0.365**	0.264**			
6 人际认知性	0.109**	0.856**	0.146**	0.060	0.027		
7 人际互动性	0.540**	0.891**	0.192**	0.130**	−0.041	−0.041	1.000

注：*表示 $p<0.05$；**表示 $p<0.01$。

　　信息沟通、自我表露（$r=0.220$，$p<0.01$）、网络依赖（$r=0.264$，$p<0.01$）和移动社交网络人际交往行为（$r=0.654$，$p<0.01$）与人际互动性（$r=0.130$，$p<0.01$）和人际适应（$r=0.106$，$p<0.05$）之间存在显著相关关系。移动社交网络人际交往行为与人际认知性（$r=0.109$，$p<0.01$）、人际互动性（$r=0.129$，$p<0.01$）和人际适应（$r=0.136$，$p<0.01$）之间存在显著正相关关系。

3. 研究假设检验

　　根据研究假设，用 AMOS 22.0 软件建立相应的模型，并根据修正指数对模型进行修改（图 8-1）。修改后的模型在标准化估计值模型中，其所有标准化回归系数的绝对值均小于 1，没有出现不合理参数值。因此，修改后的模型拟合度良好（$\chi^2=3.178$，$df=2$，RMSEA=0.032，CFI=0.997，NFI=0.991，IFI=0.997）。

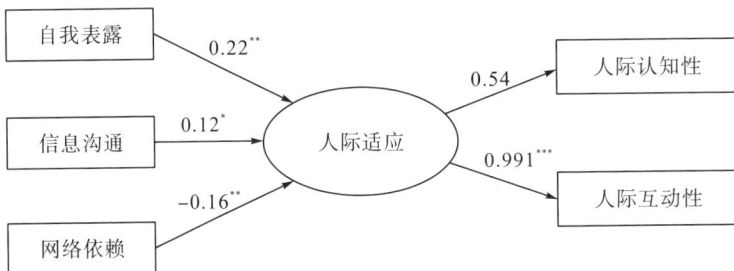

图 8-1　预测作用检验模型图

　　由图 8-1 可以看出，自我表露（$\beta=0.22$，$p<0.001$）、信息沟通（$\beta=0.12$，$p<0.05$）和网络依赖（$\beta=-0.16$，$p<0.001$）对大学生人际适应具有显著影响，其中，自我表露和信息沟通对大学生人际适应具有正向预测作用，网络依赖对大学生人际适应具有负向预测作用。

8.3.2　访谈结果

对访谈中收集到的资料进行相应的整理与分析，得到以下研究结果。

1. 调查对象信息

本研究共有 23 名调查对象，调查对象的基本信息见表 8-5。

表 8-5　调查对象的基本情况$(n=23)$

编号	性别	年龄/岁	年级
1	女	18	大一
2	女	17	大一
3	女	21	大三
4	女	18	大一
5	女	19	大二
6	男	17	大一
7	女	17	大一
8	女	18	大一
9	女	23	研一
10	男	22	大三
11	男	21	大三
12	男	21	大三
13	男	22	大三
14	男	21	大三
15	男	22	大四
16	男	24	研一
17	女	23	研一
18	女	18	大二
19	女	22	大四
20	男	23	研一
21	女	21	大三
22	女	23	研一
23	女	24	研一

调查对象的基本情况分析见表 8-6。

表 8-6   调查对象的基本情况分析($n=23$)

变量	类别	人数/人	占比/%
性别	男	9	40
	女	14	60
年级	大一	6	26
	大二	2	9
	大三	7	30
	大四	2	9
	研一	6	26
专业	文科/艺体	12	52
	理/工科	11	48
生源地	城镇	16	70
	农村	7	30
是否为独生子女	是	14	61
	否	9	39

2. 访谈结果

1) 大学生使用移动社交网络进行人际交往的时间和频率

(1) 交往时间。访谈结果显示，目前大学生使用移动社交网络进行交往非常普遍，每天使用移动社交网络进行交往的时间为 0.5～14 小时，平均每天 3.8 小时。其中，使用时间为 2～5 小时的人数最多，占总人数的 78%。从性别上看，女生平均每天使用移动社交网络进行人际交往的时间为 4.71 小时，男生为 3.28 小时。69% 的女生和 44% 的男生认为，自己使用移动社交网络进行人际交往的时间过多。

(2) 交往频率。访谈结果表明，大学生每天使用移动社交网络的频率为 5～120 分钟/次，使用频率为 30 分钟/次的人数最多，使用频率为 20～30 分钟/次的人数占总人数的 65%。

2) 大学生移动社交网络人际交往对人际适应的影响

由访谈得知，大学生认为移动社交网络人际交往对人际适应的影响存在积极与消极两个方面。适度地使用移动社交网络开展交往对人际适应有积极作用，主要表现在以下几个方面。

第一，有助于拓宽交友圈。

通过一种新的途径与他人建立了关系网络，交往对象更多了，朋友圈更大了。

(P5)

结交新朋友，拓展朋友圈。(P23)

第二，方便、快捷地了解对方的信息。

快速获知他人喜好和习惯，增加聊天话题。(P19)

在进入新集体前了解相关信息，便于提前熟悉和适应新环境。(P20)

增加了熟悉感，拉近距离。(P21)

第三，促进相互之间的交流。

在网上交友更容易打开话题，为内向的人提供表达机会。(P1)

网上交流拘束较少，更容易交流。(P5)

为不便当面沟通的信息提供交流平台。(P9)

遮盖害羞情绪，促进交流。(P16)

第四，增加共同话题。

在移动社交网络上，共同话题增多。(P12)

分享自己的快乐，拉近双方的距离。(P19)

在移动社交网络上交流，信息收集更加便捷，可以了解新鲜事和热点问题，有更多聊天话题。(P23)

第五，提供舒适的交往环境。

在移动社交网络上交往能够缓和负面情绪的表达，避免情绪过多宣泄，给予人际关系缓和的时间和空间。(P3)

更易卸下心防，进行轻松的交流。(P8)

第六，锻炼沟通能力。

通过网络人际交往训练，增强现实中与人沟通的能力。(P10)

网上交往就是一个很好的练兵机会，有助于人际适应。(P4)

访谈中，不少大学生表示过度地使用移动社交网络开展交往，易形成网络依赖，对人际适应有消极作用，主要表现在以下几个方面。

第一，忽视现实交流，减少现实交往的时间。

目前，不少大学生都沉迷于网络沟通而忽视身边的现实交流，谈恋爱都在网上谈。(P3)

大家聚在一起也是玩手机，都不怎么交流。(P7)

易沉迷于网络，减少现实交往时间，对现实中的人际适应影响不好。(P15)

无暇顾及现实人际交往，缩小了社交圈。(P19)

容易造成网络成瘾和网络依赖等行为。(P23)

第二，削弱现实交往能力。

网上交流一般仅限于朋友，而不会在现实中主动认识陌生人。(P6)

网络交往多了，都不敢在现实生活中与陌生人交流了。(P7)

不愿意花时间在周围环境中了解和认识新的朋友。(P9)

只习惯在移动通信设备上交流，容易导致在现实人际交流中怯场。（P10）

过度使用移动社交网络进行交流，易产生依赖，我目前的现实交往能力就很不好。（P16）

现在的大学生普遍存在现实中沟通能力降低，或不愿意在现实生活中沟通的情况，我就有这种问题。（P18）

第三，缺乏肢体语言和表情信息，引起沟通歧义。

移动社交网络中的交流只限于文字，没有肢体语言，容易产生歧义，造成误会和矛盾。（P3）

无法了解当下沟通对象的心情和态度，交流内容不一定是真正想表达的。（P13）

网上交流缺乏语言、神态和动作方面的信息，对沟通造成一定干扰。（P15）

网络上交流意思表达不明确，易引起歧义。（P17）

第四，产生网络与现实交往落差。

现实人际关系没有在网上聊天时那么亲密。（P6）

网络人际交往与现实人际交往的距离特别大，所以很多时候不愿从网络回到现实中来。（P12）

第五，阻碍深入交往。

网络人际交往容易使交往停留在表面，较难深入，更难交心。（P14）

交流浮于表面，缺乏人情味。（P22）

第六，养成不良网络使用习惯。

容易养成向他人随便发泄情绪的习惯，甚至导致网络攻击或暴力行为，很可怕。（P15）

无法区分网络社交用语使用的场合和现实社交用语使用的场合，造成交流障碍。（P18）

第七，减少对他人情绪的觉察。

网络人际交往无法看到别人的表情，对他人情绪的觉察不敏锐。（P17）

对别人情绪的认知或识别能力是非智力因素的重要部分，但网络上的交往没法做到这一点。（P5）

第八，信息真实性难以考证。

网络交流，对话内容不一定真实。（P14）

网上交往，虚假信息多，上当受骗的更多。（P3）

第九，信息安全存在风险。

网络交流，自我表露过多，降低安全感。（P23）

所谓的网络真实自我表露，最容易导致隐私泄露。（P21）

综上，大学生认为适度使用移动社交网络开展交往对人际适应具有积极影响，主要包括：有助于拓宽交友圈，可方便快捷地了解对方的信息，促进交流，增加共同话题，提供舒适的交往距离，以及锻炼沟通能力，其有利于大学生的人际适应。但也有部分学生认为，如果过度依赖移动社交网络进行交往，则存在负面影响和潜在威胁，主要表现为减少现实交往时间、削弱现实交往能力、缺乏肢体语言和表情信息、引起沟通歧义、忽视现实交流、产生网络与现实交往落差、阻碍深入交往、带来不良网络使用习惯、减少对他人情绪的觉察、信息真实性难以考证以及信息安全风险增大等。其降低了人际适应能力，这与问卷调查的结论相似。

3）大学生人际适应的其他影响因素

访谈中，被访者认为大学生人际适应还受到自身性格、过往经验、家庭环境、交往对象、朋友性质、交往环境、交往时间、语言表达能力和锻炼机会等因素的影响。

第一，自身性格。

受自身性格（内向或外向）的影响。（P6）

自卑的人交流较少，融入集体较慢。（P7）

有的人不喜欢主动与他人交往。（P9）

性格内敛的人跟他人沟通需要更多时间。（P13）

内向和不喜欢交流的人较难主动与他人沟通。（P15）

外向的人更容易融入新环境，内向的人融入新环境需要花更多时间。（P16）

性格太内向的人与他人交往往往较被动。（P17）

性格孤僻，很难适应新环境。（P19）

性格较内向的人适应新环境较为困难。（P21）

对外界的不信任感和不安全感导致不愿意与外界交往。（P23）

第二，过往经验。

过去的经历中与人打交道比较多的人更容易提升人际适应能力。（P1）

交往圈子小，人际适应能力未得到锻炼，人际适应起来就比较困难。（P9）

过往经历中与人交往少，可能导致人际适应较差。（P15）

第三，家庭环境。

原生家庭氛围和谐，孩子的人际适应能力更强。（P5）

家庭条件好的孩子更自信，不怯场，家庭条件不好的，比较自卑，害怕面对新环境。（P12）

原生家庭的氛围以及家人的相处模式会影响孩子与他人的相处模式。（P18）

亲子关系好，人际适应能够正向预测，亲子关系不好，容易造成人际适应困难或者障碍。（P22）

父母教养方式比较民主，家庭氛围和谐，孩子的人际适应更好。（P22）

第四，交往对象。

交往对象具有亲和力，更容易使人融入和适应环境。（P2）

他人的反馈会影响人际适应, 如表情和肢体语言反馈等。(P9)

交往对象的性格好, 有共同的兴趣爱好, 就更容易展开交流, 人际适应情况更好。(P14)

如果交往对象很孤僻, 三观不合, 没有共同语言, 就适应不了。(P19)

如果他人对自己的反馈是积极的, 就更愿意融入新环境, 如果反馈是消极的, 就很难融入。(P16)

第五, 朋友性质。

如果身边的朋友善于人际交往, 更容易带动自己。(P8)

受到朋友情绪的影响, 积极或消极情绪会影响周围的人。(P12)

拥有一个良好的社交圈, 有相对多的好朋友, 人际适应能力也应该比较强。(P22)

第六, 交往环境。

不同场景对人际适应的影响不同, 愉快的氛围有利于人际适应, 紧张的氛围不利于人际适应。(P2)

第七, 交往时间。

没有时间和精力投入到人际交往上, 人际适应情况必然差。(P10)

增加与他人接触的时间更有利于人际适应。(P13)

第八, 语言表达能力。

通过培养与人际适应相关的能力, 增强大学生人际适应能力, 如参加交流会、演讲比赛和培训等。(P3)

在与他人相处时, 表达更多的人能够更快地适应新环境。(P6)

幽默感会快速拉近交往双方的距离, 而不真诚的表达会让人觉得疏远。(P14)

第九, 锻炼机会。

人际适应是一种能力, 需要通过锻炼来培养, 锻炼机会多就能更好地进行适应。(P11)

8.4　讨　　论

8.4.1　各变量的人口统计学差异性

从性别来看, 问卷调查表明, 在移动社交网络人际交往中女生比男生更倾向于进行信息沟通, 访谈结果也印证了这一点, 即女生平均每天使用移动社交网络进行人际交往的时间较男生更多, 这与前人的相关研究结果一致。郭英等(2017)的研究表明女大学生在信息沟通方面好于男大学生, 在人际交往中女生相比男生交流更多且更为活跃。此外, 姬湘涵和郭娟(2019)也发现, 相较于男性, 女性之间的交流更多，女性会在交流中更多地表达情感，并为对方提供更多的情感支持。从进化心理学的角度来看，在远古时期，女性更多的是担负采集和照顾小孩的任务，在采集和照顾小孩的过程中需要更多的语言进行沟通交流，而男性主要负责狩猎，使用语言相对较少（Buss，2007）。从生理因素来看，脑部的蛋白质与话语量呈正相关关系，女性的蛋白质比男性多 30%，因此其话语量较男性更多，信息沟通也更多（彭聃龄和谭力海，1991）。此外，言语能力也是导致信息沟通之间存在性别差异的重要原因，与男性相比，女性的言语能力更优，而信息沟通主要是通过语言进行的。

研究发现，网络依赖在性别上存在差异，女生在网络依赖上的得分高于男生。访谈结果表明，69%的女生和 44%的男生认为自己使用移动社交网络进行人际交往的时间过多，进一步印证了问卷调查的结果，也与前人的研究结果基本一致。Young 和 Chu（2017）对大学生使用手机的次数进行研究，结果发现，女生使用移动社交网络进行人际交往的次数多于男生，其比男生更能获得同龄人的共鸣和亲密感，其网络依赖程度高于男生。Walsh 等（2011）的研究发现，不同性别的人使用移动社交网络进行人际交往的动机不同，男性的使用目的倾向于运用手机的工具性，而女性则更多的是利用网络的社交功能与他人保持联系，因而其更依赖移动网络。但也有研究提出了相反的观点，其认为相较于女大学生，男大学生对借助网络进行人际交往更为依赖，他们更愿意通过网络来补偿其在现实生活中人际交往的缺失（陈平周 等，2007）。胡春梅等（2015）通过研究也发现，现实生活中的人际困扰会增加网络社交行为，而男生在现实生活中的人际困扰比女生更多，因此其更倾向于采用网络社交的方式进行交流，以弥补现实交往的不足。

研究显示，人际认知性在性别上存在差异，男大学生在人际认知性上的得分高于女大学生。而沈琼（2010）认为，由于大学生人际关系问题具有普遍性，因此大学生人际认知在性别上没有显著差异。产生不同研究结论的原因可能是：研究样本不同以及使用的问卷和量表不同。

从是否为独生子女这一变量来看，在移动社交网络人际交往行为中，独生子女的自我表露行为比非独生子女更多，这与前人的相关研究结果一致。独生子女在社交网络人际交往中自我表露的频率高于非独生子女，但表露的意识性低于非独生子女（陈健和周丽华，2018）。产生差异的原因可能是人际交往效能感不同，以往的研究发现，独生子女的人际交往效能感显著强于非独生子女（赵晶 等，2016）。相较于非独生子女，独生子女从小就受到父母及照顾者的高度关注，他们之间的关系更好且交流更多，所以独生子女对于人际交往会以更加积极的态度对待，其更善于表达自己的感受，在人际交往中也更有信心，故独生子女比非独生子女自我表露更多。

从年级上看，移动社交网络人际交往、自我表露、信息沟通、网络依赖、人际互动性和人际适应在年级上存在显著差异。其中，在移动社交网络人际交往行为总体状况上，大二学生得分显著高于大一和大三学生。梳理以往的相关研究结果发现，目前关于移动社交网络人际交往行为的研究主要集中在网络交往行为特征、行为影响因素及网络社交行为性别差异上，极少有关于网络社交行为年级差异的研究。从网络社交行为的原因来看，大学生进行网络社交是为了与他人保持沟通、扩大朋友圈、获取社会信息和消磨时光(李欣亮和张淑敏，2018)。大二学生相较于大一学生已经在大学认识了不少新朋友，并建立了自己的朋友圈，同时空闲时间也比大三学生多，因此，大二学生会参与更多的网络社交。同时，移动社交网络人际交往行为还受到人格特征的影响，现实生活中内向的学生更倾向于在网络交往中寻找存在感，其会进行更多的网络互动(张琰和吴宜，2014)。在自我表露维度上可以看出，大一学生得分显著低于大二和大四学生，这与以往的相关研究结果也具有一致性。任东宁等(2008)指出，本科阶段高年级学生的自我表露行为显著多于低年级学生，并且随着年级的升高，学生对异性朋友的表露逐渐增加。出现这种现象的原因主要是，随着年龄的逐渐增长，大学生对环境已经适应且同学间已相互了解，提高了大学生的交往水平，从而增强了大学生的自我表露。此外，有研究发现，大学生对不同的对象有不同的表露程度，关系越亲近，表露程度越高(Jourard and Lasakow，1958)。在信息沟通维度上，大二学生得分显著高于大三和大四学生，其原因可能是大学生受到了人际交往效能感的影响。谢晶和张厚粲(2008)认为，沟通效能是大学生人际交往效能感的重要组成部分，不同年级的大学生具有其独特的心理特点，其人际交往效能感也不同，从而导致信息沟通出现差异。在网络依赖维度上，大二学生得分显著高于大一和大三学生。陈侠(2003)通过研究发现，相较于高年级大学生，低年级大学生更容易形成网络依赖。但也有研究表明，年级对大学生网络成瘾没有显著影响(王瑜 等，2007)，上网时间的差异是导致网络依赖在年级上存在差异的重要原因。例如，梁瑛楠等(2008)就发现，网络成瘾行为与上网次数和上网时间呈显著正相关关系。大学生在不同的年级面临不同的学业任务，其上网时间存在差异。大一新生处于探索阶段，其会积极参加校园活动，上网时间较少；大二学生参与活动的热情降低，其上网时间增多，对网络依赖的程度加深；大三学生需学习专业课和完成实习，其网络依赖减少；大四是找工作和完成毕业论文的关键期，大四学生上网时间也会减少。而压力对网络成瘾有直接预测作用(梁瑛楠 等，2008)，大学生为释放压力，会通过上网来弥补内心的空虚，从而强化了其对网络的依赖。在人际互动性维度上，大三学生得分显著低于大四学生。综合以往的研究结果发现，人际交往能力是影响人际互动的重要因素。大学生的人际交往能力从低年级到高年级逐渐增强。大一新生刚进校，对生活和学习环境还不太熟悉，随着年级的不断增加，其逐渐熟悉环境，会更加积极主动地与他人交往，并融入群体中，增加了人际互动(马小芹 等，2014)。在人际适应方面，量表测验结果表明，大三学生得分显著低于大四学生；访谈结果显示，大三学生的人际适应较差，大四学生的人际适应较好，测验结果与访谈结果基本一致。但也应注意，尽管访谈结果与问卷测试结果一致，但是访谈结果多为被访者对自己的评估，而评估标准可能存在差异，且访谈样本量较少，这可能会在一定程度上影响访谈结果。总之，人际适应存在年级上的差异，而原因比较复杂，其与大学生随着年龄的增长逐渐学会独立和熟练的处理人际关系，结交了新朋友，适应了新环境，与他人进行积极交往，以及更好地进行人际适应有密切关系。

8.4.2　移动社交网络人际交往行为与大学生人际适应

问卷调查与量表测试结果发现，移动社交网络人际交往行为与大学生人际适应呈显著正相关关系。访谈结果显示，82%的被访者认为适度的移动社交网络交往行为对人际适应具有积极的影响作用，并表示移动社交网络人际交往有助于增加人际互动、促使内向的人交流、拉近双方关系、找到更多共同话题和更好地融入新集体等，问卷调查、量表测试与访谈的结果得以相互印证。Yang 和Brown(2013)通过研究 Facebook 上的互动与大学生社会适应的关系发现，频繁的网络互动与更好的社会适应有关，而与校内朋友有关的移动社交网络人际交往行为可以增强大学生对学校的归属感，提高其人际适应性(Yang and Brown，2015)。Instagram 是接收信息的场所，在 Instagram 上浏览信息有助于大学生更快地适应大学生活(Ellison et al.，2012)，而当大学生缺乏与同龄人一样的现实支持时，其会选择通过移动社交网络与远方的朋友进行在线交流，这不仅可以提高其人际适应性，还可以提高其心理健康水平(Ranney and Troop-Gordon，2012)。总之，有效利用移动社交网络进行人际交往有助于培养大学生的适应能力(Kalpidou et al.，2011)。

还有观点认为，只有大学生本身人际适应良好，才能与校内同学建立广泛而密切的联系(Boyd，2014)。首先，自我表露与人际认知性和人际互动性呈显著正相关关系，这与以往的研究结果一致。其中，自我表露与人际认知性呈显著正相关关系。Kisilevich 和 Last(2010)发现，网络人际交往中的自我表露行为有助于增加沟通的信息量和对沟通对象的了解，移动社交网络人际交往中的自我表露行为，可以让他人更加了解自己(Thomas et al.，2017)。人们可以在移动社交网络人际交往中进行积极的自我表露，以增加他人对自己和自己对人际关系的了解，提升沟通者的人际认知性。印婕和陶琳瑾(2015)发现，移动社交网络具有隐蔽性的特点，人们更愿意在网络上发表自己的观点和看法，进行更多的自我表露，而预先信任是进行人际交往的前提，社交网络使用者之间的自我表露增加了彼此的了解，促进了人际认知的发展。其次，自我表露与人际互动性呈显著正相关关系。邱蕾(2009)发现，自我表露行为有助于缩短沟通双方的心理距离和增加人际信任，使人际互动更为频繁。在网络约会中，积极的自我表露可以给对方留下较好的印象，为进一步的情感发展打好基础（Rosen et al.，2008）。再次，信息沟通与人际互动性呈显著正相关关系，这也与以往的研究结果一致。王钢（2007）提出，人际互动离不开人际交往，人际交往是交流双方之间的信息交往过程，其可以通过信息沟通实现双方的相互影响。最后，移动社交网络人际交往与人际认知性和人际互动性呈显著正相关关系。随着移动互联技术的发展，移动社交网络为人们提供了更加多元化和更具便捷性的沟通渠道（Punamaki et al.，2009；Yu et al.，2010），其改变了人们的交往方式，增加了人际互动和社会交往（Douglas et al.，2008；Underwood and Findlay，2004）。在人际认知方面，移动社交网络作为一个信息交流平台，充分展示了同龄人的观点、生活方式和最新动态，大学生可以通过移动社交网络获取他人的信息和增加对他人的认知（Thomas et al.，2017）。同时，网络社交行为建立在现实社交行为之上，是对现实人际交流的补充，可以弥补现实生活中人际交往的缺失，即随着网络社交行为的增加，人际互动行为也会相应增加。

8.4.3 移动社交网络人际交往对大学生人际适应的预测作用

移动社交网络人际交往行为对大学生人际适应具有预测作用。一方面，从网络使用的替代假说角度来看，大学生的移动社交网络人际交往行为替代了其现实人际交往行为，这可能会阻碍其社会关系的发展，导致其线下人际关系疏远，对其人际适应带来消极影响。此外，姜永志和白晓丽（2014）的研究也发现，手机依赖程度对人际适应有显著的负向预测作用。另一方面，网络使用的促进假说提出了相反的观点，其认为移动社交网络的使用有利于促进大学生人际关系的发展，可以使大学生建立更高质量的亲密的人际关系（Valkenburg and Peter，2009），有利于人际适应。Grieve 等（2013）的研究也支持这一假说，他们认为，在社交网络中大学生交往的对象大部分是现实中的朋友，其社交网站使用频率的增加，有利于提升其人际关系质量和友谊关系的亲密度。出现不同结论的原因可能是，移动社交网络人际交往对大学生人际适应的影响还可能会受到人格特质、网络使用动机和网络交往对象等其他变量的潜在影响。

自我表露对人际适应具有正向预测作用。从社会渗透理论（social penetration theory）的角度来看，人际关系是从表层到深层逐步发展的，而这一发展过程是通过自我表露的形式表现出来的。自我表露是人际关系发展的核心，在移动社交网络中，随着自我表露的增多，个体间的沟通逐渐从表面深入，而自我表露的话题越接近人格的深层部分，个体间的亲密度和信任度也就越高，这有利于个体适应新环境以及与他人建立和发展人际关系。一项关于青少年移动社交网络使用与友谊质量关系的研究发现，网络人际交往有利于青少年的网络自我表露，可提高青少年的线下友谊质量（Valkenburg and Peter，2011），促进人际适应。社交网络中的自我表露与信息沟通，可以让他人更加了解自己，使自己更好地进行人际适应 (Thomas et al.，2017)。从社会信息加工理论(social information processing theory) 的角度看，在网络交流中，若非语言线索(如表情和姿势等肢体语言)的传递受到限制，则将非言语信息转化为文字需要花费更多的加工时间。田佳佳(2018)认为，想要更加完整地传达信息和更好地进行人际适应，就需要通过更多的自我表露进行补偿，从而使网络交流和现实交流达到同一水平。社会象征理论(symbolic interaction theory)认为，人际交往中增加个体的自我表露行为可表明个体对人际关系的重视，由此个体间的关系也会变得更加亲密，这有利于人际适应(Burke and Kraut，2014)。但是张炳兰(2013)研究发现，网络交往会减少现实人际交往时间，降低现实交往质量，削弱人际适应能力。研究结论不同可能是研究设计和选取的研究对象不同导致的，这需要今后不断地深入研究，并对结论进行整合。

　　信息沟通对人际适应具有正向预测作用。Yang 和 Brown(2013)发现，同伴互动与社会适应间存在正相关关系。有效利用社交网络与同龄人建立联系和同伴之间的互动都有助于培养大学生的适应能力(Kalpidou et al.，2011；Buote et al.，2007)。Buote 等(2007)的结论可以从面对面的互动扩展到移动社交网络中的人际互动。不确定性理论(uncertainty theory)认为，不确定性会导致交往焦虑，使个体感到压力，而焦虑和压力又会降低个体的交际能力，从而造成人际适应困难(Heath and Robertl，2000)。不确定性减少理论强调在人际交往的开始阶段，个体需要更加关注如何减少不确定性，增加交往的可预见性。而对于具有匿名性特点的移动社交网络，不确定性的降低对人际关系的发展至关重要，信息沟通越多，不确定性越少，从而可推动关系的发展，促进人际适应。

　　网络依赖对人际适应具有负向预测作用。梳理以往的研究发现，网络依赖行为与社会疏离感(social alienation)之间存在显著正相关关系，网络依赖对人际疏离具有显著的预测作用(Tsai et al.，2001；姜永志和白晓丽，2014)。手机的过度使用和对移动社交网络的过度依赖会破坏大学生的人际关系，使大学生产生社交孤独感和人际疏离感，造成人际适应问题，甚至出现人际信任危机(李雪，2009；Snchez and Otero，2009；欧胜凤 等，2017)。综合以往的相关研究结果发现，大学生在移动社交网络中进行越多的互动，其对网络的依赖性就越强，参加现实社会活动的意愿就越低；大学生对网络的涉入范围越广，其对现实活动的关注度就越低，对现实社会活动投入的时间与精力就越少，从而影响其现实社会人际适应性。Young 和 Chu(2017)发现，大学生对移动社交网络的依赖程度越高，其睡眠质量就越低，人际交往能力也越低。牟生爱(2010)通过研究提出，网络依赖程度越高，现实人际交往状况越差，人际适应越困难。随着网络依赖程度的加深，大学生容易沉迷于网络，从而导致其从现实生活和集体生活中分离，在进行现实人际交往时难以适应，出现人际适应困难，影响现实人际交往质量。而移动社交网络中的社交行为是对现实社交行为的补充和拓展，因此，现实人际适应困难也会在移动社交网络交往中体现出来。在访谈研究中，部分被访者认为通过移动社交网络进行人际交往与现实交往有明显差异，其减少了非言语信息，容易造成误解。另外，有5名被访者提到大学生的人际适应对移动社交网络人际交往行为有一定影响，现实中人际适应能力和人际交往能力较差的人，在移动社交网络人际交往中也会表现得较差。

8.5　结　　论

结合问卷与访谈研究，得出如下结论。

(1) 移动社交网络人际交往行为与大学生人际适应在性别、生源地、是否为独生子女、专业和年级上都有不同程度的差异。

(2) 移动社交网络人际交往行为与大学生人际适应存在显著正相关关系。

(3) 移动社交网络人际交往行为对大学生人际适应总体上具有预测作用。其中，自我表露和信息沟通对人际适应具有正向预测作用，网络依赖对人际适应具有负向预测作用。

综合来讲，研究还存在诸多需要改进的地方，主要体现在以下方面。

(1) 在对象的选取上存在一定局限。研究对象的范围较小，主要集中于国内三所大学，且研究对象中男女数量有一定差距，女大学生多于男大学生，在研究对象的代表性上存在一定的局限，难以全面地反映当前大学生在此问题上的现状。

(2) 在访谈过程中，部分访谈对象不太理解人际适应的概念，在对其进行讲解后，由于其思维与理解能力存在差异，导致其未能对一些问题进行深入的思考与挖掘，访谈未能完全达到预期效果。

(3) 研究采用横断研究设计，未能考察各变量在动态发展过程中可能存在的变化。

(4) 在研究内容上，主要研究的是移动社交网络人际交往行为对大学生人际适应的影响，没有考虑大学生现实人际交往与网络人际交往的交互作用。

为推进研究纵向发展，日后还应加强对下述问题的探索。

(1) 在今后的研究中，应当尽量增加样本数量，选取样本时尽可能平衡人口统计学变量，使其达到较为均衡的状态；增加深度访谈人数，对不利于研究结果信效度提升的系列问题进行规避。

(2) 加强访谈人员的访谈能力和技巧训练，使访谈交流中的话题进一步深入。同时，可以在正式访谈前进行预访谈，有助于提高访谈质量。

(3) 可以将现实与网络两种不同情境下的交往行为结合起来进行研究，从而更加具体和全面地了解移动社交网络人际交往行为对大学生人际适应等社会心理和行为的影响。

第9章 微信使用强度与大学生人际关系困扰的相关性分析

9.1 问题提出

继QQ和微博后，微信在近几年成为互联网领域用户增速最快的应用及互联网服务(薛晨，2015)。它既具有即时通信功能，又具有社交网站的功能，给人们的生活和工作带来极大影响。因此，近年来国内外研究者从多学科的角度开展对微信的相关探讨和研究。有学者从传播学的角度分析微信作为一种新兴社交媒体所具有的特点；也有学者从经济学的角度分析微信在市场营销中的意义和实效(曹菲 等，2015)；还有学者从心理学的角度探讨微信给社会资本、主观幸福感、自我认同、心理健康和人际交往等带来的影响(周懿瑾和魏佳纯，2016；Ellison et al.，2007；牛更枫 等，2016；闫景蕾 等，2016；王伟 等，2017；Wen et al.，2016；Wen，2013)。随着网络和手机在大学校园普及，微信在大学生群体中被更多的人使用。调查显示：大学生微信使用比例达到84.7%，95.5%左右的大学生使用微信超过一年，80.7%的大学生使用微信超过四年，他们每天都会花一定的时间来使用微信(李艳 等，2017)。但目前关于大学生微信使用强度的研究还十分有限，关于微信使用强度对大学生人际关系的影响和两者相关性的研究结果也不尽一致，需要做进一步探讨。

人际关系是人们在交往过程中形成的一种联系，是关于情感的积累，也是维系情感的纽带(金盛华，2006)。大学生作为一个特殊的群体，既处于身心发展的转折期，又处于步入社会的过渡期，其人际关系是否和谐对其心理健康有重要影响，也直接影响和谐校园与和谐社会的构建。大学生的人际关系作为一种直接的心理关系，主要表现为交往双方心理相容或冲突(王淙一和漆昌柱，2017)。良好的人际关系，不仅是大学生的强烈需求，也是其未来走向社会并获得情感支持的重要环节(张延华，2017)。同时，良好的人际关系能使大学生获得支持与价值感，使其身心保持健康状态(甘雄和李承宗，2010)，促进其更好地成长与发展；而不良的人际关系常引起一些焦虑、烦躁和抑郁等消极情绪，严重时甚至会让人心理失衡(D'Angelo and Wierzbicki，2003)。目前，关于大学生人际关系的现状，研究得出了两种不同的结论。有研究认为大学生的人际关系困扰日渐增长，存在的问题较为突出(朱君 等，2013；张喜转 等，2017；谢宇格 等，2018)，但也有研究得出不尽一致的结论。因此，对于大学生人际关系的现状，需结合我国社会经济文化的发展状况，以及人际交往方式的多元化特点，开展进一步研究。

　　大学生人际关系的影响因素复杂。大学生难以选择或避免的客观因素都会对其产生影响，如交往平台、时空接近、态度相似、需求互补、外表相悦和个性吸引等。也有某些特异性地影响大学生人际关系的主观因素，如人际期望、人际张力、人际敏感、自我和谐、应对方式、安全感和自我分化等(赵崇莲 等，2006；王艳和安芹，2014；周鹏生，2017)。而微信作为一种社交平台，其使用让大学生的交往范围不断扩大，导致大学生个体与他人及社会之间的各种关系均产生变化。正如谭昆智和杨力(2014)所言：“微信这一网络化的交往形式超越了一般意义的时空限制，基于传统的地缘、血缘关系建立起来的主体关系被完全改变”。在这种背景下，有学者呼吁进一步探讨微信使用对大学生人际关系及其结构的影响，从社会、学校和家庭层面提出引导学生合理使用社交网络平台的策略(黄华和林珣，2014；刘珠玲，2015；肖斌，2015；宋琦，2016；高琳，2017；李春霞，2017)。因此，深入探讨微信使用与大学生人际关系之间的相关性尤为必要。

　　基于上述背景，本书尝试使用问卷调查与心理测验的方法，以大学生为研究对象，探讨大学生微信使用强度和人际关系困扰状况，以及两者的相关性，并考察微信使用强度是否会对大学生线下人际关系产生影响。

9.2　研　究　设　计

9.2.1　对象

　　采用随机抽样的方式从国内 6 所全日制高校中选取 800 名大学生(年龄为17～25 岁)，并统一发放问卷，集体施测，并当场回收问卷。共回收有效问卷698 份，有效问卷回收率为 87.25%。其中，男生 261 人(37.4%)，女生 437 人(62.6%)；大一 170 人(24.4%)，大二 330 人(47.3%)，大三 106 人(15.2%)，大四 92 人(13.2%)。

9.2.2　工具

1. 微信使用强度问卷

　　采用 Wen(2016)对 Ellison 等(2007)编制的社交网络使用强度问卷修订之后的微信使用强度问卷(英文版)。问卷先由心理学专业博士生翻译成汉语，再回译成英文，最后确定为微信使用强度问卷(中文版)。该问卷包含 8 个问题，前 2 个问题考察个体的微信朋友数量以及微信使用时长，后 6 个问题采用 Likert 5 点计分法考察个体与微信的情感联系强度等。所有问题得分进行标准化处理后相加，即为微信使用强度得分，分数越高，说明微信使用强度越大。本次测量中该问卷的克隆巴赫 α 系数为 0.88，验证性因素分析中的拟合指标为 χ^2/df=3.71，RMSEA=0.06，NFI=0.976，GFI=0.976，CFI=0.982。

2. 大学生人际关系综合诊断量表

采用郑日昌教授(1999)编制的人际关系综合诊断量表。该量表共 28 个问题，分别测量个体在交谈方面、交际和交友方面、与异性朋友方面和待人接物方面的困扰程度。计分方式如下：选择"是"计 1 分，选择"否"计 0 分。得分越高，人际困扰越严重，人际关系越不好。在本次研究中，该量表验证性因素分析中的拟合指标如下：χ^2/df=4.21，RMSEA=0.068，NFI=0.989，GFI=0.994，CFI=0.992。内部一致性系数 α 值为 0.84。

9.2.3　施测过程

施测人员为心理学硕士研究生。所有主测人员在施测前均参加培训，以熟练掌握施测手册，熟悉指导语，了解选项，对测查中可能出现的问题进行充分准备。提前 15 分钟确定问卷施测班级，主测人员宣读指导语，并给学生进行测试讲解。然后由助手发放问卷，并等待学生作答，整个过程大约 15 分钟，最后回收问卷。

9.2.4　数据处理与统计分析

通过 SPSS 21.0 软件对数据进行处理和分析。

9.2.5　假设

根据前期文献分析与访谈所得信息，提出如下假设。

假设 1：大学生微信使用强度为中等强度，且在性别和年级等人口学变量上存在显著差异。

假设 2：大学生人际关系困扰程度为中等程度，且在性别、年级和微信好友数量等人口学变量上存在显著差异。

假设 3：大学生微信使用强度与人际关系困扰间呈显著负相关关系。

9.3　研　究　结　果

9.3.1　共同方法偏差检验

采用 Harman 单因子检验对共同方法偏差进行统计确认（周浩和龙立荣，2004）。结果显示，特征根大于 1 的因素共有 9 个，其中第一个因素解释的累计变异量只有 15.20%，小于 40%，表明不存在严重的共同方法偏差问题。

9.3.2　大学生微信使用强度状况

1. 大学生微信使用强度的一般情况

统计分析结果显示，大学生微信使用强度为中等强度（0±5.95）。具体来看，在微信好友规模方面，37.2% 的大学生微信好友数量少于 50 人，52.5% 的大学生为 50~200 人，7.5% 的大学生为 200~300 人，2.8% 的大学生超过 300 人；在每天使用微信的时间方面，48.3% 的大学生为 30 分钟以内，25.4% 的大学生为 31~60 分钟，12.9% 的大学生为 1~2 小时，7.2% 的大学生为 2~3 小时，6.2% 的大学生超过 3 小时。

2. 大学生微信使用强度的性别差异

对大学生微信使用强度基于性别进行独立样本 t 检验（表 9-1），结果显示，大学生中男生的微信使用强度高于女生，且不同性别的大学生之间存在显著差异（t=2.24，p=0.025，$p < 0.05$）。

表 9-1　不同性别大学生微信使用强度的差异比较

变量	M±SD		t
	男生（$n = 261$）	女生（$n = 437$）	
微信使用强度	0.68±6.50	−0.41±5.63	2.24*

注：*表示 $p < 0.05$。

3. 大学生微信使用强度的年级差异

以年级为自变量，对大学生微信使用强度进行单因素方差分析（表 9-2）。结果显示，大学生微信使用强度在年级上存在显著差异（F=15.49，$p < 0.001$）。多重比较结果表明，大学一年级学生在微信使用强度上分别显著低于大学三年级学生

(p=0.000) 和大学四年级学生 (p=0.000)，但与大学二年级学生差异不显著
(p=0.072)；大学二年级学生 (p=0.000) 在微信使用强度上显著低于大学三年级学
生 (p=0.000) 和大学四年级学生 (p=0.000)；大学三年级学生的微信使用强度与大
学四年级学生差异不显著 (p=0.195)。

表 9-2　不同年级大学生微信使用强度的差异比较

变量	M±SD				F	P	LSD
	1 大一 (n=170)	2 大二 (n=330)	3 大三 (n=106)	4 大四 (n=92)			
微信使用强度	-1.54±5.18	-0.56±5.88	1.75±6.45	2.83±5.87	15.49***	0.000	1<3，1<4， 2<3，2<4

注：***表示 $p < 0.001$。

9.3.3　大学生人际关系困扰状况

1. 大学生人际关系困扰的一般情况

根据人际关系综合诊断量表的评定标准，总分为 0～8 分 (各维度为 0～2 分)
表示人际关系困扰较少，人际关系障碍较少；总分为 9～14 分 (各维度为 3～5 分)
表明轻度人际关系困扰；总分为 15～20 分 (各维度为 6～7 分) 表示人际关系困扰
程度较严重；总分高于 20 分表示人际关系困扰程度很严重，出现了较为明显的人
际关系障碍。通过进行一般描述性统计分析，得到大学生人际关系困扰程度的分
布情况 (表 9-3)。结果显示，大学生的人际关系总体状况较好。其中，人际关系困
扰较少的占 45.3%，轻度困扰程度的占 36.1%，困扰较为严重的占 16.5%，困扰程
度很严重的占 2.1%。对大学生人际关系综合诊断量表总分及各维度的得分进行统
计分析 (表 9-4)，结果显示：大学生人际关系综合诊断量表总分的平均值为 9.43，
标准差为 5.38，最小值为 0，最大值为 26，大学生人际关系困扰总体情况较好，
但交际方面的困扰要多于交谈、异性朋友和待人接物方面的困扰。

表 9-3　大学生人际关系困扰程度分布情况

项目	困扰较少	轻度困扰	困扰较为严重	困扰很严重
n/人	316	252	115	15
占比/%	45.3	36.1	16.5	2.1

表9-4　大学生人际关系困扰程度（n=698）

变量	最小值	最大值	M±SD
交谈	0	7.00	2.68±1.70
交际	0	7.00	3.14±1.92
待人接物	0	7.00	1.53±1.42
异性朋友	0	7.00	2.08±1.70
人际关系困扰总分	0	26.00	9.43±5.38

2. 不同性别大学生人际关系困扰程度的差异比较

对大学生人际关系困扰程度基于性别进行独立样本 t 检验，结果显示，大学生中男生的人际困扰程度高于女生，且在性别上存在显著差异（t=1.98，p=0.048）。男女大学生在人际关系综合诊断量表中的交谈和交际两个维度上不存在显著差异；女生在待人接物维度上得分低于男生，并存在显著差异；男生在异性朋友维度上得分高于女生，并存在显著差异（表9-5）。

表9-5　大学生人际关系困扰的性别差异比较

变量	M±SD		t	p
	男生（n = 261）	女生（n = 437）		
交谈	2.80±1.67	2.61±1.70	1.38	0.168
交际	3.05±1.96	3.19±1.90	−0.89	0.373
待人接物	1.67±1.54	1.43±1.35	2.12**	0.034
异性朋友	2.42±1.80	1.88±1.60	3.988***	0.000
人际关系困扰	9.95±5.64	9.12±5.20	1.98*	0.048

注：*表示 $p<0.05$；**表示 $p<0.01$；***表示 $p<0.001$。

3. 不同年级大学生人际关系困扰程度的差异比较

以年级为自变量，对大学生人际关系困扰程度进行单因素方差分析（表9-6）。结果显示，大学生人际关系困扰总分及交谈、待人接物和异性朋友 3 个维度在年级上不存在显著差异；而交际维度在年级上存在显著差异。多重比较结果显示，大学一年级学生在交际方面的困扰程度显著高于大学三年级（p=0.000）和大学四年级（p=0.022）学生，但与大学二年级（p=0.715）学生差异不显著；大学二年级学生在交际方面的困扰程度显著高于大学三年级（p=0.000）和大学四年级（p=0.026）学生；大学三年级学生在交际方面的困扰程度与大学四年级（p=0.326）学生差异不显著。

表 9-6 不同年级之间大学人际关系困扰的比较

变量	M±SD				F	P	LSD
	1 大一 (*n*=170)	2 大二 (*n*=330)	3 大三 (*n*=106)	4 大四 (*n*=92)			
人际关系 困扰	9.84±5.00	9.75±5.64	8.63±5.30	8.46±5.04	2.53	0.056	
交谈	2.83±1.73	2.69±1.73	2.62±1.67	2.46±1.49	1.02	0.382	
交际	3.37±1.87	3.30±2.00	2.53±1.74	2.80±1.76	6.12***	0.000	1>3, 1>4 2>3, 2>4
待人接物	1.58±1.41	1.57±1.41	1.52±1.51	1.27±1.39	1.16	0.325	
异性朋友	2.06±1.57	2.19±1.71	1.94±1.76	1.92±1.77	0.91	0.434	

注: ***表示 $p < 0.001$。

4. 微信好友数量不同的大学生人际关系困扰程度差异比较

为了比较拥有不同微信好友数量的大学生其人际关系困扰方面是否具有显著差异, 采用单因素方差法分析。结果显示, 微信好友数量不同, 大学生人际关系困扰程度不同, 且具有显著差异 (F=4.72, p=0.000)。微信好友数量影响大学生人际关系困扰程度, 当微信好友少于 10 人和多于 400 人时, 大学生人际关系困扰程度相对较高, 具体分布情况如图 9-1 所示。

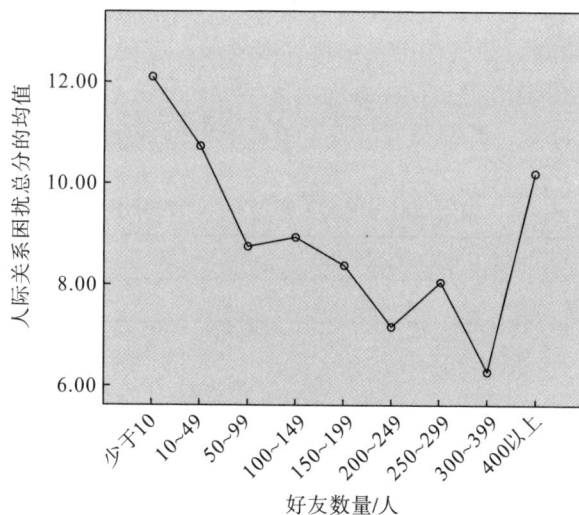

图 9-1 微信好友数量与大学生人际关系困扰程度的关系

9.3.4　大学生微信使用强度与人际关系困扰的相关性

对大学生微信使用强度与人际关系困扰的关系进行相关性分析，结果显示，微信使用强度与人际关系困扰间存在显著负相关关系(r=-0.075，p＜0.05)，表明微信使用强度越高，人际关系困扰越少，人际关系情况越好。微信使用强度与人际关系困扰各维度之间的相关性分析结果显示，微信使用强度与人际关系交际和异性朋友呈显著负相关关系(r=-0.105，p＜0.01)，与交谈和待人接物不显著相关。各维度间相关情况详见表9-7。

表9-7　大学生微信使用强度与人际关系困扰程度的相关情况(r)

变量	1	2	3	4	5	6
1 微信使用强度	1					
2 人际关系	-0.075*	1				
3 交谈	-0.032	0.809**	1			
4 交际	-0.105**	0.852**	0.619**	1		
5 待人接物	-0.009	0.739**	0.482**	0.488**	1	
6 异性朋友	-0.080*	0.778**	0.462**	0.541**	0.471**	1

注：*表示p＜0.05；**表示p＜0.01。

为了进一步考察微信使用强度对大学生人际关系困扰的预测作用，本书以微信使用强度为自变量，以人际关系困扰为因变量，进行一元线性回归分析，结果见表9-8。由表9-8可知，微信使用强度对大学生人际关系困扰有显著的预测作用，能预测0.6%的变异量，其回归方程为Y=9.434-0.068X(F = 3.96，p<0.05)。

表9-8　微信使用强度对人际关系的回归分析(n=698)

变量	非标准化系数(B)	标准误差(SE)	标准化系数(β)	R^2	t	p
微信使用强度	-0.068	0.034	-0.075	0.006	-1.989	0.047

9.4　讨　　论

9.4.1　大学生微信使用强度状况

1. 大学生微信使用强度的一般情况

研究发现，大学生微信使用率达到100%，但使用强度为中等强度，这一结果与 Lien 和 Cao(2014)的研究结论一致,说明微信在大学生中具有广泛的受众,且大部分学生能合理地安排自己的时间,适度地使用微信。也有研究表明,很多大学生,他们的媒介使用习惯仍为高中的习惯,常常使用 QQ 而很少使用微信,这也可能是造成其微信使用强度为中等强度的原因(张凯茜,2017)。具体来看,首先是微信好友规模,研究结果显示,52.5%的大学生其微信好友为 50~200 人,究其原因,很可能与微信社交模式的特点有关。微信社交模式的出发点是使用者已经拥有的成熟关系链,这种关系链主要是以手机联系人和 QQ 好友为基础的"熟人网络"(曹菲 等,2015),使用者从自己原有的人际关系网中添加微信好友,具有一定的局限性。利物浦大学人类学家罗宾•邓巴认为,人对社会关系的处理和调节能力会限制社会群体的规模,人拥有的稳定社交人数是 150 人,但随着互联网的到来及飞速发展,人能接触的稳定联系人数已经在一定程度上打破了"150 定律"(王洪伟和任豪,2015)。其次,就微信每天使用的平均时间而言,48.3%的大学生在 30 分钟以内,这也和已有的相关研究结果类似(Subrahmanyam and Smahel,2010)。其原因或许是微信使用是一种碎片化的使用模式,即微信使用受时间限制少,使用自由度较大,无论是朋友圈还是公众号的交流其本身就是碎片化的,大学生可以在较短的时间内浏览完微信朋友圈、公众号内容及朋友传送的信息(张志坚和卢春天,2015),因此其累计使用时间并不长。这种碎片化模式分割了个体的社交时间,其对个体人际关系等方面的影响不可被忽视(Zhu et al.,2015)。

2. 大学生微信使用强度的性别差异分析

研究结果表明,男生的微信使用强度高于女生,且男女大学生之间存在显著差异,这与以往的研究结果一致(牟生爱,2010;黄海 等,2014)。社会性别理论强调性别差异是一种"非生理"的且"非自然"的差异,男性和女性成长背景的不同和社会化过程的不同导致产生了"男""女"的概念(邱亚君 等,2012)。性别上的差异会对个体心理状态和行为模式的各个方面造成影响(刘卓雅,2014),会使男生与女生在微信使用强度上产生不同。一方面,受传统性别角色的影响,男性比女性在网络交往中更积极主动,女性在网络交往中倾向于保守和被动(胡平 等,2003);另一方面,自控力在性别上有差异。既往的研究表明,在网络平台使用的控制能力上,女生普遍好于男生(王红姣和卢家楣,2004;欧阳益,2009)。因此,男生的微信使用强度相比女生更高,可见,性别是影响大学生微信使用强度的一大因素。

3. 大学生微信使用强度的年级差异分析

研究发现,大学生微信使用强度在年级上存在显著差异,且大一和大二学生的微信使用强度显著低于大三和大四学生,说明随着年级的不断上升,大学生微信使用强度有所提升，大三和大四学生对微信的使用需求多于大一和大二学生，这与周贻霏(2014)和彭汉青(2017)的研究结果一致。究其原因，可能是新生在进入大学之前，学校和家长对其手机使用管制得比较严格，其接触手机的时间不多，对手机的依赖性较小，其更多的是把注意力放在现实人际交往与人际关系的建立上。有研究发现，大部分低年级的大学生使用微信的频率较低，只有在与年龄较大的长辈联系时才选择使用微信(胡月程，2017)。随着年级的上升，高年级大学生认为微信作为一种具有便捷性的社交应用，可以丰富社交途径与方式，促进人际交往，因此他们使用微信的时间相对增加，他们会更多地使用微信应用中的各种服务功能，微信的使用强度也随之不断增加。

9.4.2 大学生人际关系困扰状况

1. 大学生人际关系困扰的一般情况

研究结果表明，从整体上看，大学生在人际关系中存在较少困扰的占总人数的 45.3%，36.1%的学生存在轻度困扰，这类学生的人际关系时好时坏，处于波动状态；16.5%的在校大学生在同朋友相处上困扰较严重，他们性格偏内向，不善言谈；2.1%的在校大学生人际关系困扰很严重，而且在心理上出现了较明显的人际关系障碍，他们不善于交谈，性格孤僻，不开朗。关于大学生人际关系的总体困扰程度，研究显示，测试量表中总分的平均值为 9.43，标准差为 5.38，这与王淙一和漆昌柱(2017)的研究结果基本一致。总的来说，大学生群体的人际关系良好，但仍存在不同程度的困扰。究其原因，或许是随着互联网的发展，大学生人际交往方式趋向于多元化，他们并不是仅限于传统的现实人际交往，而是利用多种方式排解烦恼，减轻人际关系困扰。而且大学这座象牙塔里的人际关系相对较为简单和纯洁，目前各高校也都重视对大学生心理素质的提升和综合能力的培养。因此，大学生人际关系总体情况较好。而对于在心理上出现了明显人际关系障碍的学生，应该给予更多的心理辅导及交往训练。

从各个维度来看，大学生在待人接物、交谈和异性交往方面的困扰较少，而在交际方面，其困扰相对较多，说明大学生人际关系困扰在以上三个维度上的情况不尽一致，这与叶艳晖等(2015)的研究结果一致。大学生在交际方面困扰较多，抑或是由于某些特殊原因导致他们在交际方面意愿不强，他们缺乏从人际交往中获取快乐的能力，也缺乏人际交往技巧方面的训练与积累(李荣珍和张旭，2018)。不少大学生不喜欢独自待着，想和朋友在一起，但又不太善于积极主动地寻找亲密朋友或伙伴。

2. 大学生人际关系困扰程度的性别差异分析

在人际关系困扰方面，男生的总分及在待人接物和异性交往两个维度上的得分显著高于女生，其比女生表现出更多的人际关系困扰。这与张灵等(2007)的研究结果不太一致，但与李彩娜等(2010)、Kenny 等(2013)以及叶艳晖和刘燕纯(2014)的研究结果一致。究其原因，一方面，可能是由整个社会对男女性别角色的社会期望不同而造成的。在关于性别的刻板印象中，"关于男女两性的刻板印象具有典型性和代表性"(金盛华，2006)。男性在生活中承担更多的压力，不太擅长表达自己内心的烦恼和苦闷，缺少人际交往的技巧，也不太懂得如何和异性交往。而女性在语言方面更有天赋，语言较为丰富，也可以用哭泣和倾诉等方式来宣泄自己的情绪，以保持心情愉悦。因此，在与人相处的过程中，女性能够充分表达自己，且与他人流畅沟通。另一方面，女性和男性在发展中的动机倾向不同，男性更倾向于追求成功的事业，而女性更加重视人际关系和拥有较高质量的友谊，这会使女性在人际关系的建立与维护上下更多功夫，从而使女性的人际交往困扰程度更低。而进一步的分析表明，男女大学生在与人交谈和交际维度上不存在显著差异。

3. 大学生人际关系困扰程度的年级差异分析

不同年级之间，大学生人际困扰程度在总分上不具有显著差异，这与邹歆(2014)的研究结果一致。在交际维度上，大一和大二的困扰程度显著高于大三和大四。在刚进入大学时，多数大学生是第一次真正离开父母，处于特殊的"心理断乳期"。面对新的环境和新的人际关系网络，这一时期的大学生无论是在生活上还是在人际关系上都需要一定的时间来适应(李少英和石福艳，2010；李泳仪，2014)。因此，低年级大学生在与同学相处的过程中不会过多地表露自己，其在与同学相处时表现得相对谨慎，而这种相对谨慎又使得其在人际交往中积累的经验较少，导致其人际关系困扰程度相对较高。而大三和大四学生随着对大学生活的熟悉及相关学习活动的开展，掌握了更多人际交往技巧，且进入高年级后，同学之间的相互了解更多，彼此之间的理解和包容程度更高，故大三和大四学生的交际困扰相对较少。因此，在大学生活中不同阶段学生的人际关系状况均值得关注。为了让学生更好地适应大学生活，学校可以开展一些关于人际交往与关系维护的多种形式的教育辅导活动，并提倡大学生科学合理地使用微信，进而减少人际关系困扰。

4. 微信好友数量不同的大学生人际关系困扰程度差异分析

研究显示，大学生的微信好友数量不同，其人际关系困扰程度不同，且具有显著差异。微信好友数量与大学生人际关系困扰程度呈 U 形关系。当大学生的微

信好友少于 10 人或多于 400 人时,其人际关系困扰程度较高。当微信好友少于
10 人时,社交圈子相对较小,当人际关系状况不能满足自身需要时,孤独感往往
就会产生(Peplau and Perlman,1982),进而产生较多人际关系困扰。英国牛津大
学的人类学家罗宾·邓巴提出"150 定律",即著名的"邓巴数字",认为 150
人是个体能交往的朋友人数上限,一旦超出这一数字,人或将无法正常进行交往
或者生产和生活效率明显降低。最近的研究显示,在线社交网络最多可以维持 200
人的社交关系,这个数字大于 Dunbar(1998)的结论(徐恪 等,2014;王洪伟和任
豪,2015)。当大学生的微信好友数量大于 400 人时,其并不能保证和每个好友都
维持良好的联系,其人际关系困扰程度会较高。因此,拥有适度的好友数量有利
于大学生良好人际关系的维护,减少人际关系困扰。

9.4.3   微信使用强度与大学生人际关系困扰的相关性

研究结果表明,微信使用强度与人际关系困扰总分呈显著负相关关系。进一
步的回归分析显示,微信使用强度可以显著地负向预测大学生的人际关系困扰,
这表明微信使用强度与人际关系之间关系密切,其对大学生人际关系具有重要影
响。首先,微信的使用弥补了大学生现实人际交往的局限性。微信作为一个社交
网络平台,凭借信息发布便捷、传播速度快而广、传播互动性强和传播成本低廉
等特点,迅速成为用户进行人际交往和获取信息的一个重要渠道。微信的使用,
促进了个体间的情感联系和人际关系的发展。其次,微信使人们进行线下与线上
的连接,强调真实性与平等互动(陈志娟,2017)。同时,它还提供了文字、图片、
音频和视频等多种交流形式,大学生可以自由地选择合适的方式在微信上多样化
地经营自身的人际关系网,这样,他们与他人的交流就不仅限于现实环境中的真
实情境交谈(童慧,2014)。大学生在微信"朋友圈"上分享自己的心情和所见所
闻,其思维和情感的表达会更轻松与充分,更多的自我表露与分享可使好友之间
的关系更加密切,从而减少人际关系困扰。最后,大学生使用微信的强度越高,
其通过微信与他人进行交往时,在人际交往能力上所得到的锻炼就会越多。因此,
微信使用强度对个体人际交往能力的改善有一定的帮助,也对人际关系起到一定
的促进作用(刘珠玲,2015)。

研究同时发现,男生微信使用强度显著高于女生。根据微信使用强度与人际
关系困扰程度呈负相关关系的结论,男生的人际关系困扰程度应低于女生,但在
分析中可见男生的人际关系困扰程度显著高于女生。究其原因,可能是微信使用
强度与大学生人际关系困扰程度之间的相关性受到了性别差异的影响,具体体现
在以下几个方面。第一,女性本身在语言能力方面有优势。研究表明,女性左脑
的言语认知能力要比男性更早确立且更发达,女性在口语能力和语言流畅性上都
优于男性(徐光兴,2007)。在交流时女性比男性更能够清晰地表达自己的感受,

其有较高的交谈能力和技巧(刘晓萌和李雅，2014)。但在网络交往中男性比女性更积极主动，当男性的社交热情大于经验且在人际沟通方面欠缺技巧时，则会产生心理上的障碍和社交困扰。第二，微信使用动机的差异导致人际关系困扰情况不同。男性更多的是出于娱乐消遣的目的使用微信，而女性更多的是出于沟通交流和信息获取的目的使用微信(刘卓雅，2014)，故在微信沟通交流的经验方面女性比男性更丰富，当遇到人际关系困扰问题时，她们可以从丰富的经验中获取解决办法，从而降低人际关系困扰。因此，大学生微信使用强度增加，人际关系困扰就相对减少，在这一点上女性群体体现得更明显一些。

微信使用强度与人际关系综合诊断量表中的交谈和待人接物维度相关性不显著，但是与交际和异性朋友两个维度呈显著负相关关系，这说明：微信使用强度越高，大学生在交际和与异性朋友相处方面遇到的困扰越少。究其原因，首先，微信改变了传统的人际交往模式，尤其是人与人相处的方式和表述形式等，它为大学生提供了不一样的人际交往平台。对于在现实生活中不善于与异性进行交流或在与异性交流时因有所顾虑而羞于表达的大学生来说，微信作为一个网络社交平台，增强了其与异性交往的信心。其次，相关统计数据显示，与其他网络社交方式相比，微信的应用更倾向于强关系①。强关系是指相互交往的人情感联系紧密，且掌握的信息趋于相同(肖斌，2015)。微信作为现实社会中强关系的符号化补充，更多地体现了一种人际关系的维护和保持(李畅，2018)。在微信的使用与发展中，微信用户的关系链从传统的由家人和好友等构成的强关系网络，向弱关系联系的泛工作关系网络延伸。因此，微信既以现实社交关系为基础，又拓展了现实的社交关系。在现实生活中，拥有更多关系密切的好友，或更多与老同学保持联系的大学生，会更多地使用微信，因为他们往往有更多交际互动的需求，而微信所提供的诸多便捷功能可以很好地满足个体的需求；同时，人际交往困扰较少的大学生，也倾向于通过使用微信与好友交流，维持联系与交往。微信最初虽是基于强关系建立起来的，但之后在此基础上做了延伸，其推出的"附近的人""摇一摇""漂流瓶"等功能使微信用户可以以匿名方式交友，拓宽了大学生的交际范围，增加了大学生的交际渠道(徐静，2013)，提高了大学生的交际能力，增加了大学生认识异性好友的机会，有利于大学生人际关系的建立及与异性朋友相处时困扰程度的降低。再次，当微信使用强度增加时，好友之间的相互熟悉度增加，有利于个体间好感度的增加。最后，从网络交往的自由度来看，网络交往可以最大限度地控制交往的时间和进程。在微信交往过程中，不管是与朋友交往，还是与异性交往，当收到对方的信息时，可以延迟回复，减少了面对面交流的焦虑感(罗青 等，2013)。因此，大学生微信使用强度与交际和异性朋友维度密切相关，微

---

① 中国互联网络信息中心.第45次中国互联网络发展状况统计报告. [2020-4-28]. http://cnnic.cn/gywm/xwzx/rdxw/20172017_7057/202004/t20200427_70973.htm.

信的使用有助于减少大学生的交际困扰，有利于人际关系的维护和深化，能促进大学生更好地与异性相处。

也有研究表明，长期使用社交网络会导致正常人际关系损坏，现实人际交往能力弱化，孤独感增加，社会参与度降低，甚至出现回避现实问题（姚琦　等，2014；申琦　等，2013）。因此，未来还需要进一步探明不同的移动社交网络使用强度与人际关系的相关性。

9.5　结　　论

通过分析，得出如下结论。

（1）大学生微信使用强度处于中等水平，男生微信使用强度显著高于女生；大四学生的微信使用强度高于其他三个年级的学生。

（2）大学生人际关系困扰程度总体较低，人际关系情况总体较好。大学生人际关系困扰总分以及待人接物和异性朋友维度的得分在性别上差异显著；人际关系困扰总分以及交谈、待人接物和异性朋友维度的得分在年级之间差异不显著，但在交际维度上差异显著；微信好友数量不同，大学生人际关系困扰程度显著不同。

（3）大学生微信使用强度与人际关系困扰总分以及交际和异性朋友维度呈显著负相关关系，且能够较好地预测大学生人际关系困扰。

结合上述研究结论与大学生的实际情况，本书提出如下对策和建议。

（1）科学合理地使用微信，对维护与增强人际关系具有重要意义，对改善人际关系和解决人际交往过程中的困扰有很大帮助，有助于大学生良好人际关系的建立与维护。

（2）人际关系的改善，反过来可以使大学生更适度地使用微信。当然，大学生也需要为适应充满张力的人际关系做出调整，且不能过度依赖微信来维持现实的人际关系。

（3）大学生要不断加强自我安全意识，提高自控力，让微信成为真正促进自己拥有健康和谐人际关系的好助手，让自己的心理健康发展。

第10章 移动社交网络中的大学生群体极化效应：基于微博的探究

10.1 问 题 提 出

随着移动互联网的发展变化，社会化媒体也在逐步完善升级，目前国内外所有 SNS 社区或者网站都成为网民发声的平台。在网络环境中，网络群体以"互联网"为纽带，突破了时间、空间、年龄、民族和地理等因素的限制，其成员来源广泛，结构复杂(朱恺丽和马立军，2017)，群体成员间的互动比现实环境中的更加频繁，相互感染作用也更强(王田，2017)。各种网络平台高效地满足了人们在不同时间和地点产生的各种需求(卢卫和陈希玉，2014)，也催生了大量新的社会文化现象(卜玉梅，2012)。以微博为例，2019 年仅"翟天临不知知网为何物""陕西女车主维权""中美贸易战"等话题的讨论量在一天内就均超过百万。而类似的大容量信息和评论在网络环境内极易形成群体极化效应，这种效应一方面表现为可以促进群体意见一致，提高群体的凝聚力；另一方面可能导致群体及群体中的个体形成错误的认知和决策，给社会带来无尽的后患。同时，现实社会中的群体极化现象可能通过网络媒介放大，而网络群体极化(network group polarization)现象又会延伸到现实生活中(袁慧和李锦珍，2016)，不利于民主及社会的健康发展(陈福平和许丹红，2017)。

大学生作为移动社交网络的主要使用者，具有好奇心强、接受信息快、思维敏捷和想象力丰富等特点，容易受到网络舆论的引导和影响(沈胜男 等，2015)。他们有独特的情感需求，在网络上表现出的行为是与其个人心理需求相契合的结果(钟发亮，2012)。但频繁上网、对新鲜事物充满好奇以及网络中平等交流的过程，也容易使来自各种不同生活环境和价值观不尽相同的大学生向"群体极化"的方向发展(郭轶和郝敏敏，2018)。虽然从实践层面看，高校向来特别重视在校大学生网络行为的教育工作，但从研究角度讲，目前国内对"网络群体极化"的研究总体上还是从思辨的角度入手(王田，2017)，实证研究不多，针对大学生的研究更是少之又少。

鉴于此，本章立足于当前大学生使用较多且较开放的移动社交网络平台——微博，运用问卷调查和实验相结合的方式，探究大学生网络群体极化状况，以及线上与线下群体极化效应的差异和联系，分析揭示大学生在移动社交网络中群体极化现象的特征及成因。

10.2　网络群体极化及影响因素

10.2.1　群体极化与网络群体极化的概念

群体效应是指当个体处在群体中时，群体对个体在思想、情感和行为上的影响。当群体中的个体在情感和思维上具有相同的方向时，其个性和才智会被削弱，集体无意识的作用变得明显。群体极化属于群体效应中的一种，最早由詹姆斯·斯托纳提出，指有相同观点的人通过群体讨论，使原有的观点更加牢固且更趋于极端的现象。随着社交网络的发展，凯斯·桑斯坦率先将网络和群体极化现象联系起来，即网络群体极化，显然这是群体极化在网络社会中的典型表现。网络群体极化是指网民对特定事件的观点存在某些倾向，在关注和评论网络群体性事件后，其观点又朝着某一方向偏移而形成极端观点的现象（陈庭贵和杨俊蓉，2019）。

10.2.2　社交网络使用与群体极化

社交网络以其很强的交互性、便捷性和时效性等特性，使现实社会中分散的个体能够很容易地在网络空间里聚集起来（唐晓敏，2017）。随着个人中心媒体从边缘逐渐走向中心，社交网络成为越来越重要的信息传播媒介，其评论和转发功能给事件提供了无限延伸的可能，扩大了个体之间相互感染的空间。当信息在社交平台上迅速引起热议时，随之而来的就是用户在海量信息传播中的相互影响，他们会根据自身需求进行站队，使观点在传播过程中逐渐走向一致，从而出现群体极化，导致群体内部意见趋于极端，而群体间意见的矛盾日益加剧（李伊莎，2016；范祎弘和郭弘，2019）。

国外有研究证实，社交网络中存在群体极化。Gilbert等（2009）通过对Facebook用户的研究发现，用户对同一事件的观点存在一定偏移。Gaines和Mondak（2009）在对美国中学生Facebook使用者的分析中提出，中学生在政治问题上存在显著的群体差异。Yardi和Boyd（2010）在研究Twitter上的群体极化时发现，在社交网络上，群体极化在很短的时间内就可以发生。研究同时表明，社交网络的使用虽然没有直接作用于网民的群体极化，但其通过个性化的推送促进了网民对话题的参与，间接促进了极化。对于观点还摇摆不定的人而言，持续不断地推送会导致其观点产生变化（Lee et al.，2017；何杨 等，2019），这一点与勒庞在《乌合之众》中提及的领袖的影响手段——"重复"有异曲同工之处。对于一部分本身就缺乏自律、心理不够成熟且理性分析能力也不强的大学生而言，他们在社交网络上比其他人更容易受到舆论的影响，从而发表一些不理性的言论，如再经过一段时间的发酵，其最终极易走向极化(王海稳和马健业，2018)。

10.2.3 网络群体极化的影响因素

1. 信息因素

认知心理学的研究指出，负性信息和情绪类信息与其他信息相比有引起注意的优势，因此网络平台上的危言和负性事件总是能迅速引起关注(熊萌之，2018)。而对于群体极化的产生，目前主要有两种观点。

(1)说服论据理论。其强调从别人那里获得相关信息，通过思考，进而改变自己的观点。

(2)社会比较理论。其强调将自己的观点和他人的观点做比较，然后对自己的观点进行修正。

研究证实，话题类型不同，群体极化的产生机制也不同。在判断型话题中，社会比较是群体极化产生的主要机制，而在知识型话题中，说服论据是群体极化产生的主要机制(Kaplan and Miller，1987)。

2. 群体因素

桑斯坦的一项实验表明，由持某一立场的人组成的小组在讨论后会更倾向于他们自己的立场，如自由派们在讨论后更倾向于自由主义立场，而保守派们在讨论后更倾向于保守主义立场(蒋忠波，2019)。环境保护者只会访问披露环境问题的网站，批评环保者的人则只会访问那些揭发以环保名义进行破坏的人的网站，这种"回音壁效应"让人们反复接收同质性信息，对群体原有立场进行不断强化(夏倩芳和原永涛，2017)。

网络群众与现实群众不同，网络社会可以对人们的现实身份进行重组，使人们在网络空间中没有等级之分，消除了一定差异。根据 H·布鲁莫对群众的分类，网络群众是表意群众中的一种，他们聚集在一起表达自己的观点，释放情感，但经过不断发展后也会变为行动群众，并根据自己的观点在网络上活动(吕淑真，2018)。在网络社会中，群体的行为动机会受到态度、意见领袖影响力和法规约束的正向影响(王超凡 等，2015)。

群体心理，如从众心理，也会导致网络群体极化效应。一般而言，网民对网络群体性事件发表的看法会逐渐趋于一致，"多数派"的声音会得到很高的点赞量或成为热评，而"少数派"的声音则会被孤立或者成为"众矢之的"，导致"少数派"受到来自群体的巨大压力(范祎弘和郭弘，2019)。为了不被群体孤立，这部分人会对自己的行为和观念做出调整，使其与群体保持一致(郑雪，2018)。由此看来，从众心理会导致一些网民选择性地接受信息(姚江龙，2012)。无限放大的群体情绪以及群体对权威的盲目崇拜是产生群体极化的主要因素(冯冰清，2017)，而去个性化、心理暗示和情绪激化等是网络中产生群体极化的心理过程(严舒一和吴星樾，2016)。

研究显示，由于微博有热评机制，移动社交网络上的首因效应明显。人倾向于保持整体一致性，当后续获得的信息和最先接触到的信息不一致时，人往往倾向于用最初的信息来解释后面的信息。在公众事件中，首因效应的不断累积可能会使公众形成刻板印象，微博用户常常会对特定群体的相关事件或者话题产生迅速且一致的反应，这在很大程度上与累积形成的刻板印象有关(熊萌之，2018)。

3. 沉默的螺旋

"沉默的螺旋"最早是由诺埃勒·诺依曼提出的，指当人们在表达观点时，如果发现自己处于优势，则就会倾向于积极大胆地说出观点；如果发现自己处于劣势，则会选择保持沉默或给予附和以避免受到孤立或排挤。

"沉默的螺旋"在有明显群体压力的情境中更加明显(曲红，2019)。这是一个循环的过程，双方观点此起彼伏，所以网络传播实质上会增强"沉默的螺旋"的作用(张爱军和梁赛，2019)。"沉默的螺旋"会经历三个阶段：在极化形成的初期，网民对事件展开热议，众说纷纭；到了发展期，意见领袖渐渐浮现，其影响增大，并促使群体内部形成"最响亮"的意见，同时，支持者较少的意见会逐渐被淹没；最后，"多数派"基本占据优势，"少数派"则基本沉默(盘敏，2014)。由于缺少"把关人"机制，人们的交往能力和交往空间在网络中得到扩展，通过积极地寻找"盟友"可回避消极被动的情况，利用大量的跟帖或者回复可在"盟友"中引起共鸣，从而使反对的声音渐渐湮没，支持者的声音越来越强，反对者越来越沉默(鲁松，2013)。

4. 传播媒介

传统的文字媒介传播效率较低，其在表达观点时更需要逻辑性和时间，使得用户在编辑文字时更关注的是文本内容而不是宣泄情绪(邱万林 等，2018)。广播电视媒介的受众鱼龙混杂，在受众群体交流观感的过程中，群体极化就可能会发生。而网络新媒体传播方式众多，信息量大，可激发个体对网络信息的过滤需求，每个人都可以获取他们最认同的看法(蒋正和，2018)。信息通过网络新媒体平台极速传播，传播者与受众的身份也发生着快速转换，这种循环往复的过程使网络群体可以更快地形成(李斯坦，2018)。在这一过程中，以公共议题为焦点，使以观点和态度为区别的公众心理群体的出现成为可能(夏倩芳和原永涛，2017)，这给群体极化现象的产生提供了土壤。

值得一提的是，如果媒介传播都是选择性地呈现信息，且带有一定的倾向性，则会左右受众的看法(陈迪，2018)。虽然媒体在呈现信息或报道时做到完全客观真实几乎不可能，但也应尽量减少带有偏见或误导的报道，以免给受众造成不必要的误解(唐晓敏，2017)，导致群体极化效应。

5. 其他因素

反常事件会刺激人们的正常认知，人们对此不仅关注，而且还会评论。黄河和康宁(2019)以"江歌案"为例的研究认为，源头事件的刺激加上自媒体的煽动，使具有全新媒介使用习惯的网民在移动社交网络中相互暗示和感染，加速了群体极化的形成。刻板印象和价值观也会在网络中发挥作用，它们使人形成既定倾向，加上网络空间的匿名性和开放性，"义愤"的推动作用，以及群体压力和趋同心理，促使网络群体极化(张楠，2018)。

网络媒体的议(话)题也是引起网络群体极化的一个因素。近年来，部分网络媒体通常会在议题上做文章以追求高点击率，因为网络媒体人意识到富有"创意"和争议性的话题可以得到更多关注，于是，有的网络媒体人不惜放大细节，甚至通过虚构来对事件予以报道(余晴和张倩倩，2018)。此外，不良媒体还通过制造矛盾情境的方式来吸引眼球，把自己当作"领袖"来误导受众(曲红，2019)，可以说，为追求流量而故意制造出的"二元对立"也是网络群体极化的成因之一。为此，陈林和李运国(2018)通过大量分析提出了网络群体极化的 S-C-R-P 形成模型，该模型认为刺激因素——网络媒体的议程设置和发帖者的"情绪感染"以及强化因素——群体性怨恨和共识的相互强化与意见领袖的领导两个方面的因素相互作用催生了极化现象。

此外，微博的分组功能会造成"过滤泡"效应，让用户接触到更多的同质性信息，信息渠道也会变得相对集中和单一，造成信息封闭和态度集中；同样，热转和热评的"楼中楼"机制会导致事件焦点发生转移，引发用户以各自的"楼"为"战壕"打"口水仗"(张志颖和刘英杰，2019)，导致群体极化。

10.3　研　究　设　计

10.3.1　调查研究

1. 研究目的

以微博作为研究平台，通过问卷调查的方式，分析大学生微博使用情况，揭示其移动社交网络群体极化特征。

2. 研究对象

国内 13 所高校大一至大四的 538 名学生。其中,男生 135 人,女生 403 人;文史专业 177 人,理工专业 235 人,艺术专业 126 人。

3. 研究方法

问卷调查法。采用网络调查和纸质问卷相结合的方法,共发放问卷 682 份,回收有效问卷 579 份,除去从不使用微博的 41 份,共计 538 份样本供统计分析。

4. 研究材料

选用李贺(2014)编制的微博舆论群体极化现象调查研究问卷,该问卷共 21 个问题,涉及性别和年龄等人口学变量以及微博的使用情况,重点关注调查对象对微博舆论的信任程度和群体极化后态度的改变。结合研究需要,本书把问题 2 和问题 3 考察的人口学变量修改为专业和年级;在保证问卷原意的基础上,把问题 10 和问题 11 的选项描述得更加精确;把问题 20 所列的微博热门事件调整为近三年的热点事件。

5. 研究假设

研究假设如下。
假设 1:大学生中使用新浪微博的人数显著多于其他微博。
假设 2:大学生使用微博时其转评行为存在显著个体差异。
假设 3:大学生微博使用过程中群体极化现象显著。

10.3.2 实验研究

1. 研究目的

通过实验研究,比较大学生线上与线下群体极化现象的差异及联系。

2. 研究对象

长期使用微博的高校本科大学生 40 人,其中男生 20 人,女生 20 人。

3. 研究方法

实验法。设计实验,研究大学生线上和线下的群体极化现象,并加以对比分析。

4. 研究材料

群体极化态度变化反馈表。分别从政治事件、突发新闻、社会民生、科学研究和文体新闻 5 个方面各选择一个事件，采用 5 点计分，以反映调查对象在经历群体极化后对自己原有观点的赞同情况。

5. 实验设计

为了尽可能地模拟大学生日常使用微博的情景，研究采用自然实验的方式，实验分为线上和线下两个部分。线上实验在单个实验对象模拟使用微博的情景下进行，线下实验在多个实验对象面对面讨论的情景下进行。两个实验的材料相同，实验材料根据对博主的属性、事件相关度及转发评论点赞数进行综合考虑来选择。

研究的自变量为个体所处的社交情境(线上和线下)，因变量群体极化的指标是观点和态度的偏移程度，通过群体极化态度变化反馈表来呈现。

6. 实验程序

实验对象在平衡性别、年龄、专业和微博使用情况的基础上分为两组(A 组和 B 组)，A 组参与线上实验，B 组参与线下实验。由实验人员向实验对象介绍实验流程，并给予指导。

(1)A 组进行线上实验部分。该组实验对象在模拟刷微博的情景下先浏览事件材料，浏览完之后写下自己当前的观点，接着浏览评论，然后写下自己的评论，最后勾选出当前自己对原有观点的赞同程度，并勾选出自己是更关注别人的态度还是别人的话语内容。

(2)B 组进行线下实验部分。该组实验对象在面对面的情景下先各自浏览事件材料，然后所有实验对象一起共同浏览，浏览完之后接着写下自己当前的观点，并和其他实验对象进行讨论；最后勾选出当前自己对原有观点的赞同程度，并勾选出自己是更关注别人的态度还是别人的话语内容。

7. 研究假设

研究假设如下。

假设 1：线上和线下的群体极化呈正相关关系。

假设 2：大学生微博使用(线上)过程中的群体极化效应显著强于现实情境(线下)中的群体极化效应。

10.4　研究结果

10.4.1　大学生微博使用现状

对不同微博的选择人数进行符号秩和检验，得到表 10-1。由表 10-1 可知，选择使用新浪微博的人数显著多于选择使用其他几种微博的人数，选择使用腾讯微博的人数显著多于选择使用搜狐、网易、人民和其他微博的人数，选择使用网易微博的人数只显著多于选择使用人民微博和其他微博的人数。从总体上看，新浪微博成为大学生的首选，选择率达到 96.8%，也有部分学生选择使用两种及以上的微博。

表 10-1　不同微博之间选择人数的差异

微博的选择	人数/人			p
	只选前者	两者都选或都不选	只选后者	
新浪—腾讯	478	46	14	0.000**
新浪—搜狐	511	27	0	0.000**
新浪—网易	507	27	4	0.000**
新浪—人民	518	17	3	0.000**
新浪—其他	515	23	0	0.000**
腾讯—搜狐	52	481	5	0.000**
腾讯—网易	51	475	12	0.000**
腾讯—人民	55	479	4	0.000**
腾讯—其他	55	479	4	0.000**
搜狐—网易	6	518	14	0.074
搜狐—人民	10	522	6	0.317
搜狐—其他	10	522	6	0.317
网易—人民	15	520	3	0.005**
网易—其他	16	518	4	0.007**
人民—其他	5	528	5	1.000

注：只选前者是指在表第一列所列的各个选项中只选择使用前者，其他以此类推。**表示 $p<0.01$，下同。

由表 10-2 可以看出，大学生在微博上主要关注的是自己喜欢的明星和名人、与自己学习和工作有关的官微或公共账号、社会热点事件涉及的人或公众号和现实中本就熟悉的人。值得注意的是，根据对使用原因的调查，虽然有 61.5% 的大学生关注了与自己学习和工作有关的官微或账号，但将微博作为开展学习和工作的重要渠道的学生只占了 18.0%，大多数大学生只将其作为娱乐休闲(77.5%)和获取新闻资讯(73.6%)的工具。由此可见，微博在大学生心目中更多的是一个学习和工作之余用来消遣的工具。

表 10-2　大学生微博上的关注情况

关注对象	人数/人	人数占比/%
现实中本就熟悉的人	273	50.7
社会热点事件涉及的人或公众号	317	58.9
喜欢的明星和名人	431	80.1
与自己学习和工作有关的官微或公共账号	331	61.5
关注我的人	81	15.1
政府微博	124	23.0
陌生人	38	7.1
很多好友都关注的人	37	6.9
其他	63	11.7

图 10-1 显示了大学生在微博上参与评论的情况。样本中，有 401 名大学生愿意做一个旁观者，他们从不或很少评论微博内容，其人数占总人数的 74.5%。在对从来不会评论和很少会评论的人数，以及大多数时候会评论和肯定会评论的人数进行符号秩和检验后，得出相关结果，见表 10-3。由表 10-3 可以看出，从来不会评论和很少会评论微博信息的人数显著多于大多数时候会评论和肯定会评论的人数。

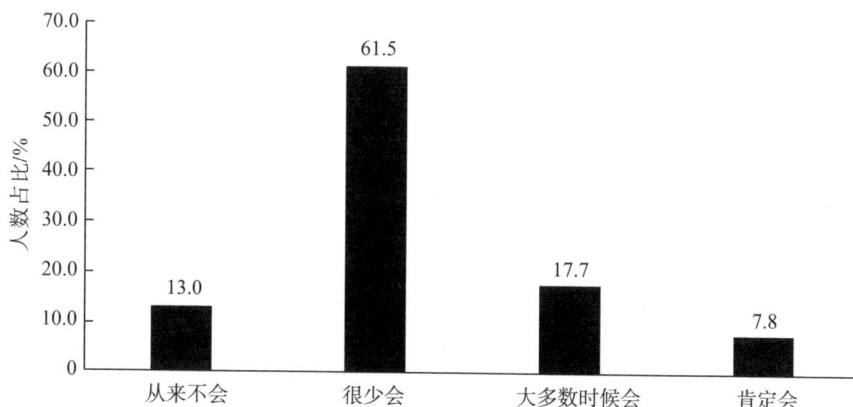

图 10-1　是否会对感兴趣的微博内容进行评论

表 10-3   从来不会和很少评论的人数与大多数时候会和肯定会的人数的差异

项目	人数/人		p
	前者	后者	
从来不会和很少会—肯定会	401	42	0.000**
从来不会和很少会—大多数时候会	401	95	0.000**

注：**表示 p<0.01。

同样，图 10-2 显示了大学生转发微博的情况。样本中，有 362 名大学生愿意做一个旁观者，他们从不或很少转发微博内容，其人数占总人数的 67.3%。在对从不或很少会转发微博的人数，以及大多数时候会和肯定会转发微博的人数进行符号秩和检验后，得到表 10-4。由表 10-4 可知，从不或很少会转发微博内容的人数显著多于大多数时候会和肯定会转发的人数。

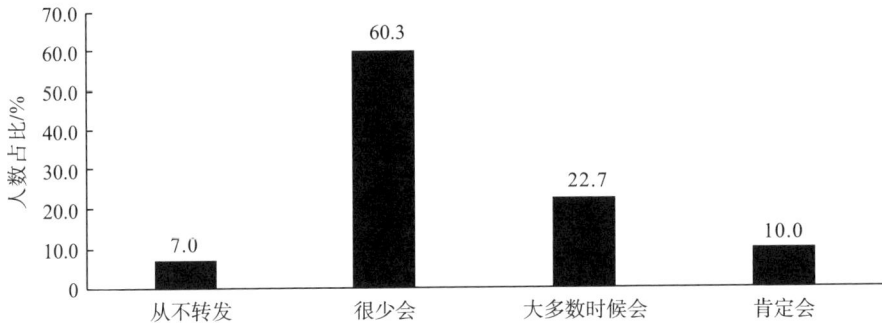

图 10-2   是否会对感兴趣的微博内容进行转发

表 10-4   从不或很少会转发微博的人数与大多数时候会和肯定会转发微博的人数的差异

项目	人数/人		p
	前者	后者	
从不或很少会—肯定会	362	54	0.000**
从不或很少会—大多数时候会	362	122	0.000**

注：**表示 p<0.01。

在对评论偏好和转发微博进行调查后发现，虽然有较多的大学生偏好评论或转发引起巨大争议的热点话题(41.1%)和重要的实时新闻(41.4%)，但这两类微博信息很难刺激多数大学生参与评论或转发。

大学生会通过多种途径对微博的真实性进行鉴别，使用较多的方法包括通过渠道和平台本身来确定(57.1%)、通过网友的评论来判断(46.3%)，也有部分人凭借主观臆断来鉴别(21.2%)。见表 10-5，有 411 名大学生坚持文明上网，其人数占总人数的 76.4%，在将文明上网的人数与其他上网行为的人数进行符号秩和检验后得知，文明上网的大学生显著多于其他上网行为的大学生($p<0.01$)，他们很少受到来自微博环境的攻击(只有 1.5%的大学生常常会收到来自微博环境的攻击性言辞)。由图 10-3 可知，对于发生在微博环境中的网络群体性事件，有 293 名大学生(54.5%)表示从不参与其中，有 186 名大学生(34.6%)表示偶尔会参与，将这两种参与度的人数分别与其他参与度的人数进行符号秩和检验后得知，从不参与其中的人数和偶尔参与其中的人数显著多于其他参与度的人数($p<0.01$)。

表 10-5　大学生在网络中的诽谤、污蔑和攻击性言辞行为

项目	人数/人	人数占比/%
从来没有，文明上网	411	76.4
偶尔会因为极端地厌恶某人某事而"嘴不饶人"	44	8.2
常常都是破口大骂	3	0.6
如果确实被激怒，则会发飙	19	3.5
对方先语言攻击我，我会予以反击	48	8.9
其他	13	2.4

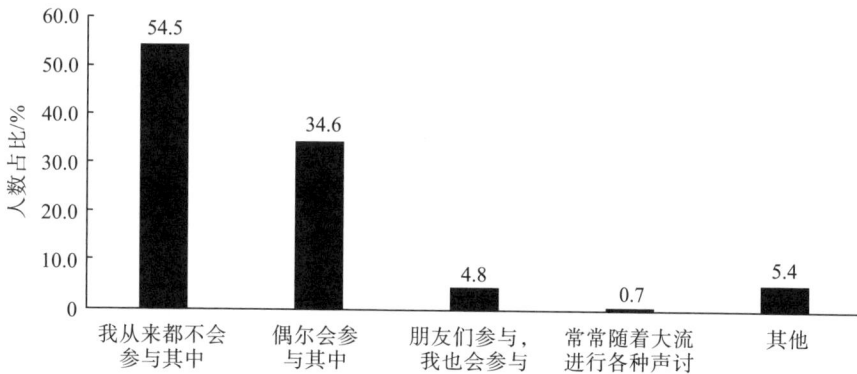

图 10-3　网络群体性事件的参与情况

10.4.2　大学生微博群体极化程度的特征

图 10-4 呈现了大学生参与微博群体性事件后态度的改变情况。在这 538 名使用微博的大学生中，有 26.0%没有任何变化，有 59.5%产生了些许变化，而产生很大变化的只有 2.0%。

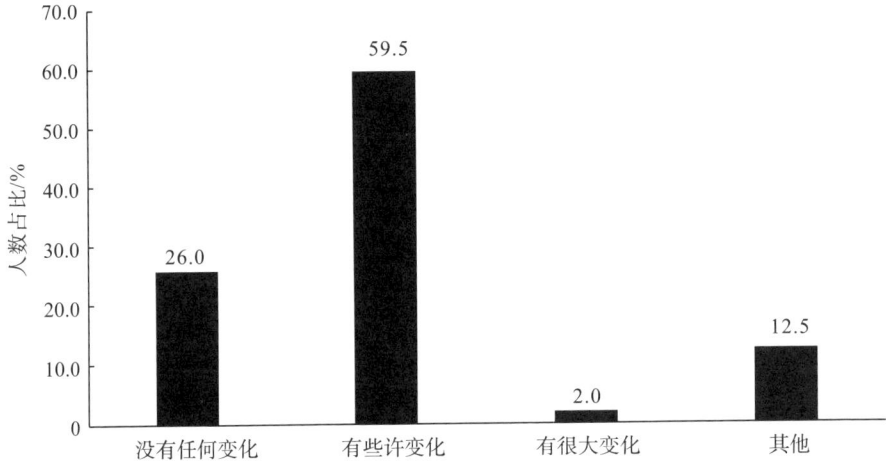

图 10-4　参与微博群体性事件后态度的改变情况

在将没有任何变化和有些许变化的人数分别与有很大变化和其他的人数进行符号秩和检验后得到表 10-6。由表 10-6 可以看出，没有任何变化的人数显著多于有很大变化和其他的人数，有些许变化的人数显著多于有很大变化和其他的人数。目前，大学生在微博上群体极化的现象总体上不显著，只有少数个体会出现显著的群体极化。

表 10-6　态度改变情况的人数差异

	人数/人		P
	前者	后者	
没有任何变化—有很大变化	140	11	0.000**
没有任何变化—其他	140	67	0.000**
有些许变化—有很大变化	320	11	0.000**
有些许变化—其他	320	67	0.000**

10.4.3　大学生微博使用线上群体极化与线下群体极化的差异与相关性

表 10-7 呈现了大学生分别在线上和线下参与五类事件后群体极化态度偏移程度的统计量指标。由表 10-7 可知，虽然不是每一类事件的线上群体极化程度都低于线下，但是大学生线上群体极化的平均程度比线下低，这与前面所描述的大学生微博群体极化特征基本相符。进一步对这五类事件的线上与线下群体极化态度偏移程度进行相关性分析和独立样本 t 检验，结果发现，大学生线上与线下群体极化现象没有表现出显著相关性(表 10-8、表 10-9)。

表 10-7　大学生对五类事件的线上与线下群体极化态度偏移程度统计量

事件	线上		线下	
	M	SD	M	SD
政治事件	1.25	0.639	1.25	0.639
突发新闻	1.35	0.671	1.20	0.768
社会民生	1.20	0.834	1.40	0.503
科学研究	1.35	0.745	1.50	0.688
文体新闻	1.40	0.754	1.65	0.489
平均偏移程度	1.31	0.720	1.40	0.636

表 10-8　大学生对五类事件的线上与线下群体极化态度偏移程度的相关性

事件	相关性	显著性
政治事件	0.355	0.125
突发新闻	0.061	0.797
社会民生	−0.075	0.752
科学研究	−0.154	0.517
文体新闻	0.257	0.274

表 10-9　大学生对五类事件的线上与线下群体极化态度偏移程度的差异

事件	T	p
政治事件	0.000	1.000
突发新闻	0.658	0.515
社会民生	−0.919	0.365
科学研究	−0.661	0.512
文体新闻	−1.244	0.222

　　表10-10呈现了不同性别的大学生线上群体极化态度偏移程度的统计量指标。可见，男生在线上的平均群体极化程度要高于女生。同样，在性别上进行独立样本 t 检验，结果发现，线上群体极化程度在不同的性别上没有表现出显著差异(表10-11)。

表 10-10 不同性别大学生线上群体极化态度偏移程度与平均偏移程度统计量

事件	男		女	
	M	SD	M	SD
政治事件	1.10	0.738	1.40	0.516
突发新闻	1.60	0.516	1.10	0.738
社会民生	1.30	0.823	1.10	0.876
科学研究	1.50	0.527	1.20	0.919
文体新闻	1.20	0.789	1.60	0.699
平均偏移程度	1.34	0.688	1.28	0.757

表 10-11 不同性别大学生线上群体极化态度偏移程度的差异

事件	t	p
政治事件	−1.053	0.306
突发新闻	1.756	0.096
社会民生	0.526	0.605
科学研究	0.896	0.385
文体新闻	−1.200	0.246

10.5　讨　　论

10.5.1　大学生微博群体极化效应不显著的原因

结合大学生使用微博的现状，并参考相关文献，本书认为：之所以其群体极化效应不显著，可能有以下几个方面的原因。

首先，大学生使用微博的首要目的是娱乐休闲，然后才是获取新闻信息及社会资讯。事实上，微博上的娱乐信息和社会热点事件交错吸引着大学生（申会霞，2018），因此，网络群体性事件不是造成大学生使用微博的首要原因。在利用微博进行信息关注方面，大学生除关注社会热点信息外，还关注实时新闻和娱乐八卦，他们会更多地关注喜欢的明星、名人以及与自己学习和工作相关的微博账号，另有一半的学生会关注熟悉的人。因此，大学生在使用微博时，其有限的注意力资源被分配到了众多不同的对象上，这淡化了原本有一定优势的信息的吸引力。

其次，在评论和转发上，70%左右的大学生表示从不评论或一般不会及转发微博内容，因此他们对微博内容的认知加工程度较低，这也使得大学生更多的是以受众的身份存在于移动社交网络中，传播者和受众之间的身份转换在这里受到了阻碍，减缓了网络群体的形成速度。浏览和关注信息，但不参与评论和转发，使得他们的行为意愿处于低水平(汪明艳 等，2018)。绝大多数大学生在转发或评论时会通过多种途径鉴别舆论性微博内容的真实性，只有 8.2%的大学生从不鉴别真假，这使他们在面对该类微博内容时会尽可能减少来自表面信息的误导，其盲目从众的可能性大大降低。有 79%的大学生认为群体极化表明自身缺乏独立的见解，这对自身有负面影响，由于人通常会尽可能避免负面影响，因此从这个意义上来讲，大学生会尽可能避免群体极化的发生。

再次，只有 12.1%的大学生表示其在微博环境中常常被群体和好友等的观点左右，由此可见，大学生在微博环境中还是能很好地保持其观点的独立性。绝大部分大学生在网络群体性事件中保持着低参与度(从不参与或偶尔参与)，由此导致大学生对网络群体性事件的卷入程度较低，而这也得到了研究结果(0.7%随大流，4.8%随朋友)的印证。有研究表明，网民对事件的看法与其学历、年龄、知识程度和宗教信仰等有关，一般来讲，年龄越大、受教育程度越高，且越不信奉极端主义的人，对不确定性信息会持比较理性的态度，其表达的观点也较理性，不容易盲目从众(王飞 等，2017；汪明艳 等，2018)。大学生所受的教育使他们不会轻易被媒体因追求流量而加工出来的"事实"所误导，他们能够主动从多方面入手了解信息，以形成自己的判断。虽然有时也会产生群体极化，但与低教育程度的人相比，在网络环境中大学生更理性。

最后，Yardi 和 Boyd(2010)基于 Twitter 的研究为我们提供了一种解释，他们指出，虽然人们更喜欢同那些与自己持相同观点的人进行交流，但他们也会积极地与那些和自己观点相异的人进行谈论。从这个意义上看，与异质性观点的人进行交流，在一定程度上阻碍了群体极化的产生。

10.5.2　大学生线上与线下群体极化的差异和联系

通过实验发现，大学生线上群体极化的平均程度较线下略低，但线上群体极化与线下群体极化之间没有表现出显著的相关性和差异。首先，在线上与线下两种群体属性方面，研究发现，线上群体打破了时空和身份等的限制，个体彼此间没有身份和等级之分，都是平等的个体，发表言论更加自由；而线下群体存在于现实生活中，在表达观点时会受到所处环境、身份和人情等因素的限制，导致有些话语只能藏在心里。其次，对两个群体所处的社交环境进行分析归纳后发现，线上群体所处的环境自主性更强，匿名性更高，信息呈现形式更丰富，个体间交流的延迟程度较高；而线下群体所处的是一种面对面讨论的环境，在该环境中，个体对信息的接受度较低，但对反馈信息的接收特别及时。或许正是因为线上和线下群体的属性和所处的社交环境不同，致使两者保持相互独立的状态，没有表现出显著差异。

10.6　结　　论

通过研究,本书得出以下结论。

(1)大学生中使用新浪微博的人数显著多于使用其他微博的人数。

(2)大学生使用微博时的转评行为存在显著个体差异,从不或很少转发、评论的人数显著多于一定会或有时会转发、评论的人数。

(3)大学生移动社交网络群体极化现象总体上不明显且不严重,仅有少数人表现出群体极化。

(4)大学生线上群体极化的平均程度略低于线下,但两者之间没有表现出显著的相关性和差异。

通过研究,本书初步得出大学生线上使用微博与线下群体极化现象及其关系,但研究仍然存在以下问题,需进一步分析探索。

(1)研究使用的关于微博舆论的群体极化现象调查问卷,主要是从宏观的角度对当前大学生使用微博的情况和网络群体极化现象进行探究,对于从细微角度深入分析并揭示大学生移动网络群体极化状况及其规律有一定局限。

(2)通过自然实验的方式探究线上与线下群体极化的差异和联系,并在该领域相关问题的研究方法上做创新性的探索。但由于是自然实验,对无关变量不能够很严格地控制。同时,实验中群体讨论时间短且深度不够,加上实验过程中实验人员和实验对象相对而坐,导致实验对象的匿名感降低,这对匿名性及实验对象的观点表达会有一定的影响(钭娅 等,2018)。

(3)日后的研究可采用实验室实验并严格加以控制,深度挖掘线上与线下环境对大学生群体极化的影响。

第11章 移动社交网络环境下的大学生人际交往

11.1 问题提出

移动社交网络自问世以来，经过不断的发展，已成为当下人们交往交流的重要方式。新型移动社交网络能够建立和加强社会联结(Humphreys，2007)，它不再受时空的限制，具有很强的便捷性及可操作性。移动社交网络产生之后，其给民众的生活及人际交往带来了哪些影响？大学生群体作为移动社交网络的主要使用者，移动社交网络环境下他们的人际交往又产生了怎样的变化？

在收集国内外现有相关研究资料的基础上，本书发现，类似的深入研究并不多见。既往的研究表明，通过移动社交网络，青少年可以维系和发展现实社会中的社会关系，也可以拓展线上社会关系，从而获得更多的社会资本(McCord et al.，2014)；经常使用社交网络进行自我展示和社交的青少年，会认为社交网络中的朋友比自己幸福(Chou and Edge，2012)；使用不同的社交网络，对个体有不同的影响(Ahn，2012)。通过分析不难发现，既往的研究一是研究媒介过度集中于某一社交软件或平台，二是研究方法的运用不够多元化。例如，关于移动社交网络对个体影响的研究，Wilson 等(2012)指出国外超过 80%的研究是以 Facebook 为研究样本，国内的研究则集中于 QQ、微信或微博。不仅如此，已有的研究大多也仅从单一学科立场予以进行，缺乏学科之间的相互补充。例如，心理学仅从微观角度出发，探讨移动社交网络使用的机制和成因；社会学仅从宏观角度出发，探讨移动社交网络使用的社会发生机制和成因；传播学仅从移动社交网络使用行为的典型特征出发，探讨信息的传播机制。而从多学科的角度，运用质性研究方法对移动社交网络背景下大学生人际交往变化情况进行研究较为鲜见。

基于上述情况，本章将发掘移动社交网络对大学生人际交往的影响作为主线，运用质性研究方法，基于扎根理论，分析对比现实人际交往和移动社交网络下大学生人际交往的变化情况，构建移动社交网络对大学生人际交往影响的模型，探讨移动社交网络对大学生人际交往的影响机制，以期为引导大学生科学使用网络，合理进行网络人际交往提供借鉴。

11.2 方法与过程

11.2.1 方法

研究采用基于扎根理论的定性研究方法。

Glaser 和 Strauss 将扎根理论定义为一种定性研究方法(Glaser and Strauss,1999)。扎根理论具有严格的操作步骤和过程:第一步,对所收集的文本资料进行开放性编码,即发掘原始资料中意义相近的概念类型,然后范畴化概念,从而明确概念的类型与维度,这同时也是一个分解、对比、概念化和范畴化的过程;第二步,进行主轴编码,主要是在开放性编码的基础上寻找概念类型间的共性,然后进行分类与整合,并精简信息,从而发掘出核心概念,并建立核心概念之间的有机关联;第三步,选择编码,即基于主轴编码选择核心概念范畴,也就是说,进一步聚焦问题并进行思考,在已有的概念类属中选择最核心的概念类属。简言之,扎根理论是在系统化操作下,针对某一现象来进行发展、归纳和分析,从而自下而上地建立理论的方法。这种方法保证了研究的时效性与真实性,因为研究者立足于实际观察,在正式研究之前并不预先提出理论假设。

根据文献资料,既往关于移动社交网络对大学生人际交往影响的研究主要通过问卷法等量化的方法来进行,而量化研究局限于自然学科的研究范畴,具有单一性。质性研究方法则可以通过对日常生活的直接观察,甚至无结构访谈来收集真实、全面和具体的数据资料,进而发掘出信效度高的结论信息,并在此基础上给出合理的理论解释。扎根理论在质化研究中既借鉴了量化研究的优点(高效、严谨和系统的研究步骤),又通过演绎和归纳的方法克服了量化研究的缺点(深度不足且效度不高)。选用扎根理论作为主要研究方法,一方面可解决量化研究的单一性问题,另一方面可克服质化研究本身的局限性,适于深度挖掘移动社交网络对大学生人际交往的影响作用及其机制。

11.2.2 程序

1. 数据收集

以用户访谈、经验资料、日常观察以及网络媒体为数据来源,以访谈资料为主要研究资料,以其他数据资料为辅助材料。主要收集方式如下。

(1)访谈。根据已拟定的半结构式访谈提纲开展面对面访谈和电话访谈。访谈正式开始之前,先对随机选取的 3 名在校大学生进行预访谈,再根据预访谈结果,结合专家意见对已有的提纲进行修订，最终形成结构合理且严谨有效的正式访谈提纲。研究采用非概率抽样中的目的性抽样选取了来自不同学校、不同专业且平均年龄为 22 岁的 12 名学生作为研究对象。每次访谈半小时左右，在正式访谈之前，受访者均签署受访知情同意书，同时访谈者对受访者的疑问进行答疑解惑，然后在征得受访者同意的情况下对访谈内容进行录音，最后整理访谈资料并进行转录。受访者的基本情况见表 11-1。

(2) 日常观察。研究人员出入高校图书馆、咖啡厅和书吧等地进行实地观察，通过旁听记录大学生的有关信息，获得大量真实具体的信息。

(3) 网络媒体。以大学生、移动社交网络和人际交往等为主题进行搜索，从网络平台获取相关分析资料、报告以及期刊文献等，对已搜索到的资料进行分类整合，并提取相关有用信息。

表 11-1　受访者的基本情况

编号	性别	年龄/岁	户籍类型	所学专业
1	男	22	城镇	英语口译
2	女	23	农村	法学
3	女	20	农村	服装设计与工程
4	女	23	城镇	发展与教育心理学
5	男	23	城镇	英语笔译
6	男	22	城镇	高分子材料
7	女	22	农村	体育人文社会学
8	女	24	农村	计算机科学
9	女	23	农村	汉语言文学
10	女	23	城镇	发展与教育心理学
11	女	27	城镇	艺术设计
12	女	21	农村	教育学

2. 编码分析

处理聚敛问题是开放性编码的本质，处理过程通过定义现象、划分概念和得出范畴来实现(白长虹和刘春华，2014)。本研究对转录的文本资料做了以下开放性编码：对收集到的访谈资料进行逐字逐句分析，将资料中每句话的中心含义进行提炼，共提炼出 132 条原始语句，然后通过对原始语句的浓缩，共得出 20 个概念范畴。主轴性编码将仍然处于碎片状态的概念资料重新组织起来，并建立与新一级编码之间的有机联系(陈向明，1999)。在开放性编码的基础上，对所得概念进行进一步区分和整理，并考虑因果关系脉络(吕君 等，2019)。例如，在开放性编码中获得的"传统交往""网络交往"等概念范畴可被理解为移动社交网络使用者的人际交往方式发生变化，而"朋友结交""群体融入"则可归为用户人际适应主范畴，以此类推，可得出 10 个主范畴，即交往方式、主动性、可能性、人际适应、眼界格局、情绪变化、强关系、弱关系、群体同质性和群体异质性。然后利用选择性编码对主范畴进行归纳总结，同时确定核心范畴，并在围绕核心范畴、主副范畴及其内涵构建的网络关系中逐步得出研究结论的雏形（戴胜利　等，2019）。研究表明，大学生使用移动社交网络后，其人际交往变化主要体现在行为表现、内在改变和社会属性三个方面。具体编码过程见表 11-2。

表 11-2　编码过程

原始语句	开放性编码	主轴性编码	选择性编码
以前主要是面对面聊天、打电话和发短信，现在主要是微信和 QQ 等	传统交往 网络交往	交往方式	行为表现
遇到问题首先自己通过网络搜索寻找答案	主动解答 解决问题	主动性	
如果通过网络渠道不能找到答案，也不会再去询问别人	诉诸手段 不同渠道	可能性	
现实生活中处在一个团体中时，羞于发言，不容易交到朋友；网络交往中更加合群	朋友结交 群体融入	人际适应	内在改变
面对面时有朋友陪伴，更加开心；仅仅是网络交流，容易感到孤独	不同感受 不同体验	情绪变化	
通过网络能够了解更多知识，刷新认知	知识面 认识深度	眼界格局	
网络交往中更加倾向于加入自己感兴趣的社群、论坛和贴吧	趋同性 相似特征	群体同质性	
在网络环境中一般不会加入与自己不相关的社群	排异性 差异特征	群体异质性	社会属性
网络交往中社交圈子变大了，认识的人更多了	交友圈 泛泛之交	弱关系	
网络交往中能够交心的朋友却少了	知己 好朋友	强关系	

3. 信效度检验

为了保证最终结论的科学性与有效性，对整个研究过程进行信效度检验有其必要性。因此，首先对受访者的疑问进行答疑解惑，并在此基础上让受访者签署受访知情同意书，然后在征得受访者同意的情况下对访谈内容进行录音，最后整理访谈资料并进行转录。分析访谈文本资料时，针对访谈资料中存在的疑问及对数据分析的新需求，研究人员再次向访谈对象进行了征询。编码过程中，如果在后续研究及资料收集中发现新的概念词汇或者新的类别或范畴，则需要与已有的概念类属进行校对整合，并同时调整与修正已构建的理论范畴，如此反复，直至再无新的类别或范畴出现，最终达到理论建构的目的。

11.3　研　究　结　果

当大多数受访者被问到移动社交网络是如何影响他们的日常生活时，他们的回答都大同小异。但是当被问及具体有何影响时，受访者的回答却常常模棱两可。此时，可通过对受访者在使用移动社交网络之后人际交往的变化进行问题细化（从开放式问题过渡到封闭式问题），最终得到有效的访谈数据。基于访谈数据可知，移动社交网络的使用对大学生人际交往产生的影响主要表现在三个方面，即行为表现、内在改变和社会关系属性，详见表 11-3。

与此同时，通过收集访谈资料，进行扎根理论分析，最终归纳出适用于阐述移动社交网络如何影响大学生人际交往不同方面的理论解释（图 11-1）。根据分析结果，从三个方面对其进行阐述：①内在心理改变；②外在行为表现；③社会关系属性。为了体现研究的真实性与可读性，部分受访者的回答将会被引用印证。

表 11-3　选择性编码阐述

选择性编码	选择性编码内涵
行为表现	在移动社交网络的影响下，大学生人际交往方式发生改变，其面对问题更加主动，但是愿意探索问题的可能性却降低了
内在变化	网络空间里大学生更加容易适应人群，获取更多知识，开阔眼界，但是同时也会有情绪等方面的变化
社会关系属性	移动社交网络交往中，大学生群体人际交往总体上呈现出弱关系增强、强关系减弱及群体同质性增强、异质性减弱的趋势

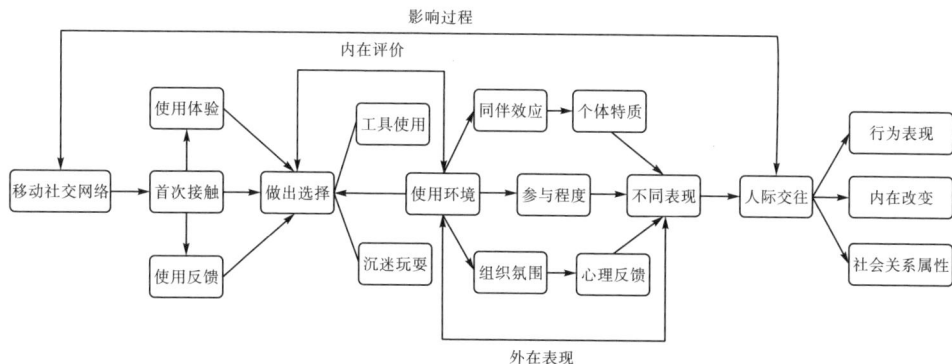

图 11-1　移动社交网络对大学生人际交往影响机制图

11.3.1　内在心理改变：从情感到思维

1. 情感表现：情绪的变化

使用移动社交网络交往和面对面交往，其内在心理，比如情绪有没有变化？有哪些变化？受访者对相应问题的回答存在高度的相似性，他们普遍认为长时间处于社交网络环境中会产生孤独感和空虚感。

网络交往中会有孤独和不开心的感觉。在真实情景中更加开心，能获得别人的情感反馈。(7)

有时就算是在与别人玩线上游戏或者在看线上直播，也会觉得正在做的事没有意义，觉得空虚，反而在真实情景中感受到的东西更加丰富。(12)

在经常使用移动社交网络进行交往后，大学生群体常常会产生孤独和空虚等负面情绪，这种现象常发生在一个人宅在家且长时间使用手机的情况下。因此，虚拟的网络世界缺乏人与人之间面对面的陪伴，其并不能替代真实情景中的人际交往，移动社交网络交往也不能弥补真实情景中的感情回馈和渲染，无法给予大学生充足的安全感。

2. 思维方式改变：基于眼界格局

当被问及移动社交网络的长期使用对自己看待事物的思维方式有没有影响时，很大一部分受访者认为通过网络环境能够接触到更多的未知事物，这增加了知识量，开阔了眼界，正因为看到的世界变大了且不同了，知识的储备量也充足了，所以影响了自身对事物的原有认知，思维更加开阔了。

以前我看待事物的观点非常片面，但当我加入某一网络社群并看着网友们对某一观点进行讨论后，才发现事物其实也具有多面性。(1)

网络环境让我感受到了知识的魅力，也让我看到了更加广阔复杂的世界，原来，我们所知道的只是这个世界的冰山一角。(2)

对于大学生群体来说，他们使用网络的主要动机就是通过微信等社交软件进行联络，开展人际交往，以及通过微博等软件收集信息，进行各种娱乐活动。较之于没有网络的时期，当今大学生更多地会选择网络冲浪。网络将他们带入一个更广阔且资源更丰富的环境之中，这在很大程度上改变了他们对事物原有的看法，他们会以全新的视角诠释其所遇见的事物。

11.3.2　外在行为表现

1. 交往方式：传统人际交往与移动社交网络人际交往

关于移动社交网络对大学生人际交往方式的改变这一问题，受访者的回答体现出高度的趋同性，他们也能清晰地感受到自身交往方式的变化。

以前主要是面对面聊天、打电话和发短信。有了移动社交网络后，主要是通过微信和 QQ 等交流，有时候也会通过微博留言。社会进步了，朋友之间的联系更加紧密，交流更加方便，获取信息更加便捷。(4)

以前主要是当面交往，或者用座机打电话。现在主要是用 QQ，经常聊天。这有助于增进大家的感情，能找到一些失散的朋友。线下与线上同时交往有很多益处，一般是线下打个招呼，然后通过网络商议具体事情。(5)

移动社交网络在大学生群体中的普及使得传统的面对面的人际交往断崖式减少，取而代之的是各类移动终端上的社交软件，其中主要以微信、QQ 和微博为主。究其原因，移动社交网络人际交往方便快捷，不受时空限制。此外，这种通过社交软件建立的新型人际交往还可以成为联络老朋友和巩固新朋友的纽带，丰富人们的生活，带来新的乐趣。从上述访谈中可以看到，移动社交网络人脉交往已经逐渐成为当代大学生交流交往的主要形式，但是交往方式转变的原因则因人而异。

2. 信息沟通：主动性与可能性

当访谈者问及学习和生活中的问题一般如何解决时，大多数受访者都会回答首先使用搜索引擎寻找答案，能自己依靠网络解决问题就不会去询问"别人"。但是并不是所有问题都能够通过网络渠道得到解决，对于这种情况，访谈者再次向受访者抛出问题：如果不能通过网络解决问题，会选择如何做呢？多数受访者回答：实在找不到答案也不会刨根问底地去询问真实情景中的"别人"。

我一般先自己进行网络搜索，如知乎和百度等渠道，因为通过互联网的方式，不仅可以依据网络文库里的资料处理问题，还可以与其他人进行探讨，参考大家意见。(1)

我先是通过百度搜索，因为网上查找确实方便很多，而且答案还可以溯源，对答案的真实性以及权威性也可以有清晰的了解。(4)

可以看出，大学生遇到疑问时都是先通过网络来寻找答案，因为信息技术的发展使我们能够快速便捷地在网上查询到我们想要了解的内容，为问题的解决提供了一个快速通道。因此，移动社交网络的存在在很大程度上提高了大学生进行信息沟通和解决问题的主动性，但他们也越来越忽视真实场景中老师、同学与朋友这类资源的作用。

如果实在找不到答案就放弃。因为如果在网上都找不到答案，那么别人也未必知道，所以就不去问别人了。(3)

先是通过百度搜索，然后通过知乎和贴吧等渠道。如果最终还是找不到答案，也没有办法。(7)

有研究者认为，随着网络的发展，信息过滤技术的存在会使人们在一定程度上生活在固有的文化环境之中，其眼界会变得狭窄，愿意探索问题的可能性会降低。而访谈数据也证明了这一点，使用移动社交网络进行交往之后，大学生会根据自己的固有品味自由选择交往的个体或团体，其与其他群体进行交往的可能性大大降低。正如通过网络搜索问题的答案一样，大多数人在通过网络没有找到问题的答案后就轻易放弃了，最终导致深入和确切地探索问题的可能性大大降低。

3. 人际适应：传统人际适应与移动社交网络人际适应

当被问及面对面交往与移动社交网络交往对自己的人际适应有何影响时，虽然受访者的看法并非完全一致，但是大部分受访者均表示网络交往方式下人际适应性更强。

在移动社交网络交往中会更加自然、大胆。不仅可以通过网络轻易找到一起出去玩的朋友，而且网络的隐秘性也能够促使个人在群组里发表看法，更好地融入小组讨论。(4)

网络上由于各自看不见对方，减少了面对面相处时人际交往的尴尬，使得聊天更加自然，不受拘泥，同时也可以帮助害羞的个体变得更加大胆，能够通过网络交到朋友。(8)

可以看出，虽然大学生群体普遍认为他们在网络上的人际适应能力强于真实情境（原因是网络的匿名性和自由性），但也有部分大学生认为长时间进行网络交往会降低自身在现实情境中与人交往的能力，如表达能力和群体适应能力等。Minimol 和 Angelina(2015)就青少年对社交网络的使用与人际关系之间的联系进行了探讨，并指出社交网络能够在一定程度上改变青少年的社会适应和人际交往，表现在社交网络能够加强青少年群体与朋友之间的联结。但同时他们也认为，在青少年网络交往中只有小部分朋友是真心朋友，更多的人选择社交网络是为了排解孤单情绪和克服人际交往中的害羞和胆怯。

11.3.3　社会关系属性：从个体到群体

1. 个体关系："强"与"弱"

当谈到在移动社交网络交往方式与传统交往方式下自己与朋友的亲密程度时，受访者普遍表示，网络的存在扩大了他们的生活交际圈，但同时也带来了距离感。就算进行网络交往时不用考虑时空因素，也更加方便快捷，但是与老朋友的联系反而没有以前多了，关系也越来越疏远，知心朋友更是越来越少。

通过网络交往，认识的朋友变多了，但是与朋友的关系却在一个平衡的范围

内疏远了，现在面对面互动减少了，情感变得平淡了。(7)

移动社交网络扩大了社交圈，就算是生活中互不相干的两个人也可能会存在于各自的微信朋友列表中，只是因为有一个共同的朋友是微商。与此同时，即使知道熟悉的朋友在自己的好友列表中，也不容易主动聊天，更何况是聚在一起。(9)

社会学家 Granovetter(1973)认为，感情较弱和亲密度较低的人际关系是一种弱关系；相反，感情较强和亲密度较高的人际关系是一种强关系。大学生的人际关系网络更多的是通过移动社交网络建立的，其与朋友之间强弱关系的数量和质量都在发生变化。移动社交网络突破了传统社交模式中时间与空间的限制，满足了大学生群体的人际交往需求，改变了其人际交往，扩大了其社交范围，调整了大学生人际关系网络的结构(Wellman et al.，2001；Ellison et al.，2007)，总体上呈现出弱关系增强，强关系减弱的趋势。这种趋势主要表现在大学生群体交往范围扩大，交往的朋友数量增多，但是感情联结不强，亲密程度下降。

2. 群体关系：同质与异质

当被问到更可能与网上哪些群体建立联系和保持联络时，受访者表示在网络交往中更加倾向于加入自己感兴趣和与自己有共同爱好的社群、论坛和贴吧，通常不会关注与自己不相关的网络社群。

只有加入与自己有共同爱好的群体组织，才能与别人分享自己的想法和感受，也能够聊得深入。(4)

当然是加入与自己有共同话题的社群，像"动漫群""论坛"之类的，因为和志同道合的人聊自己感兴趣的事实在是很令人开心。(7)

随着社交网络的普及，信息资源得到实时共享，越来越多的网络用户只会关注自己感兴趣的领域，而个性化过滤技术的存在也使得大学生群体往往更容易处于一种同质化的环境之中，即使他们有多种多样的渠道接触更加丰富的信息，但也会忽略与自己无关或者不感兴趣的信息，他们倾向于选择与自己有共同话题的社群组织，讨论自己感兴趣的事物，因此变得越来越趋同。同样地，因为大数据会根据用户的浏览记录推送相关内容，从而导致用户越来越少地接触其他领域，固定地活动于某些群体组织，其与其他领域的人接触的可能性越来越小。因此，总体来说，在移动社交网络交往背景下，大学生群体关系呈现出同质性增强、异质性减弱的趋势。

11.4　讨　　论

通过访谈数据收集和扎根理论分析，发现移动社交网络对大学生人际交往的影响主要表现在三个方面：心理活动、交际行为及社会关系属性。这三个方面又可细分为交往方式、交往的主动性与可能性、人际适应、情绪变化、眼界格局、思维方式、强关系、弱关系、群体同质性和群体异质性十个维度。

11.4.1　移动社交网络背景下大学生人际交往的内在变化

　　首先,我们发现大学生群体使用移动社交网络进行交往会对其情绪造成影响,网络环境会带来更多的孤独感和空虚感。然而,有研究者运用问卷调查法,并基于社会支持角色以及气质性乐观角色的中介作用对 1742 名中国青少年网上真实自我呈现与抑郁之间的关系进行了探讨,结果表明,在网络社会支持增强的基础上,青少年真实自我呈现能够预测出抑郁水平降低(Xie et al.,2018)。Hao 等(2019)通过元分析对中国大学生主观幸福感和过度使用网络之间的关系进行了探讨,结果表明,网络的过度使用与主观幸福感、生活满意度、积极情绪和消极情绪都存在关联,其中 68964 名大学生的表现说明网络的过度使用往往会导致更多的消极情绪,更少的主观幸福感、生活满意度和积极情绪。还有研究显示,网络会给用户带来负面情绪,但通过网络途径进行的认知行为也能有效缓解抑郁症状(Carlbring and Andersson,2006)。可见,因个人特质和使用方式不同,移动社交网络对使用者的情绪会产生不同的影响。

　　其次,虽然通过访谈数据分析得出了结论,即网络社交能够帮助使用者获得更多的知识,开阔眼界,但 Sunstein(2002)认为,信息过滤会使人们的眼界变得窄小,或只沉溺于“习惯的品味”。因为在网络环境中,即使个体有机会接触其他信息,也容易忽略与自己关系不大或者不感兴趣的信息(Liao and Fu,2013),即用户进行网络搜索,只会接触到与之有关的内容,从这一点上看,用户的视野受到局限。因此,开阔眼界只是针对特定内容而言的,而从总体情况来讲,大学生还是更喜欢“习惯的固有品味”,这在一定程度上会限制他们对不同学科和不同领域的知识或事物的了解与探索,继而影响其认知结构的广度与深度。

11.4.2　移动社交网络背景下大学生人际交往的行为变化

　　基于结果分析,我们发现移动社交网络人际交往已经成为当代大学生的主要交往方式,这与既往的研究结果相似。高冬梅(2016)认为,在从传统社会向现代社会转型的过程中,人际交往方式发生了很大的变化,随着信息技术的发展,网络人际交往逐渐成为一种主导方式。从 Allen 等(2014)的研究中我们也可以发现,社交媒体应用的快速崛起为青少年与他人联系、交流和交往提供了更加多样的渠道,使得青少年群体成为使用社交网络和社交媒体应用最为频繁的用户群体。美国一项研究数据也表明,81%的青少年每天频繁使用 Facebook 等社交软件(Madden et al.,2013)。

通过访谈数据分析发现，在移动社交网络交往中，大学生探索问题的主动性提高，但是深入探索问题的意愿却降低了，这与 Dionisis 等(2018)的研究结论相左。他们认为网络环境中因为有信息过滤技术，用户能够更加快捷方便地查找目标，从而节省了时间，增大了用户探寻其他资源的可能性。从主动性的角度看，有学者认为大学生群体广泛使用移动社交网络之后，潜移默化中的知觉性变化增强了其探索疑问的主动性(Rains and Brunner，2015)。但是"使用与满足"理论则表明，当人们的需求被某种媒介所满足且使用这种媒介感觉良好时，人们就会倾向于继续使用它并最终形成习惯，直到某天这种媒介不再满足人们的需求。大学生习惯使用网络获取自己想要寻求的信息，进而不可避免地忽略周边的信息，这种氛围往往会导致其缺乏主动探索的精神。由此可见，关于网络交往是否提高了大学生群体探索问题的主动性，降低了其探索问题的可能性，仍然存在争议，未来的研究应该从更加全面客观的角度对这些问题开展进一步的分析探讨。

有学者认为在人际适应方面，对社交网络用户行为影响最深的人格变量因素是内外向性(Wilson et al.，2012)，内向的人往往喜欢通过网络结交朋友，融入群体。还有研究者通过认知行为理论来探讨问题性网络使用与社交技巧和自我呈现之间的关系，结果表明，缺乏自我呈现技能的个体会更加倾向于网络社交而不是面对面交往。同时，喜欢网络社交的个体也比较倾向于养成使用网络的习惯(Caplan，2005)。人们通过社交媒体获得信息并抚慰孤独感，这并非意味着社交网络能带给人们有价值的信息和增进交流，而是它提供了更多形式的社交碎片，解决了信息饥渴，缓解了孤立于现实人群中的不安(樊清丽，2019)。综合上述观点，本书认为，网络社交确实能够在一定程度上帮助大学生更好地适应人群，缓解适应不良。

11.4.3　移动社交网络背景下大学生人际交往的社会关系属性

因为弱关系更有利于群体间的交流及信息传播，因此，移动社交网络的存在加强了网络社群个体间弱关系的发展，削弱了其强关系(Granovetter，1973；Burt et al.，2013)。Friedkin(1982)和 Weimainn(1983)研究认为弱关系在信息传播过程中起推动作用和"桥梁"作用，可连接不同的关系群体。Centola 和 Macy(2007)也发现在简易传染病模型框架下，弱关系的存在可使信息传播得更快、更广，促进人际交流。研究同时发现 Facebook 能同时促进强关系和弱关系中朋友数量的增长，但是对弱关系的促进作用更大，大学生与网络好友私信聊天越多，越能促进桥际性人际关系的发展(Manago et al.，2012)。可见，在网络交往环境中，弱关系能够推动人际交流的发展，而人际交流的发展同时也推动着弱关系的加强。因此，在移动社交网络人际交往背景下大学生群体之间的交往总体呈现出强关系减弱、弱关系增强的趋势。

在移动社交网络情境下，信息的聚合变得无处不在（廖建文和施德俊，2014），从群体心理学角度看，一个群体聚集容易导致集体无意识，在大学生群体的社交网络中，这种现象尤为明显。大学生通过相同的兴趣爱好聚集成一个虚拟群体，在这个群体之中，他们讨论相似的话题，得出相似的结论，最终形成一个同质性越来越强而异质性越来越弱的群体。从网络的"过滤气泡"理论看，智能化和个性化的网络正在缩小人们的世界观，使人们处于"网络气泡"之中，限制着人们接触多样化的信息，使得人们接触的信息越来越趋同（Pariser，2011）。彭燕林（2019）也指出"过滤气泡"将用户与其他信息隔绝，用户沉浸在符合自己偏好的信息世界中，其难以主动突破壁垒并寻找新的信息，即个性化搜索、新闻推送算法及其他以用户为导向的个性化推荐技术限制了用户接触新信息的范围和途径，使用户逐渐局限于同质化的"信息气泡"中。因此，大学生作为使用移动社交网络的主要群体，其群体间同质性增强，群际间异质性则增强，由此便自然减少了与其他群体的接触机会。

研究发现，移动社交网络的存在扩大了大学生的社交圈和朋友圈，并导致其所处社会环境中的强关系减弱。但是有学者却认为 Facebook 等社交媒体应用并不能扩大社交圈，如果一个人想要扩大社交圈以及创造和巩固关系，还得亲自和别人见面（威尔·耐特，2012）。究其原因，移动社交网络对大学生人际交往的作用还受到其他因素的影响，如个体的人格特质、孤独感与归属感和网络使用动机等，并且在不同的研究中，由于选取的群体不同，测量工具和研究方法也存在差异，从而导致研究结果的一致性受到影响。此外，各国之间的文化差异也可能导致不同结果。总之，在世界范围内，网络社交作为一种新的社会交往方式，已经而且还会继续改变人们的社会交往结构和方式（贺金波 等，2014）。因此，深入研究并继续探讨大学生群体因受移动社交网络影响而发生的人际交往变化任重而道远。

综上，移动社交网络通过影响大学生的心理活动（情绪变化、眼界格局和思维方式）、交际行为（交往方式、交往的主动性与可能性和人际适应）以及社会关系属性（强弱关系、群体同质性和群体异质性），进而影响其人际交往活动。

11.5 研 究 展 望

研究通过面对面访谈和电话访谈等不同渠道收集资料，并采用扎根理论对收集到的文本资料进行三级编码，在此基础上构建移动社交网络对大学生人际交往影响的模型，较为深入地探讨了移动社交网络对大学生人际交往的影响及其机制。

但研究也存在一定的局限性。

（1）访谈样本的收集方法为方便取样法，可能存在数据收集不够全面和样本代表性不够等问题。未来的研究应尽可能多地选取代表性强的样本，同时进一步扩大样本规模，以加强结论的可推广性。

（2）专业、学历层次和院校类别等指标在研究中没有加以严格区分。因此，未来应针对不同专业、学历层次和院校类别的大学生开展更深入细致的研究，以加强结论的普适性。

（3）只运用扎根理论这种质性研究方法探讨了移动社交网络对大学生人际交往的影响，并将其作为定量研究的补充。后续的研究可在此基础上进行深化，探讨各因素间的相互作用规律，进一步完善移动社交网络对大学生人际交往影响的研究。

第12章 结　语

12.1　移动社交网络引起大学生人际交往方式的变革

毋庸置疑，随着互联网技术的应用与推广，网络渗透人们生活的方方面面。移动社交网络不仅成为大学生在学习和生活中的重要工具，而且也营造了一个全新的世界，为他们提供了一个崭新的"交往"场所（Wang et al.，2016）。可以说，移动社交网络对大学生人际交往方式的影响十分突出。

12.1.1　移动网络社交已成为大学生人际交往的主要形式

移动社交网络通过增加大学生与其在线上和线下的社交成员的社交联系，有效地将线上和线下的社交生活联系起来（Yang et al.，2016），形成了线上与线下交往的交融与重叠以及现实和虚拟混合的人际交往模式（罗青　等，2013）。移动社交网络延展了大学生互动的空间，新构建的虚拟空间与现实社会相互补充、交织和影响。正如 Wellman 等（2001）所言："互联网沟通对于实质的社交关系的影响，并不会造成社会生活的贫乏。事实上，这并不是非此即彼的零和游戏，相反，通过互联网所获得的沟通纽带，常常形成更多现实的社交纽带"，网络社区与真实社区真正地叠加在了一起。现实和虚拟混合的交往导致大学生人际关系网络的极大变化，目前，线上和线下交往交融与重叠的格局已然形成，而线上交往是大学生交往的主要方式，但交往对象逐渐由陌生人转向熟人。研究同时发现，大学生对移动社交网络不仅外显态度积极，内隐态度也较为积极；97.9%的大学生通过智能手机等移动终端开展以"信息获取与自我表露"为主的网络人际交往，且每日使用频率在 10 次以上的大学生超过 40.4%；大学生使用手机等移动终端进行人际交往频率最高的三个应用分别是 QQ、微信以及微博，且不同年级的大学生使用移动社交网络进行人际交往的行为差异显著。部分大学生沉迷于网络，脱离现实交往，其真实情景中的沟通能力严重退化，需要高度关注。究其原因，网络交往具有便捷性，交往启动成本较低，当然，也有其他复杂的因素。例如，大学生在面对亲密的朋友和家人时可能会认为那些真实情境中潜在的支持来源缺乏经验，朋友和家人对某些问题的见解有限，或者与他们讨论时尤其是涉及敏感问题时感到不自在(Clayton et al.，2013；Barbee et al.，1998；Brashers et al.，2004)。在这种情况下，关系不那么近的社交网络中的朋友，反而可能被视为是更可取的，因为此时透露敏感信息的人际风险较低，且具有获得更多有关信息的优势(Granovetter，1973)。因此，应积极倡导大学生减少在社交网站上花费的时间，适当增加线下交流时间(Shakiratul，2013)，同时，根据大学生的交往需求做适当的引导，并提出合理的对策和建议。

12.1.2　强弱关系中朋友的数量和质量发生明显变化

大学生的人际关系网络更多的是通过移动社交网络建立的，强弱关系中朋友的数量和质量都会发生变化。移动社交网络的便捷性，促进了人际交往中弱关系的发展，并改变了强关系中的某些重要属性，它虽然使大学生提高了人际关系数量，但降低了大学生社交质量，大学生容易产生孤独和抑郁等消极情绪。上述情况在大学生使用 QQ、知乎和微博等移动社交网站或软件时尤为突出，但在使用微信时，情况则有微妙变化。当大学生在微信朋友圈进行直率、坦诚和真实的自我呈现时，会更容易获得来自他人或群体的支持，从而提升其主观幸福感和生活满意度。并且微信朋友圈中的自我表达是大学生个体对社交网站上的好友进行的特殊且深层次的表露，这一方面可以对人际关系间的相互信任度以及好友间亲密感的提高起到促进作用，对个体积存人力资本和心理资本起到助推作用，对已有的人际关系进行巩固和深化，另一方面可以帮助个体获得社会支持(Steinfield et al.，2008；Park et al.，2011；Sosik and Bazarova，2014)。究其原因，微信中的好友大部分是基于 QQ 和手机通讯录添加的，根据对国内某大学学生的数据分析，微信好友的构成中亲密朋友或伴侣(强关系)占到 91.3%。因此，微信朋友圈是以强关系为主、以弱关系为辅的社交圈，具有强连带与弱连带有机结合的特性(聂磊和傅翠晓，2015)。使用微信朋友圈的首要目的是结交新友，联系老友，其次才是消遣娱乐。大学生大多希望通过朋友圈塑造自己的良好形象，而朋友圈中的评论和点赞功能更是集中于强关系(赵珈艺，2018)。可以说，朋友圈是承载微信使用者社交与分享和拓展其关系网络的重要平台，是亲密关系的表演舞台(徐钱立，2015)。强网络关系下，大学生使用朋友圈是现实(线下)人际互动的延伸，即通过朋友圈及其评论和点赞功能来延续现实人际关系的联系；弱网络关系下，大学生使用朋友圈的目的在于信息获取和交换，即通过朋友圈中的收藏和转发等功能实现链接信息的传递或存储。同时，由于大学生线上与线下交往"一体化"的现象普遍存在，以及不同时段线上与线下交往方式在时间和精力等资源投入成本上会变化，大学生的人际关系随时都存在由弱关系向强关系转化或由强关系向弱关系转化的可能性。

12.1.3　人际关系建立的启动成本降低，机遇变化大

　　大学生通过移动社交网络建立人际关系时，启动成本降低，机遇变化大。移动社交网络快速、高效、便捷且低社交成本的特点使大学生更容易建立人际关系。一方面，大学生通过移动社交网络可结识更多志同道合的朋友，但使得其交友圈变得固定，机遇和机会变少；另一方面，大学生可以利用不同的移动社交网络结识更多不同的群体，并接触到新事物，机遇和机会变多。此外，大学生通过移动社交网络建立人际关系虽然启动成本降低，但维持成本更高。可以说，在人际关系发展之初，移动社交网络帮助大学生结识了较多的人际交往对象，但在后期的人际关系发展阶段，若不将各类网络平台作为维持性工具进一步加强沟通联系，则人际交往中弱关系的属性会进一步凸显，此时大学生更易产生孤独和抑郁情感，出现人际关系和情感交流"表面繁荣，实则凄凉"的景象。

12.1.4　强关系与弱关系的变化导致大学生社会资本的改变

　　大学生通过移动社交网络建立人际关系时，强关系与弱关系的变化会引起其社会资本的改变，尤其是社会资本获得的改变（Dimaggio et al.，2001），因为每一个个体拥有的社会资本量取决于他能有效动员的关系网络的规模与质量。"社会资本是实际或潜在资源的集合体，它们与或多或少制度化了的相互认识与认知的持续关系网络联系在一起，通过集体拥有的资本的支持提供给它的每一个成员"（Bourdieu，1986）。Putnam（2000）描绘了两种形式的社会资本：联结性社会资本和桥际性社会资本。联结性社会资本是指从与自己关系密切的人那里得到益处，这可能包括感情支持、物质帮助或者其他一些好处。桥际性社会资本，即寻常生活中的相识和联系所带来的利益，如远距离联系和广泛世界观所带来的新信息（Nicole et al.，2011）。Granovetter 在有关"弱关系的力量"的研究中指出，在社交网络中弱关系更可能占有个人或者个人所拥有的强关系中所没有的信息。也就是说，弱关系大大增强会导致大学生的桥际性社会资本相应增强，因为这种资本来自一个更大的且更易于启动的跨区域的网络（Ellison et al.，2007；Lampe et al.，2006），从而导致大学生降低或放弃对联结性社会资本的获取，致使其现实人际交往缺失。

12.1.5　人际关系网络同质化增强，异质化减弱

　　移动社交网络使大学生人际关系网络同质化（homogenization）增强，异质化（heterogenization）减弱，结构单一。大学生在移动社交网络中能更自主地选择符

合自己特质的群体交往，这增强了彼此间的认同感。同质性不仅有助于大学生聚在一起，成为一个交往团体的成员，而且有助于群体意识和群体思维的产生，更重要的是加强了彼此之间的关系纽带，能够带来社交信任，保证交往关系的稳定。可以说，在从短期交往到长期交往这一过程中，同质化发挥着非常重要的作用（Hafen et al.，2011）。研究表明，在在线社交平台上，如果个体跟相似的人进行比较，则较高的感知同质性能够因社会比较而引起更多的良性嫉妒和更少的恶性嫉妒，使个体在线上社会比较中获得鼓舞（Noon and Meier，2019）。移动社交网络使大学生能自由地选择符合自己"固有品味"的群体进行交往，因此降低了其与其他群体交往的主动性和可能性，其易产生思维单一性，不利于多样化人际关系网络的形成。而网络社交这种对内不断增强同质性、对外不断增强不宽容性的特点还会引起同质性团体及其成员对外产生不同程度的偏见，引发不良群体效应，甚至引发极端化，从而影响大学生的社会适应。

12.1.6　大学生间的联系加强，易形成对其产生约束和指导的网络群体

移动社交网络加强了大学生之间的联系，易形成对大学生产生约束和指导的网络群体。海量混合网络集群行为信息的聚融，使得大学生的理念和行为大面积趋同。大学生在移动社交网络环境下随时处于网络群体中，在群体规范的压力下，个体意识弱化，失去个性化（deindividualization），而连锁、聚合和网状裂变扩散等网络效应会催生涌现行为，促进群体极化（group polarization）等效应的产生，甚至出现网络暴力。这种情况在使用公共社交网站时较为明显。研究发现，使用微博等社交应用时，由于首要目的是娱乐消遣，获取新闻信息和社会资讯排在其次，不少大学生一般不会或从不参与评论或转发评论，网络群体性事件对他们的影响不大，因此其群体极化效应不普遍，也不明显。同时，现代社会中信息量大，形形色色的各种娱乐信息和社会热点事件交错吸引着大学生，其有限的注意力资源被分配到众多不同的对象上，淡化了原本有一定优势的信息的吸引力，也减缓了网络群体的形成速度。

12.1.7　移动社交网络使用影响大学生的认知、情绪与行为

移动社交网络的使用在一定范围内对大学生的认知、情绪与行为具有不同性质的影响。研究发现，大学生微信朋友圈中的真实自我呈现和积极自我呈现皆与生活满意度呈显著正相关关系，其使用微信朋友圈进行积极自我呈现和真实自我呈现能够促进自我和谐，获得更多的情感支持，提升生活满意度及主观幸福感，证实"社交型"网站的使用能促进大学生幸福感的提升（Wang et al.，2014）。研究同时揭示，社交网站真实自我呈现能够提升大学生的自尊水平，降低抑郁程度（在

一定程度上表明只要不是过度的"问题性"使用，网络交往不一定会增强抑郁等消极情绪），但时间相对较长的网络交往较之于现实交往，大学生体验到的孤独感更强。并且大学生使用微博的强度越高，其越倾向于和他人进行社会比较。此外，也许是因为移动社交网络具有匿名性、自由性和平等性，问卷与访谈研究均发现移动社交网络使用行为有助于大学生的人际适应，大学生普遍认为他们在网络上的人际适应情况好于真实情境，这与既往的不少研究假设及研究结论并不完全一致。但也许正是因为移动社交网络的使用对大学生认知、情绪与行为的影响作用在性质和机制上具有复杂性或异质性（非一致），导致具有不同需求的大学生对网络社交方式产生无尽的兴趣，从而使网络社交发展成为主流交往方式，这也引起研究者持续不断地思考。

12.2 科学认识移动社交网络对大学生健康人际关系建立的作用

在互联网高速发展的今天，大学生要学会客观地认识移动社交网络给自身交往带来的积极作用和不良影响，不断提高在网络世界和现实生活中的认知能力、交往能力和适应能力。

12.2.1 移动社交网络对大学生建立健康的人际关系的积极作用

1. 移动社交网络为大学生提供了超越时空的交往平台，有利于健康人际关系的建立

网络社交突破了传统社交模式中时间与空间的限制，对大学生的人际交往方式、交往范围、交往内容和交往成本都产生了重要影响。移动社交网络的高频使用可以快速把"小众"组织起来，并借助"社会认同"（social identity）效应，快速且低成本地建立大学生与陌生人的关系，发展其与亲人、同伴、亲密关系者及教师等熟人之间的关系，使构建的新的虚拟空间与现实社会相互补充、交织和影响，促进现实交往。借助移动社交网络，大学生可以在交往中平等、自如、轻松和愉快地与人分享交流，而这可以帮助大学生扩大交往面，拓宽视野，积累丰富的交往经验，提升交往技巧，促进健康人际关系的建立。

2. 移动社交网络为大学生提供了自我实现的平台，有利于健康人际关系的建立

健康的人际关系来自自信或自我实现需求的满足程度。每个大学生都在追求"理想自我"的实现，其心中都有关于自身理想化的设想，理想自我代表了一个

大学生或其他人希望自身具备的理想化特征(Higgins，1989)。但基于现实中的各种因素，理想自我的实现存在较大难度，而移动社交网络为大学生理想自我的实现提供了一个极好的虚拟平台。在网络中，大学生可以尝试各种各样自己所设想的角色，可以从一个完全利己和道德的角度做出某种行为，使其自我实现的需求得到一定程度的满足。以网络互动游戏为例，在游戏中人们容易找到志同道合的朋友，并共同作战，共同灭敌，获得高积分，这能够满足他们对归属感、爱与成功的需要。在网络游戏中，只要某个大学生的"段位"够高、装备够好，就能感受到他人的崇拜和敬仰，满足自身对尊重的需要。网络游戏的成功能够使大学生获得高峰体验，其自我实现的需要在娱乐中得到满足。

同时，移动社交网络越来越显示出一种"素人明星化"的倾向。在社交网络中，只要你有一定才艺，便能拥有一个展示的舞台。例如，计算机专业的大学生若具备较好的代码编写能力，便能在社交网站中为人答疑解惑；又如，传媒专业的大学生可以在 BiLiBiLi 等平台上进行图片美化交流等。移动社交网络为大学生提供了实现自身才能和彰显自身价值的平台，有利于健康人际关系的建立。

3. 移动社交网络为大学生提供了满足其情感需求的平台，有利于健康人际关系的建立

移动社交网络的出现解决了一部分在现实交往中存在人际交往障碍的学生的难题，使他们能够自由且在不受害羞和紧张等情绪影响的情况下，在人际交往中获得幸福感和归属感等。与此同时，初入大学的不适、远离家乡的苦闷、情感上的缺失和学业上的挫折，这些大学生活中的不如意可能会让大学生情绪低迷。消极情绪和积极情绪一样，本是人类最基本的情感形式，只要合理地被发泄疏导，不会对人产生太大的负面影响。但有些大学生不会合理地表达和宣泄自身的消极情绪，并强行压制，任其在内心肆意生长，这种被动的处理方式极易使消极情绪以一种极具破坏力的方式对内或对外爆发(张培，2016)。这有可能导致心理失衡，甚至产生心理疾病，还可能影响人际关系。而社交网络恰好为大学生排解身心不适提供了一个平台，一个宣泄的出口。不少大学生利用网络进行个人内心真实感受的倾诉甚至宣泄(邓泽球和张桂群，2002)。因为移动社交网络环境具有匿名性和虚构性，使得他们可以隐匿自己的真实身份(Neustaedter and Fedorovskaya，2009)，暂时放下自己所承担的各种社会角色，诉说自己的不快，释放心理压力。例如，当今大学生会将微博当成自己的"树洞"，对其尽情地吐露心声，以拂去心中的阴霾。借助网络的作用，个体彼此间还可以一起交流，分享调节情绪的方法和经验，感受到"网友"的关心、问候和温暖，得到更大范围的社会支持，这对于大学生增强心理健康和建立良好的人际交往具有积极意义。

12.2.2　移动社交网络对大学生建立健康的人际关系的消极影响

1. 移动社交网络的高频使用会造成大学生网络成瘾问题，不利于建立健康的人际关系

网络成瘾指的是个体缺乏对互联网使用的控制，包括网络游戏和虚拟社交网络的过度使用。在大学生群体中存在不少"网络成瘾者"，他们把绝大部分时间都花费在虚拟社交网络中，沉迷在其中聊天交友。他们每日端坐在计算机前，或者手机不离手，课程作业不完成，班级活动不参与，极大地影响了其正常的学习和生活，不利于建立健康的人际关系。部分学生完全无法控制自己的行为，有强迫自己使用移动电子设备的倾向，一旦离开便有头晕、恶心和精神不振等反应。Pugliesi 和 Shook（1998）认为，网络社交活动对个体心理健康会产生有害的结果，会使个体感到更加孤独。Kim 等（2009）将孤独感作为问题性网络使用的原因和结果，孤独的个体会产生强烈的强迫性网络使用行为，由此会导致极为负面的消极后果。

2. 移动社交网络的高频使用会使大学生忽视现实人际交往，不利于建立健康的人际关系

移动社交网络使大学生的线上人际交往可以摆脱时间、空间和地域等的限制，大学生无须考虑身份和地位等的差异，这种交流方式相对来说比较简单。而大学生一旦对线上交往形成依赖，就会更愿意在网上与他人沟通交流，而不自觉地忽视和排斥现实生活中的人际交往。然而，大学生毕竟是生活在现实世界中而非虚拟世界中的。由于缺少线下交往实践，他们往往缺少必要的沟通技巧，这使得他们不愿或不会与人沟通交流，由此形成一种恶性循环。久而久之，他们会封闭心扉，变得沉默寡言、孤僻和不合群，形成人际交往障碍（Baek et al.，2013），不利于建立健康的人际关系。

3. 移动社交网络的使用可能催生网络暴力和群体极化，不利于建立健康的人际关系

在现实生活中，为了避免遭受他人的谴责和法律的制裁，人们遵守国家的法律和规章制度，谨慎克制，规行矩步，隐藏真实自我中的负面成分，如人性中的阴暗面和离心悖德的想法等（Hu et al.，2017）。而虚拟世界具有隐匿性和匿名性，使得人们不再受现实生活中身份和规定的约束，使人们能够畅所欲言、各抒己见，甚至肆无忌惮地说伤人的话，成为"键盘侠"。例如，网友因为不喜欢某个明星，遭到明星粉丝的疯狂诅咒和谩骂。这归根结底是一种本我的过度释放，长期压抑

在社会法规之下的本我在网络世界中找到了一个宣泄口，其只追求快乐，尽管这种快乐在极大程度上是建立在他人的痛苦之上，这种行为是非理性的。

网络暴力其实是一种群体极化现象，受其影响，大学生的情绪波动比较大，容易被煽动，很多时候会被社交网络中的社会热点新闻所吸引。由于片面甚至错误的信息，他们的观点会有一定的偏向，而通过与持有同样观点的群体进行交流，这种偏向容易走向极端(袁丽媛，2011)，从而对自己及同质群体的观点持坚定的态度，排斥和针对其他不同的观点。网络暴力和群体极化现象均不利于大学生健康人际关系的建立。

12.3　引导大学生合理使用移动社交网络的对策建议

移动社交网络与当代大学生的生活和学习已经变得密不可分，如何防止大学生对移动社交网络的"问题性"使用成为一个重要研究课题。因此，无论是从国家、社会还是学校层面，都应积极引导大学生科学、合理和健康地使用移动社交网络。

12.3.1　正确认识移动社交网络

应积极开展宣传和教育活动，引导大学生正确看待移动社交网络，使其将移动社交网络视为有意识地达成某种目的的工具，现实社会交往的必要延伸，以及关系交往、娱乐消遣和获取信息的补充途径(姜永志 等，2017)；在移动社交网络之外要建立稳定的现实社交网络和信息交流渠道，培养健康多样的兴趣爱好，平衡现实与网络之间的关系。

12.3.2　控制日常使用移动设备的持续时间和频率

通过有意识地控制日常移动设备的使用(如持续时间和频率)，可以有效地防止形成不良的移动社交网络使用模式。特别是对于孤独感较强的个体，不良的手机使用模式形成之后，会使个体更加忽略现实的人际交往，并沉浸于虚拟社交网络之中，由此形成恶性循环。因此，应引导大学生自觉地且有意识地控制使用移动社交网络的时间和频率(Chen et al.，2016)。对于已经形成一定"问题性"移动社交网络使用的个体，可以通过心理干预(如正念认知训练)等方法来使其抵御移动社交网络的诱惑，并通过注意力控制来减少其使用移动社交网络的时间和频率，提高其延迟满足能力，从而改善"问题性"移动社交网络使用行为(姜永志 等，2020)。

12.3.3　积极培养社交能力

由于社交能力不足而产生的交往焦虑(贾月亮和贾月明，2020；童伟，2019)、人际困扰(姜永志　等，2018)和负面情绪(Chen et al.，2016；李笑燃　等，2018)等，是移动社交网络被过度使用或"问题性"使用的重要原因。应主动培养大学生的现实社交能力，使其在现实中与家人、同学和朋友保持良好的社交关系，获得充分的社会支持，避免其过分依赖从虚拟的移动社交网络中获取社会支持或社会资本。

12.3.4　正确认识自我

虚拟网络空间的匿名性使大学生可以轻易地选择呈现自己的方式，甚至在社交平台上塑造理想的自我形象(Rivera et al.，2010)，但这种虚拟自我可能与现实自我产生认同冲突。要引导大学生正确认识真实自我与理想自我之间的关系，帮助其构建积极的自我认同感，培育良好的心理和谐水平，避免其通过过度的移动社交网络积极自我呈现来满足其特定的社会心理需要(姜永志　等，2017)。

12.3.5　主动进行积极的社会比较

使用社交网站进行人际交往时，虚拟网络的广泛性使大学生可以接触到更多的人，但由此带来的被动社交和有积极偏差的上行比较都会对个体产生不良影响。被动社交会带来更多有积极偏差的上行社会比较，并由此带来嫉妒情绪，使个体产生抑郁情绪(李依曼，2018)。社会比较只有在自己与朝着类似目标努力的人进行比较，并且个人和网络成员之间在行为和目标实现方面的差异相对较小时才有效，当大学生将自己与"附近"的其他人进行比较时，更容易实现自己期望的未来自我(Merchant et al.，2017)，体验到积极情绪。

12.3.6　合理利用移动社交网络增加社会资源

自主地使用社交网站通常是一种具有目的性和计划性的行为，个人在使用社交网站时应有意识地将使用社交网站当作实现目的的一种方法或手段(Verduyn et al.，2015)。而社交网站的自主性使用能使个体更好地积累线上联结性社会资本，有目的、有计划且主动地使用社交网站，可促进个体社会资本的积累，有助于个体的长远发展(陈佳，2018)。应该引导大学生通过合理使用移动社交媒介来巩固和维持自己现有的线下社交网络，并与线下认识的人建立和保持线上联系，以增加线下社会资本；在此基础上，通过线上社交的方式结识新朋友，以发展新的社交网络，增加自己的线上社会资本，从而使自己拥有更多可利用的社会资源，能通过多种渠道获得人际反馈和社会支持，享受更好的生活(孔繁昌　等，2019)。

参 考 文 献

艾博, 2014. 手机微博用户参与强度影响因素实证研究[D]. 北京: 北京邮电大学.

安莉娟, 丛中, 2003. 安全感研究述评[J]. 中国行为医学科学, 12(6): 698-699.

白长虹, 刘春华, 2014. 基于扎根理论的海尔、华为公司国际化案例相似性对比研究[J]. 科研管理, 35(3): 99-107.

白红敏, 许莹, 张荣华, 2009. 大学生社会比较与主观幸福感的关系研究[J]. 中国健康心理学杂志, 17(4): 418-420.

鲍娜, 2014. 社交网站中的自我呈现与自尊的关系[D]. 武汉: 华中师范大学.

鲍宗豪, 2003. 论数字化时代的人文精神[J]. 社会科学, 6: 65-72.

卜巍巍, 2014. 基于强弱关系的 SNS 用户参与行为对社会资本获取影响的实证研究[D]. 青岛: 青岛大学.

卜钰, 陈丽华, 郭海英, 等, 2017. 情感虐待与儿童社交焦虑: 基本心理需要和自尊的多重中介作用[J]. 中国临床
  心理学杂志, 25(2): 203-207.

卜玉梅, 2012. 虚拟民族志: 田野、方法与伦理[J]. 社会学研究, 27(6): 217-236.

曹菲, 王琴瑶, 周梁, 等, 2015. 微信用户使用行为的现况调查与分析[J]. 中国健康心理学杂志, 23(1): 81-85.

曹婷, 张洁, 2011. 大学生微博使用偏好调查报告——以兰州市大学为例[J]. 今传媒, 19(9): 36-37.

柴唤友, 褚晓伟, 牛更枫, 等, 2018. 社交网站中的自我表露与青少年生活满意度: 一个有调节的中介模型[J]. 心
  理科学, 41(5): 1103-1109.

常亚平, 朱东红, 2011. 社交网络用户参与动机的测量[J]. 图书情报工作, 55(14): 32-35.

陈迪, 2018. 网络群体极化事件的媒介化呈现及影响分析——以"江歌案"为例[J]. 新媒体研究, 4(10): 12-13.

陈福平, 许丹红, 2017. 观点与链接: 在线社交网络中的群体政治极化一个微观行为的解释框架[J]. 社会, 37(4):
  217-240.

陈海燕, 2003. 大学生人际交往能力的培养路径研究[D]. 晋中: 山西农业大学.

陈浩, 赖凯声, 董颖红, 等, 2013. 社交网络(SNS)中的自我呈现及其影响因素[J]. 心理学探新, 33(6): 541-553.

陈虹, 秦静, 李静, 等, 2016. 互联网使用对中国城市居民人际交往的影响: 社会认同的中介效应[J]. 新闻与传播
  研究, 23(9): 40-51.

陈佳, 2018. 社交网站使用与线上粘结性社会资本的关系: 线上积极反馈的中介作用[D]. 济南: 山东师范大学.

陈建文, 2001. 青少年社会适应的理论与实证研究: 结构、机制与功能[D]. 重庆: 西南师范大学.

陈健, 周丽华, 2018. 大学生社交网络自我表露的实证研究[J]. 高校辅导员学刊, 10(6): 77-81.

陈丽娜, 张建新, 2004. 大学生一般生活满意度及其与自尊的关系[J]. 中国心理卫生杂志, 18(4): 222-224.

陈林, 李运国, 2018. 网络舆情群体极化的形成模式研究[J]. 产业与科技论坛, 17(14): 140-141.

陈平周, 刘少文, 罗丽君, 等, 2007. 大学生网络成瘾的心理健康状况研究[J]. 中国临床心理学杂志, 15(1): 40-41.

陈若薇, 2014. 线上社会网络关系属性及其作用探究——基于强弱连接的实证分析[J]. 中国市场, 18: 89-92.

陈少华, 易柳, 张笑, 2010. 青少年网络交往问卷的编制与初步应用[J]. 广州大学学报(社会科学版), 9(7): 49-54.

陈庭贵, 杨俊蓉, 2019. 网络群体极化现象的形成机理及仿真实验研究[J]. 重庆科技学院学报(自然科学版), 21(1): 108-113.

陈侠, 2003. 大学生网络成瘾倾向问卷的初步编制[D]. 重庆: 西南师范大学.

陈向明, 1999. 扎根理论的思路和方法[J]. 教育研究与实验, 4: 58-63.

陈雪峰, 时勘, 2008. 孤独感与领悟社会支持对大学生心理健康的影响[J]. 中国临床心理学杂志, 16(5): 534-536.

陈雅琪, 2011. 社交网站 SNS 使用与用户社会资本的关系研究[D]. 武汉: 华中科技大学.

陈志娟, 2017. 信息传播与人际关系建构: 以微信使用为例[J]. 新闻与写作, 12: 32-37.

陈志霞, 2000. 网络人际交往探析[J]. 自然辩证法研究, 16(11): 69-72.

程玉洁, 邹泓, 2011. 中学生人际适应的特点及其与家庭功能、情绪智力的关系[J]. 中国特殊教育, 2: 65-70.

池丽萍, 2013. 大学生控制信念及其与人际信任的关系[J]. 心理与行为研究, 11(1): 115-119.

池丽萍, 辛自强, 2002. 幸福感: 认知与情感成分的不同影响因素[J]. 心理发展与教育, 18(2): 27-32.

崔曦曦, 2017. 社交网站中自我呈现与青少年友谊——来自纵向研究的证据[D]. 武汉: 华中师范大学.

崔曦曦, 孙晓军, 牛更枫, 2016. 社交网站中的自我呈现对青少年友谊质量的影响: 积极反馈的中介作用[J]. 心理发展与教育, 32(3): 294-300.

戴琳琳, 2018. "空巢青年"之孤独感与移动社交应用的关系研究——以微信为例[D]. 合肥: 安徽大学.

戴胜利, 李迎春, 张伟, 2019. 技术创新联盟影响因素与路径框架——基于扎根理论的探索性研究[J]. 科技进步与对策, 36(19): 17-25.

戴忠恒, 1987. 心理教育测量[M]. 上海: 华东师范大学出版社.

邓丽芳, 王瑞, 郑日昌, 2007. 大学生孤独感、应对策略与气质类型的关系[J]. 心理与行为研究, 5(2): 120-126.

邓伟, 胡雄海, 黄锦勇, 2013. 民办高校大学生网络成瘾与成人依恋社会支持的关系[J]. 中国学校卫生, 34(10): 1182-1184.

邓泽球, 张桂群, 2002. 论网络虚拟人格[J]. 常德师范学院学报(社会科学版), 27(2): 33-35.

邓志强, 2014. 网络时代青年的社会认同困境及应对策略[J]. 中国青年研究, 2: 68-73.

邓志强, 2016. 多元一体: "网络青年"的社会认同[J]. 中国青年研究, 9: 79-84.

邓治文, 卿定文, 2006. 大学生的社会认同状况研究——以某高校为例[J]. 长沙理工大学学报(社会科学版), 21(2): 120-123.

邓卓明, 1999. 涌浪中的理性审视[M]. 重庆: 重庆出版社.

丁鹏, 汪靓, 2012. 社会交换论视角下人际交往的新特点[J]. 科教文汇(上旬刊), 3: 159-160.

丁倩, 周宗奎, 张永欣, 2016. 大学生社交网站使用与依赖: 积极自我呈现的中介效应与关系型自我构念的调节效应[J]. 心理发展与教育, 32(6): 683-690.

丁倩, 张永欣, 周宗奎, 2017. 社交网站使用与妒忌: 向上社会比较的中介作用及自尊的调节作用[J]. 心理科学, 40(3): 618-624.

董开莎, 温勤能, 尹训红, 2014. 中学生网络使用与社会认同发展关系分析[J]. 哈尔滨学院学报, 35(8): 46-49.

钭娅, 金一波, 史美林, 等, 2018. 网络群体极化的现象分析与启示[J]. 宁波大学学报(教育科学版), 40(1): 24-28.

杜天骄, 于娜, 郭淑英, 2007. 医学大学生自我和谐、人际关系与心理健康关系研究[J]. 中国高等医学教育, 1: 69-70.

段春晓，2019. 感恩与生命意义感的关系：主观幸福感和领悟社会支持的链式中介作用[D]. 长春：吉林大学.

段建华，1995. 大学生主观幸福感状况及其影响因素的研究[D]. 北京：北京大学.

樊清丽，2019. 社交网络中的"群体性孤独"现象及原因分析[J]. 新闻世界，7：94-96.

范祎弘，郭弘，2019. 后真相时代愈演愈烈的危机：社交网络中的群体极化现象[J]. 新媒体研究，5(8)：15-18.

方文，2008. 学科制度和社会认同[M]. 北京：中国人民大学出版社.

冯冰清，2017. 微博中诱发群体极化现象的心理因素[J]. 西部广播电视，10(20)：46-47.

冯廷勇，刘雁飞，易阳，等，2010. 当代大学生学习适应性研究进展与教育对策[J]. 西南大学学报(社会科学版)，
　　36(2)：135-139.

冯媛媛，2017. 大学生社交网络中自我呈现与自我和谐、人际和谐的现状及关系研究[D]. 昆明：云南师范大学.

傅颖，2012. 企业微博营销对消费者购买意愿的影响因子探索——基于深度访谈与实证检验[J]. 江苏商论，11：
　　61-66.

甘雄，李承宗，2010. 大学生人际关系与主观幸福感的关系[J]. 医学研究与教育，27(4)：53-56.

高承海，王丽君，万明钢，2012. 少数民族大学生的宗教认同与心理健康的关系[J]. 民族教育研究，23(1)：36-42.

高冬梅，2016. 论人际交往方式从传统到现代网络模式的嬗变[J]. 现代交际，10：39-40.

高琳，2017. 微信对大学生人际交往的影响[J]. 新媒体研究，3(1)：37-38.

戈夫曼，2008. 日常生活中的自我呈现[M]. 北京：北京大学出版社.

古斯塔夫·勒庞，2019. 乌合之众——大众心理研究[M]. 冯克利，译. 北京：中央编译出版社.

管林初，2005. 心理学大辞典[M]. 上海：上海教育出版社.

国鸽，2017. 大学生社会支持与主观幸福感的关系：自我和谐、自我表露的多重中介作用[D]. 哈尔滨：哈尔滨师
　　范大学.

郭妮妮，2016. 大学生孤独感现状调查及影响因素研究[J]. 价值工程，35(4)：170-172.

郭淑斌，黄希庭，2010. 社会比较的动力：动机与倾向性[J]. 西南大学学报(社会科学版)，36(4)：14-18.

郭轶，郝敏敏，2018. 反转背景下的大学生网络舆情诊断及教育引导研究——基于"罗尔募捐事件"的分析[J]. 未
　　来与发展，42(1)：20-23.

郭英，何翔，郑铨，2017. 大学生移动社交网络人际交往行为特征分析[J]. 教育学术月刊，10：88-93.

郭英，郑铨，何翔，等，2016. 大学生移动社交网络人际交往问卷的初步编制[J]. 四川师范大学学报(社会科学版)，
　　43(6)：38-45.

郭悦，2018. 社交网络自我呈现与自我概念清晰性的关系——以社会比较和基本心理需要为中介[D]. 徐州：江苏
　　师范大学.

郝若琦，2010. 美国大学生社交网站使用动机研究[D]. 西安：西北大学.

郝益刚，2011. 移动社会网络服务及商业模式研究[D]. 北京：北京邮电大学.

何海霞，刘琳，杨彬，2016. 手机网络对大学生人际交往的影响及对策研究——以 NT 大学生为例[J]. 价值工程，
　　35(17)：198-199.

贺金波，陈昌润，贺司琪，等，2014. 网络社交存在较低的社交焦虑水平吗？[J]. 心理科学进展，22(2)：288-294.

何杨，李洪心，杨毅，2019. 新媒体环境下网络群体极化动力机理与引导策略研究——以内容智能分发平台为例[J].
　　情报科学，37(3)：146-151.

胡春梅，何华敏，谭静，等，2015. 微博：当代大学生使用现状及对生活满意度、负性情绪影响的实证研究——以重庆大学生为例[J]. 重庆高教研究，3(5)：87-93.

胡华，李敏，韩爱华，2002. 军校大学生自我和谐与心理健康的相关研究[J]. 中国临床康复，6(19)：2916-2917.

胡健，胡康，2013. 湖南省城乡大学生互联网使用状况调查[J]. 中南林业科技大学学报(社会科学版)，7(4)：154-156.

胡平，刘俊，董冰，2003. 大学生人格与网络行为：网络道德人际 SEM 模型[J]. 心理发展与教育，19(2)：29-34.

胡心怡，陈英和，2017. 大学生生活事件对幸福感的影响：自我概念清晰性和应对方式的链式中介作用[J]. 中国健康心理学杂志，25(10)：1580-1584.

胡月程，2017. 大学生微信使用行为与存在焦虑关系研究：人际关系的中介作用[D]. 福州：福建师范大学.

黄海，2004. 大学生孤独感现状及其影响因素的研究[D]. 南昌：江西师范大学.

黄海，侯建湘，余莉，等，2014. 大学生网络和手机依赖及其与心理健康状况的相关性[J]. 中国学校卫生，35(11)：1654-1656.

黄河，康宁，2019. 移动互联网环境下群体极化的特征和生发机制——基于"江歌案"移动端媒体文本和网民评论的内容分析[J]. 国际新闻界，41(2)：38-61.

黄华，林珣，2014. 朋友圈里的 "我"：基于戏剧论的探索[J]. 教育学术月刊，8：80-85.

黄利会，2008. 从网上聊天看大学生的网络人际关系——对武汉地区七所高校的调查[J]. 华中农业大学学报(社会科学版)，3：99-102.

黄瑞阳，2017. 移动社交网络对"90 后"大学生人际关系的影响[J]. 才智，(1)：121.

黄婷婷，刘莉倩，王大华，等，2016. 经济地位和计量地位：社会地位比较对主观幸福感的影响及其年龄差异[J]. 心理学报，48(9)：1163-1174.

黄希庭，2004. 大学生心理健康教育[M]. 上海：华东师范大学出版社.

姬湘涵，郭娟，2019. S 高校大学生人际交往能力调查研究[J]. 市场周刊，42(8)：170-171.

贾月亮，贾月明，2020. 神经质人格与大学生移动社交网络使用偏好的关系：交往焦虑的中介作用[J]. 中国临床心理学杂志，28(2)：285-288.

蒋艳菊，李艺敏，李新旺，2005. 大学生孤独感结构特点的初步研究[J]. 心理科学，28(3)，690-693.

姜永志，阿拉坦巴根，刘勇，2016. 青少年移动社交网络使用态度研究[J]. 思想政治教育研究，32(3)：111-115.

姜永志，白晓丽，2014. 大学生手机互联网依赖对疏离感的影响：社会支持系统的作用[J]. 心理发展与教育，30(5)：540-549.

姜永志，白晓丽，刘勇，2017. 青少年移动社交网络使用动机调查[J]. 中国青年社会科学，36(1)：88-94.

姜永志，白晓丽，刘勇，等，2017. 社会适应能力对青少年移动社交网络使用的影响：自我认同与心理和谐的链式中介作用[J]. 中国临床心理学杂志，25(3)：550-553.

姜永志，白晓丽，七十三，2020. 正念认知训练对大学生问题性移动社交网络使用的干预及效果[J]. 中国卫生事业管理，37(3)：219-223.

姜永志，王海霞，蒋怀滨，等，2018. 神经质人格对青少年移动社交网络过度使用的影响：冲动性与人际困扰的双重中介[J]. 心理与行为研究，16(2)：272-282.

蒋正和，2018. 桑斯坦的群体极化观研究[J]. 青年记者，(5)：7-8.

蒋忠波，2019. "群体极化"之考辨[J]. 新闻与传播研究，26(3)：7-27.

金盛华，2006. 社会心理学[M]. 北京：高等教育出版社.

金盛华，周宗奎，雷雳，等，2016. 中国青少年网络生活状况调查[M]. 北京：北京师范大学出版社.

靳宇倡，2018. 网络化背景下青少年社会认同的研究[M]. 北京：经济管理出版社.

孔繁昌，2015. 自尊助推主观幸福感：2003—2013 实证研究[J]. 西北师大学报(社会科学版)，52(5)：123-128.

孔繁昌，冯雅萌，赵改，等，2019. 移动社交媒介使用对大学生生活满意度的影响：线上和线下社会资本的作用[J].
    心理与行为研究，17(5)：699-705.

孔芳，2010. 大学生社会支持、孤独感与网络成瘾倾向的关系研究[D]. 济宁：曲阜师范大学.

孔丽惠子，2019. 完美主义与大学生生活满意度的关系：社会支持的中介作用[D]. 济南：山东师范大学.

孔燕，杨洋，2012. 大学生社交网络使用的城乡差异调查[J]. 青年记者，26：20-21.

雷雳，2016. 互联网心理学[M]. 北京：北京师范大学出版社.

李彩娜，马田雨，张豪，2019. 社交网络中的社会比较：研究现状及展望[J]. 北京师范大学学报(社会科学版)，6：
    22-31.

李彩娜，周伟，张曼，2010. 大学生人际关系困扰与依恋的自我-他人工作模型的关系[J]. 心理发展与教育，26(5)：
    509-514.

李畅，2018. 媒介环境学视域下微信的传播偏向研究[J]. 西南民族大学学报(人文社科版)，39(6)：161-165.

李传银，2000. 549 名大学生孤独心理及相关因素分析[J]. 中华行为医学与脑科学杂志，9(6)：429-430.

李春霞，2017. 微信对大学生人际交往影响的调查——以粤西地区高校为例[J]. 长春大学学报，27(4)：47-50.

李翠萍，2014. 大学生权力感知匹配对人际交往的影响研究[D]. 成都：四川师范大学.

李丹，周艳，尹华站，2014. 大学生的抑郁症状与完美主义、自我和谐[J]. 中国心理卫生杂志，28(7)：545-549.

李根强，刘人境，孟勇，2016. 移动社交网络节点重要性评价与创新扩散[J]. 科技管理研究，36(13)：210-214.

李贺，2014. 微博舆论的群体极化现象研究[D] 北京：北京邮电大学.

李静，2017. 大学生对移动社交网络的内隐态度研究[D]. 成都：四川师范大学.

李金珍，王文忠，施建农，2003. 积极心理学：一种新的研究方向[J]. 心理科学进展，11(3)：321-327.

李萌，2013. 网络时代下大学生孤独感现状分析及教育引导研究[D]. 南京：南京邮电大学.

李荣珍，张旭，2018. 大学生人际关系的现状及其原因探析[J]. 辽宁高职学报，20(5)：97-98.

李少英，石福艳，2010. 大学生心理健康状况及影响因素分析[J]. 中国公共卫生，26(9)：1178-1179.

李斯坦，2018. 新媒体中的网络群体心理探究——以微博热点事件为例[J]. 今传媒，26(6)：68-70.

李桐，罗重一，2018. 互联网社交对传统人际交往秩序的影响及规范[J]. 学习与实践，417(11)：110-114.

李笑燃，姜永志，张斌，2018. 孤独感对青少年问题性移动社交网络使用的影响：人际困扰和积极自我呈现的作
    用[J]. 心理科学，41(5)：1117-1123.

李欣亮，张淑敏，2018. 大学生网络社交现状分析与思考[J]. 石家庄铁路职业技术学院学报，17(4)：95-99.

李兴华，马超，2018. 大学生在新型社交媒体上的行为习惯及引导策略研究——以微博、微信、QQ 等网络即时社
    交平台为例[J]. 教育教学论坛，(38)：57-58.

李雪，2009. 手机使用的负社会功能辨析——简析手机对人的反控制[J]. 理论界，24(10)：172-174.

李岩，2006. 当代大学生人际交往的特点及心理障碍分析[J]. 理论导刊，（11）：94-96.

李扬，2013. 大学生社会比较、嫉妒心理与族群认同的关系研究[D]. 武汉：中南民族大学.

李艳兰，2010. 大学生自我和谐、心理健康与自杀意念关系[J]. 中国公共卫生，26（2）：139-140.

李艳，姚佳佳，许丹莹，2017. 大学生微信成瘾水平及影响因素调查[J]. 现代远程教育研究，6：64-74.

李依曼，2018. 大学生被动性社交网站使用与抑郁的关系：上行社会比较与妒忌的链式中介作用[D]. 西安：陕西
    师范大学.

李伊莎，2016. 微博的评论转发功能对群体极化现象的影响——以王宝强离婚事件为例[J]. 视听，（11）：112-113.

李瑛，许渭生，游旭群，2007. 大学生网络使用心理与行为及网络依赖特征研究[J]. 中国特殊教育，（1）：84-92.

李泳仪，2014. 网络时代大学生人际交往行为研究[D]. 长沙：湖南师范大学.

李云峰，帅煜朦，2016. 大学生网络交往和孤独感的关系：应对方式的中介作用[J]. 中国健康心理学杂志，24（2）：
    239-243.

李志勇，吴明证，2010. 大学生社会支持与主观幸福感的关系：自我和谐的中介作用[J]. 中国临床心理学杂志，
    18（3）：346-348.

连灵，郭胜忠，2017. 大学生宜人性和心理幸福感的关系：领悟社会支持和感恩的链式中介作用[J]. 中国临床心理
    学杂志，25（1）：163-166.

黎亚军，高燕，王耘，2013. 青少年网络交往与孤独感的关系：调节效应与中介效应[J]. 中国临床心理学杂志，21（3）：
    490-492.

连帅磊，2016. 社交网站中的上行社会比较与抑郁的关系：一个有调节的中介模型[D]. 武汉：华中师范大学.

连帅磊，孙晓军，牛更枫，等，2017. 社交网站中的上行社会比较与抑郁的关系：一个有调节的中介模型及性别
    差异[J]. 心理学报，49（7）：93-104.

梁晓燕，魏岚，2008. 大学生网络社会支持测评初探[J]. 心理科学，31（3）：689-691.

梁晓燕，王少强，2015. 积极心理学视角下大学生"微博控"心理需求的研究[J]. 教育研究与实验，（3）：89-92.

梁瑛楠，杨丽珠，谷力群，2008. 大学生网络成瘾影响因素分析[J]. 中国健康心理学杂志，16（8）：870-873.

廖建文，施德俊，2014. 后互联网时代的商业新规则——伴随移动社交网络而来的新冲击、新挑战、新机遇[J]. 清
    华管理评论，19（3）：49-55.

林崇德，2013. 发展心理学[M]. 北京：人民教育出版社.

林崇德，2003. 心理学大辞典[M]. 上海：上海教育出版社.

刘邦惠，彭凯平，2012. 跨文化的实证法学研究：文化心理学的挑战与贡献[J]. 心理学报，44（3）：413-426.

刘春雁，2011. 大学生微博使用状况的调查与思考[J]. 思想理论教育，（3）：89-92.

刘德寰，崔忱，2010. 网络在时间维度上对传统媒介提出的挑战——基于网络媒介使用时间超越传统媒介使用时
    间的可能性研究[J]. 广告大观（理论版），（6）：29-39.

刘得明，龙立荣，2008. 国外社会比较理论新进展及其启示——兼谈对公平理论研究的影响[J]. 华中科技大学学报
    （社会科学版），22（5）：103-108.

刘广增，胡天强，张大均，2016. 中学生人际关系及其与自尊、人际信任的关系[J]. 中国临床心理学杂志，24（2）：
    349-351.

刘广增，潘彦谷，李卫卫，等，2017. 自尊对青少年社交焦虑的影响：自我概念清晰性的中介作用[J]. 中国临床心理学杂志，25(1)：151-154.

刘海英，李颖，于福洋，2009. 研究生社会支持、自我和谐与心理幸福感的关系[J]. 中国健康心理学杂志，17(7)：861-862.

刘昊，2012. 微博对网络社会中人际关系的重构[J]. 新闻战线，(10)：93-95.

刘加艳，2004. 大学生孤独感与网络使用特点关系的研究[J]. 中国临床心理学杂志，12(3)：286-287.

刘明兰，陈旭，2013. 高职生自我和谐、领悟社会支持与心理健康之间的关系研究[J]. 贵州师范大学学报(自然科学版)，31(4)：13-17.

刘庆奇，牛更枫，范翠英，等，2017. 被动性社交网站使用与自尊和自我概念清晰性：有调节的中介模型[J]. 心理学报，49(1)：60-71.

刘庆奇，孙晓军，周宗奎，等，2015. 社交网站中的自我呈现对青少年自我认同的影响：线上积极反馈的作用[J]. 中国临床心理学杂志，23(6)：1094-1097.

刘庆奇，孙晓军，周宗奎，等，2016. 社交网站真实自我呈现对生活满意度的影响：线上积极反馈和一般自我概念的链式中介作用[J]. 心理科学，52(2)：406-411.

刘庆奇，张晨艳，孙晓军，等，2017. 被动性社交网站使用与主观幸福感的关系：中介效应分析[J]. 心理科学，40(3)：678-684.

刘旺，黄克乐，2011. 互联网使用与孤独感的关系[J]. 中国特殊教育，(11)：92-96.

刘文，韩静，张丽娜，2008. 大学生人际交往能力与心理健康关系的研究[J]. 中国特殊教育，(3)：71-80.

刘贤臣，杨杰，1997. 青少年抑郁症状的年龄性别差异[J]. 中国行为医学科学，6(1)：30-33.

刘晓萌，李雅，2014. 对大学生上网情况、人际关系与性别差异的研究[J]. 长春教育学院学报，30(10)：81-82.

刘琰，谭曦，李扬，等，2015. 大学生抑郁情绪现状及影响因素分析[J]. 中华全科医学，139(1)：91-93.

刘珠玲，2015. 微信的使用对大学生人际关系的影响研究[D]. 重庆：西南大学.

刘卓雅，2014. 性别差异对微信使用意图的影响研究[D]. 武汉：华中科技大学.

楼向英，高春玲，2013. 移动社交网络在图书馆中的应用初探[J]. 图书馆杂志，32(12)：29-32.

路鹃，亢恺，2013. 中美大学生社交网络使用动机分析——基于使用与满足理论[J]. 现代传播(中国传媒大学学报)，35(3)：158-160.

陆奇，2011. 移动社交网络对青年受众态度和行为的影响研究[D]. 成都：电子科技大学.

鲁松，2013. 网络群体极化的负效应[D]. 南京：南京邮电大学.

卢卫，陆希玉，2014. 4G时代移动互联网的发展趋势[J]. 电信科学，30(5)：51-54.

卢谢峰，2003. 大学生适应性量表的编制与标准化[D]. 武汉：华中师范大学.

罗红格，陈晓美，马红霞，等，2014. 高中生应对方式自我和谐对抑郁的影响[J]. 中国学校卫生，35(1)：124-125.

罗青，周宗奎，魏华，等，2013. 羞怯与互联网使用的关系[J]. 心理科学进展，21(9)：1651-1659.

罗雪，2016. 新浪微博使用动机对大学生主观幸福感的影响研究[D]. 成都：四川师范大学.

吕君，张士强，王颖，等，2019. 基于扎根理论的新能源企业绿色创新意愿驱动因素研究[J]. 科技进步与对策，36(18)：110-116.

吕淑真，2018. "女德事件"中的网络群体极化现象与引导策略研究[D]. 保定：河北大学.

马小芹，申正付，杨秀木，2014. 大学生人际交往能力及相关影响因素分析[J]. 蚌埠医学院学报，39(3)：363-366.

马英，郝书翠，2014. 微博对大学生的影响研究综述[J]. 唐山师范学院学报，36(1)：149-152.

门志梅，2008. 大学生网络人际交往及其与人际依恋、抑郁的关系研究[D]. 济南：山东师范大学.

孟晋，2002. 533 名大学生孤独感状况调查[J]. 中国健康心理学杂志，10(2)：113-116.

牟生爱，2010. 大学生网络依赖与人际关系研究[J]. 社会心理科学，25(4)：45-48.

倪晓莉，邵潇怡，2019. 青少年网络社交媒体使用对主观幸福感的影响：自尊联结自我同一性的序列中介路径[J]. 兰州大学学报(社会科学版)，47(1)：122-133.

聂晗颖，甘怡群，2017. 自我概念清晰性与生命意义感及主观幸福感的关系[J]. 中国临床心理学杂志，25(5)：923-927.

聂磊，傅翠晓，2015. 微信朋友圈：社会网络视角下的虚拟社区[J]. 新闻记者，(5)：71-75.

聂衍刚，丁莉，蒋佩，等，2007. 青少年网络交往行为的特点及测验量表的编制[J]. 广州大学学报(社会科学版)，6(5)：3-8.

牛更枫，鲍娜，范翠英，等，2015. 社交网站中的自我呈现对自尊的影响：社会支持的中介作用[J]. 心理科学，38(4)：939-945.

牛更枫，鲍娜，周宗奎，等，2015. 社交网站中的自我呈现对生活满意度的影响：积极情绪和社会支持的作用[J]. 心理发展与教育，31(5)：54-61.

牛更枫，孙晓军，周宗奎，等，2016. 基于 QQ 空间的社交网站使用对青少年抑郁的影响：上行社会比较和自尊的序列中介作用[J]. 心理学报，48(10)：1282-1291.

牛更枫，孙晓军，周宗奎，等，2016. 青少年社交网站使用对自我概念清晰性的影响：社会比较的中介作用[J]. 心理科学，39(1)：97-102.

牛荣华，王春，吴玉红，等，2009. 高校艺术学生自我和谐与焦虑抑郁的关系[J]. 中国健康教育，25(10)：746-748.

欧胜凤，陈正翼，柯鹏程，2017. 浅析网络依赖对大学生人际关系的影响——基于贵州省"大学生消费状况实证研究"问卷调查数据[J]. 教育文化论坛，9(5)：107-112.

欧阳益，2009. 大学生网络自我控制能力量表的编制及相关因素研究[D]. 重庆：西南大学.

盘敏，2014. 网络群体极化现象及对策研究[D]. 长沙：湖南师范大学.

彭聃龄，谭力海，1991. 语言心理学[M]. 北京：北京师范大学出版社.

彭思远，2019. 大学生学习适应性的影响因素及对策研究[J]. 校园心理，17(3)：219-221.

彭燕林，2019. 个性化推荐中的"过滤气泡"现象相关研究综述[J]. 科技创业月刊，34(4)：135-139.

平凡，韩磊，周宗奎，2012. 大学生网络交往问卷的初步编制及信效度检验[J]. 中国心理卫生杂志，26(9)：709-714.

邱蕾，2009. 人际关系中的自我暴露[J]. 社会心理科学，24(3)：10-12.

邱万林，黄莉媛，任佳欣，2018. 知乎平台上的意见表达研究——基于群体极化理论视角[J]. 传播力研究，2(28)：182-194.

邱亚君，梁名洋，许娇，2012. 中国女性休闲体育行为限制因素的质性研究——基于社会性别理论的视角[J]. 体育科学，32(8)：25-33.

曲红，2019. 群体极化下的网络暴力研究——以重庆公交车坠江事件为例[J]. 今传媒，27(3)：38-40.

任东宁，袁旦，张洁，等，2008. 大学生自我表露及其与主观幸福感的关系[J]. 中国心理卫生杂志，22（2）：79-82.

阮鲁君，张林，李文涛，2011. 自我和谐在社会支持与网络成瘾倾向之间的中介效应[J]. 中国健康心理学杂志，
      19（8）：992-994.

申付建，2018. 手机网络对大学生人际交往的影响研究[D]. 保定：河北大学.

申会霞，2018. 微博群体聚合原因及影响分析[J]. 新媒体研究，4（16）：26-27.

申琦，廖圣清，秦绍德，2013. 上海大学生互联网使用形态研究——基于手机、电脑终端的比较[J]. 新闻记者，（6）：
      84-90.

沈琼，2010. 民办高校大学生人际认知的调查与研究[J]. 太原城市职业技术学院学报，（10）：116-118.

沈胜男，马蓓颖，郑和悦，等，2015. 大学生网络政治参与的"群体极化"观象研究——以台州高校为例[J]. 理论观
      察，（10）：144-146.

宋芳，2007. 大学生自尊及其与归因方式的关系[D]. 大连：辽宁师范大学.

宋冠群，2017. 心理疾病污名与社交网站中自我呈现的关系：自尊的中介作用[D]. 成都：四川师范大学.

宋琦，2016. 微信对大学生人际交往的影响探究[J]. 宁波教育学院学报，18（4）：27-31.

宋欣怡，丛红艳，2017. 微博、微信平台社交文化差异研究[J]. 新媒体研究，3（18）：86-87.

宋秀娥，2010. 大学生网络行为初探[J]. 教书育人：高教论坛，（12）：42-43.

孙炯雯，郑全全，2004. 在社会比较和时间比较中的自我认识[J]. 心理科学进展，12（2）：240-245.

孙晓军，牛更枫，周宗奎，等，2014. 大学生的人际归因倾向、网络交往动机与网络人际关系成瘾的关系研究[J]. 心
      理科学，37（6）：1397-1403.

孙晓军，连帅磊，牛更枫，等，2016. 社交网站使用对青少年抑郁的影响：上行社会比较的中介作用[J]. 中国临床
      心理学杂志，24（1）：32-35.

孙志青，2019. 高中生领悟社会支持与学生生活满意度的关系：自我接纳的中介作用[D]. 济南：山东师范大学.

谭昆智，杨力，2014. 人际关系学[M]. 北京：首都经济贸易大学出版社.

谭元巍，2014. 基于多关系移动社交网络用户属性匹配的隐私保护研究[D]. 成都：电子科技大学.

唐晶晶，2015. 移动社交网络中社会资本、知识共享、个体创新行为的关系研究[D]. 北京：北京邮电大学.

唐晓敏，2017. 网络群体极化现象研究及理性应对措施探讨[J]. 东南传播，9：71-73.

滕国鹏，金盛华，2015. 大学生自尊对信任影响的群体效应研究[J]. 中国特殊教育，（4）：84-88.

滕兆玮，2005. 大学生人际交往状况及其与家庭教养方式的关系研究[D]. 南京：南京师范大学.

田佳佳，2018. 大学生网络自我表露与社会适应：网络社会支持的中介作用及内外在心理控制源的调节作用[D].
      昆明：云南师范大学.

田可新，王秀梅，吴昊，等，2005. 年级及性别对大学生人际信任与人际关系的影响[J]. 中国临床康复，9（24）：82-84.

童慧，2014. 微信的自我呈现与人际传播[J]. 重庆社会科学，（1）：102-110.

童伟，2019. 无聊与青少年问题性移动社交网络使用：多重中介模型[J]. 中国临床心理学杂志，27（5）：932-936.

涂勤建，王辰，胡峰，2017. 大学生的压力、社会支持与自我和谐的关系[J]. 中国健康心理学杂志，25（5）：710-712.

王超凡，黄瑾，王天梅，2015. 新浪微博话题群体极化的影响因素研究[J]. 电子政务，（12）：10-18.

王春芳，张晋芳，2007. 太原市大学生网络使用行为以及网络依赖状况调查[J]. 中北大学学报（社会科学版），23（4）：
      87-90.

王淙一，漆昌柱，2017. 大学生人际关系与家庭功能的相关性研究[J]. 教育学术月刊，(9)：96-102.

王登峰，1994. 自我和谐量表的编制[J]. 中国临床心理学杂志，2(1)：19-22.

王登峰，黄希庭，2007. 自我和谐与社会和谐——构建和谐社会的心理学解读[J]. 西南大学学报(社会科学版)，33(1)：1-7.

王飞，张生财，魏云，2017. 网络舆情中群体极化现象的动力机制仿真和调控策略研究[J]. 警察技术，(4)：37-40.

王钢，2007. 大学生人际适应性量表编制及特点研究[D]. 重庆：西南大学.

王钢，张大均，江琦，2010. 大学生人际适应性量表的初步研制[J]. 心理发展与教育，26(6)：650-657.

王海稳，马健业，2018. 网络群体极化引发的道德风险及对策分析[J]. 杭州电子科技大学学报(社会科学版)，14(6)：51-54.

王红姣，卢家楣，2004. 中学生自我控制能力问卷的编制及其调查[J]. 心理科学，27(6)：1477-1482.

王红菊，李洁，曹永敏，2013. 大学生自我和谐与应对方式的特点及其关系[J]. 中国健康心理学杂志，21(7)：1074-1078.

王洪伟，任豪，2015. 社交网络的有效信息量研究：基于节点强度的分析[J]. 北京工业大学学报，41(5)：693-701.

王焕贞，江琦，侯璐璐，2017. 大学生性格优势对主观幸福感的影响：优势运用和压力性生活事件的作用[J]. 心理发展与教育，33(1)：95-104.

王慧，王学刚，2019. 网络自我表露研究综述[J]. 现代交际，498(4)：243-245.

王江田，2013. 青少年人际交往探析[D]. 郑州：河南大学.

王锦，2011. 归属感探析[J]. 西安文理学院学报(社会科学版)，14(4)：88-90.

王景，2015. 大学生微博成瘾与时间管理倾向、自我控制的相关及干预研究[D]. 郑州：河南大学.

王晶，卢宁，2006. 高职生应付方式和自我和谐与抑郁的关系研究[J]. 预防医学情报杂志，22(6)：677-681.

王玲，陈怡华，2002. 师范院校学生抑郁与社会支持度的关系研究[J]. 中华行为医学与脑科学杂志，11(2)：216-217.

王明姬，王垒，施俊琦，2006. 社会比较倾向量表中文版的信效度检验[J]. 中国心理卫生杂志，20(5)：302-305.

汪明艳，余丽彬，朱译冰，2018. 舆论反转中群体极化效应的影响因素研究[J]. 情报杂志，37(9)：106-112.

王田，2017. 从群体特征看网络群体极化的形成与消解——以新浪微博"东莞挺住"事件为例[J]. 电子政务，(5)：61-74.

王伟，王兴超，雷雳，等，2017. 移动社交媒介使用行为对青少年友谊质量的影响：网络自我表露和网络社会支持的中介作用[J]. 心理科学，40(4)：870-877.

王希林，赵晓明，2000. 孤独、抑郁情绪及其相互关系探讨[J]. 中国心理卫生杂志，14(6)：367-369.

汪向东，王希林，马弘，1999. 心理卫生评定量表手册(增订版)[J]. 北京：中国心理卫生杂志社.

王啸天，2019. 大学生公正世界信念、自尊与利他行为的关系[D]. 桂林：广西师范大学.

王新月，王兴超，雷雳，等，2018. 社交网站在社会认同发展中的作用[J]. 心理科学进展，26(11)：2024-2034.

王璇，2008. 大学生社会比较倾向、自我接纳和抑郁关系研究[D]. 兰州：西北师范大学.

王艳，安芹，2014. 大学生安全感、自我分化和人际关系的关系[J]. 中国临床心理学杂志，22(5)：877-880.

王瑜，王馨竹，宁晓兵，2007. 大学生网络成瘾调查及其相关因素分析[J]. 中国健康心理学杂志，15(10)：888-889.

王玉祥，乔秀全，李晓峰，等，2010. 上下文感知的移动社交网络服务选择机制研究[J]. 计算机学报，33(11)：2126-2135.

王志杰，张晶晶，潘毅，等，2014. 社会支持对流动儿童抑郁的影响：韧性的中介作用[J]. 中国临床心理学杂志，22(2)：311-314.

威尔·耐特，2012. 社交网络并不能扩大社交圈——专访罗宾·邓巴[J]. 科技创业，(9)：26.

魏玲，郭新朋，2019. 多主体视角下移动社交网络舆论危机信息传播机理研究[J]. 情报科学，37(1)：141-147.

温忠麟，叶宝娟，2014. 中介效应分析：方法和模型发展[J]. 心理科学进展，22(5)：731-745.

温忠麟，张雷，侯杰泰，2006. 有中介的调节变量和有调节的中介变量[J]. 心理学报，38(3)：448-452.

武锋，2010. 网络"微内容"传播研究[D]. 上海：上海交通大学.

吴丽，2011. 当代大学生人际关系教育研究[D]. 长沙：湖南农业大学.

吴明隆，2003. SPSS 统计应用实务：问卷分析与应用统计[M]. 北京：科学出版社.

吴双双，2013. 大学生领悟社会支持与生活满意度的关系研究[J]. 潍坊工程职业学院院报，26(1)：42-45.

奚晓岚，张曼如，程灶火，等，2014. 大学生网络成瘾的相关心理社会因素研究[J]. 中国临床心理学杂志，22(5)：799-803.

夏倩芳，原永涛，2017. 从群体极化到公众极化：极化研究的进路与转向[J]. 新闻与传播研究，24(6)：6-33.

夏婷，李静，郭永玉，2017. 家庭社会阶层与大学生物质主义的关系：自尊的中介作用[J]. 心理与行为研究，15(4)：515-519.

肖斌，2015. 微信朋友圈对大学生人际交往的影响研究——基于强弱关系理论的视角[J]. 教育学术月刊，(10)：93-98.

肖琳，2010. 高中生自我和谐与抑郁的关系[J]. 平顶山学院学报，25(1)：126-128.

肖日葵，2016. 家庭背景、文化资本与教育获得[J]. 教育学术月刊，(2)：12-20.

肖水源，1994. 《社会支持评定量表》的理论基础与研究应用[J]. 临床精神医学杂志，(2)：98-100.

肖玮颉，王雨馨，2014. 微博亚文化环境对用户传播信息的影响——基于社会认同理论的角度[J]. 今传媒，22(8)：20-21.

谢建，宋怡，2007. 体育专业大学生网络心理特点研究[J]. 心理科学，30(6)：1511-1512.

谢晶，张厚粲，2008. 大学生人际交往效能感研究[J]. 心理研究，1(6)：67-71.

谢笑春，雷雳，牛更枫，2016. 青少年网络自我表露与抑郁：社会支持的性别效应[J]. 心理科学，39(5)：1144-1150.

谢笑春，孙晓军，周宗奎，2013. 网络自我表露的类型、功能及其影响因素[J]. 心理科学进展，21(2)：272-281.

谢宇格，刘晓华，杨荟，等，2018. 人际关系困扰大学生情绪和行为的调查研究[J]. 教育现代化，5(5)：203-205.

邢淑芬，俞国良，2005. 社会比较研究的现状与发展趋势[J]. 心理科学进展，13(1)：78-84.

邢淑芬，俞国良，2006. 社会比较：对比效应还是同化效应[J]. 心理科学进展，14(6)：944-949.

熊灵，2017. 弱关系理论视阈下移动社交媒体的用户关系研究[D]. 南昌：江西财经大学.

熊萌之，2018. 心理学视角下网络舆情引导机制研究[J]. 传媒，(15)：86-88.

熊珍明，谢四元，2016. 网络社会支持与网络自我表露对大学生抑郁的影响[J]. 科教文汇(上旬刊)，(5)：132-133.

徐贝勒，2015. 浅析微博传播对人际关系的消极影响[J]. 新闻研究导刊，6(24)：64.

徐光兴，2007. 性别差异的脑半球功能特殊化及其认知模块观[J]. 华东师范大学学报(教育科学版)，25(2)：48-52.

徐海玲，2007. 自我概念清晰性和个体心理调适的关系[J]. 心理科学，30(1)：96-99.

徐欢欢，孙晓军，周宗奎，等，2017. 社交网站中的真实自我表达与青少年孤独感：自我概念清晰性的中介作用[J].

中国临床心理学杂志, 25(1): 138-141.

许惠清, 2006. 大学生网络人际交往的特征研究[D]. 上海: 华东师范大学.

徐静, 2013. 微信对大学生社交的影响[J]. 新闻传播, (2): 39-40.

徐恪, 张赛, 陈昊, 等, 2014. 在线社会网络的测量与分析[J]. 计算机学报, 37(1): 165-188.

徐钱立, 2014. 微信朋友圈——亲密关系的表演舞台[J]. 传媒评论, 16(5): 62-64.

徐晓露, 2014. 移动社交网络用户隐私安全问题及保护研究[D]. 重庆: 重庆大学.

薛晨, 2015. 身份危机背景下微信的盛行原因探究——一个符号学解读[J]. 湘潭大学学报(哲学社会科学版), 39(3): 101-105.

闫东强, 2019. 大学生感知父母冲突对手机成瘾的影响: 成人依恋和自尊的链式中介作用[D]. 西安: 陕西师范大学.

颜桂梅, 2008. 高中生和谐人际关系、领悟社会支持与自我效能感的关系研究[D]. 福州: 福建师范大学.

闫景蕾, 武俐, 孙萌, 等, 2016. 社交网站使用对抑郁的影响: 线上社会资本的中介作用[J]. 中国临床心理学杂志, 24(2): 317-320.

严舒一, 吴星樾, 2016. 网络舆论中群体极化现象的心理探析[J]. 青年记者, (3): 44-45.

杨春潇, 张大均, 梁英豪, 等, 2016. 大学生社会支持与抑郁情绪关系的meta分析[J]. 中国心理卫生杂志, 30(12): 939-945.

杨倩茜, 2011. 大学生社会比较特点、自我评价与心理幸福感的关系研究[D]. 石家庄: 河北师范大学.

杨文娇, 周治金, 2005. 网络成瘾大学生的感觉寻求人格特征研究[J]. 高等教育研究, 26(6): 69-73.

杨喜, 2012. 消费者移动SNS业务使用意愿影响因素研究[D]. 杭州: 浙江大学.

杨欣欣, 刘勤学, 周宗奎, 2017. 大学生网络社会支持对网络利他行为的影响: 感恩和社会认同的作用[J]. 心理发展与教育, 33(2): 183-190.

杨秀娟, 周宗奎, 孙晓军, 等, 2017. 社交网站积极自我呈现与青少年抑郁: 链式中介效应分析[J]. 中国临床心理学杂志, 25(3): 489-493.

杨雪花, 陈万明, 2016. 大学生人际交往能力对宿舍人际关系及幸福感的影响[J]. 中国学校卫生, 37(2): 300-303.

杨震, 2008. 高师生自我和谐及其与领悟社会支持的关系[J]. 中国健康心理学杂志, 16(10): 1135-1137.

姚江龙, 2012. 网络舆论监督中群体极化倾向分析[J]. 阜阳师范学院学报(社会科学版), (3): 126-129.

姚琦, 马华维, 阎欢, 等, 2014. 心理学视角下社交网络用户个体行为分析[J]. 心理科学进展, 22(10): 1647-1659.

叶艳晖, 刘燕纯, 2014. 大学生负面评价恐惧、人际关系困扰与主观幸福感的关系研究[J]. 重庆理工大学学报(社会科学版), 28(7): 140-145.

叶艳晖, 彭淑娜, 薛妙莹, 2015. 大学生感戴与人际关系困扰的关系研究[J]. 重庆医学, 44(23): 3239-3241.

尹繁荣, 周世杰, 2012. 青少年网络成瘾特点及生理—心理—社会后果研究[J]. 中国健康心理学杂志, 20(2): 233-236.

印婕, 陶琳瑾, 2015. 社会心理学视角下网络对人际关系的影响[J]. 学理论, (28): 107-108.

阴良, 2010. 孤独感、社会认同与SNS使用之研究——以人人网为例[J]. 新闻大学, (4): 8-18.

郁景祖, 1995. 大学生心理与调适[M]. 上海: 复旦大学出版社.

余晴, 张倩倩, 2018. 网络舆论监督中群体极化倾向分析[J]. 科技传播, (19): 124-125.

余益兵，邹泓，周晖，等，2009. 青少年社会适应状况评估问卷的编制//中国心理学会：第十二届全国心理学学术大会论文摘要集[C]. 北京：中国心理学会：96-97.

俞轶楠，2012. 微博用户个人特征、动机、行为和微博吸引力关系的研究[D]. 北京：清华大学.

袁慧，李锦珍，2016. 网络群体极化表现及其特征[J]. 现代传播(中国传媒大学学报)，38(9)：140-142.

袁丽媛，2011. 论"网络暴民"及网络虚拟人格[J]. 新闻爱好者，(19)：94-95.

张爱军，梁赛，2019. 网络群体极化的负面影响和规避措施[J]. 学术界，(4)：75-83.

张炳兰，2013. 论网络时代大学生社会适应能力的提升[J]. 河南师范大学学报(哲学社会科学版)，40(6)：579-586.

张大均，2014. 大学生社会适应的心理学研究刍议[J]. 西南大学学报(社会科学版)，40(6)：79-85.

张晖，何凯，罗军，等，2016. 95后大学新生心理适应与心理健康的关系：自我接纳的中介作用[J]. 中国健康心理学杂志，24(5)：762-766.

张锦涛，陈超，王玲娇，等，2014. 大学新生网络使用时间与网络成瘾的关系：有中介的调节模型[J]. 心理学报，46(10)：1521-1533.

张凯茜，2017. 微信使用对藏、汉族大学生社会资本影响的对比研究[D]. 成都：电子科技大学.

张灵，郑雪，严标宾，等，2007. 大学生人际关系困扰与主观幸福感的关系研究[J]. 心理发展与教育，23(2)：116-121.

张楠，2018. 网络群体极化的形成机制[J]. 新媒体研究，(11)：36-37.

张培，2016. 移动虚拟社交对大学生心理健康的影响[J]. 科教导刊(中旬刊)，(5)：170-171.

张琴心，2008. 大学生人际适应性的量表编制及群体特征的差异分析[D]. 武汉：华中科技大学.

张喜转，刘文，刘方，2017. 民办高校大学生人际关系困扰与对策研究[J]. 中国成人教育，(20)：56-60.

张霞，林嘉仪，张积家，2020. 被动性社交网站使用与孤独感的关系及其链式中介作用[J]. 中国临床心理学杂志，28(1)：63-66.

张晓瑞，2013. 移动社交网络的传播学研究[D]. 北京：北京邮电大学.

张小远，俞守义，赵久波，等，2007. 独生子女与非独生子女大学生心理健康状态和素质的对照研究[J]. 南方医科大学学报，(4)：482-484.

张馨方，2019. 大学生外表拒绝敏感性对社交回避的影响：领悟社会支持的中介作用[D]. 长春：吉林大学.

张兴贵，何立国，郑雪，2004. 青少年学生生活满意度的结构和量表编制[J]. 心理科学，27(5)：1257-1260.

张亚利，2018. 大学生自尊与手机成瘾倾向的关系：自我控制与人际适应的链式中介作用[D]. 哈尔滨：哈尔滨师范大学.

张亚利，陆桂芝，刘艳丽，等，2017. 大学生自我认同感在人际适应性与手机成瘾倾向间的中介作用[J]. 中国心理卫生杂志，31(7)：568-572.

张亚利，陆桂芝，金童林，等，2018. 大学生手机成瘾倾向对人际适应性的影响：述情障碍的中介作用[J]. 中国特殊教育，(2)：83-88.

张延华，2017. 大学生的人际关系与心理健康[J]. 北京青年研究，26(3)：79-83.

张琰，吴宜，2014. 基于大数据的大学生网络社交行为研究[J]. 电子技术与软件工程，(23)：30-31.

张志坚，卢春天，2015. 大学生微信使用情况调查[J]. 当代青年研究，3：89-93.

张志颖，刘英杰，2019. 新浪微博机制下的群体极化现象研究[J]. 新媒体研究，5(1)：115-117.

赵冰洁，陈幼贞，2003. 大学生心理健康与自我和谐的关系研究[J]. 中国健康心理学杂志，11(6)：478-480.

赵崇莲，郑涌，李宏翰，等，2006. 影响大学生人际关系主观因素的初步研究[J]. 心理科学，29(6)：1431-1433.

赵德华，王晓霞，2005. 网络人际交往动机探析[J]. 社会科学，(11)：118-124.

赵珈艺，2018. 微信"朋友圈"互动行为研究[D]. 北京：北京邮电大学.

赵晶，郑林科，肖琼，等，2016. 大学生成人依恋与人际交往效能感的关系[J]. 中国健康心理学杂志，24(1)：112-115.

赵淑娟，王卫平，张淑媛，等，2009. 医科大学新生抑郁与自我和谐关系分析[J]. 中国学校卫生，30(11)：1005-1006.

郑日昌，1999. 大学生心理诊断[M]. 济南：山东教育出版社.

郑雪，2018. 微博群体极化现象研究[J]. 新闻论坛，(5)：56-59.

钟发亮，2012. 大学生网民"群体极化"和"个体沉默"行为过程管理探究[J]. 思想教育研究，(6)：74-77.

周浩，龙立荣，2004. 共同方法偏差的统计检验与控制方法[J]. 心理科学进展，12(6)：942-950.

周进，2015. 青少年罪犯危险行为特征及相关影响因素的研究[D]. 长沙：湖南农业大学.

周莉，王伟，雷雳，2016. 网络交往对东亚留学生适应的影响：网络社会支持的中介作用[J]. 中国人民大学教育学刊，(3)：155-164.

周鹏生，2017. 高年级大学生自我和谐、人际关系敏感与人际交往困扰的关系[J]. 中国健康心理学杂志，25(10)：1530-1534.

周贻霏，2014. 微信对华东师范大学学生社会交往的影响研究[D]. 上海：华东师范大学.

周懿瑾，魏佳纯，2016. "点赞"还是"评论"？社交媒体使用行为对个人社会资本的影响——基于微信朋友圈使用行为的探索性研究[J]. 新闻大学，135(1)：68-75.

周宗奎，连帅磊，田媛，等，2017. 社交网站使用与青少年生活满意度的关系：一个有调节的中介模型[J]. 心理发展与教育，33(3)：297-305.

周宗奎，刘庆奇，杨秀娟，等，2017. 社交网站使用对青少年孤独感的影响：链式中介效应分析[J]. 心理与行为研究，15(2)：155-161.

周宗奎，刘勤学，2016. 网络心理学：行为的重构[J]. 中国社会科学评价，(3)：55-67.

周宗奎，王超群，2015. 网络社交行为会增加孤独感吗?[J] 苏州大学学报(教育科学版)，3(3)：81-91.

朱京，2004. 网络信任的原则及对青少年网络活动的影响[J]. 社会，18(8)：61-63.

朱君，赵雯，刘增训，等，2013. 大学生人际关系与心理健康的相关研究[J]. 精神医学杂志，26(4)：265-267.

朱恺丽，马立军，2017. 社会热点事件网络群体极化现象探究[J]. 现代交际，(15)：53.

朱晓文，刘珈彤，2018. 现实交往与网络交往：大学生幸福感之归因[J]. 中国青年研究，(9)：99-107.

朱研，李志平，2016. 医学研究生应激与抑郁关系及自我和谐中介作用[J]. 中国公共卫生，32(6)：842-844.

庄慧敏，2019. 移动互联网时代智能手机对大学生人际交往影响研究[J]. 电子商务，6(19)：95-96.

邹赐岚，2005. 大学生孤独感及其与人格特征的相关研究[D]. 重庆：西南师范大学.

邹歆，2014. 大学生寝室人际困扰相关因素的分析与干预研究[D]. 上海：上海师范大学.

Ahn J，2012. Teenagers' experiences with social network sites：Relationships to bridging and bonding social capital[J]. The Information Society，28(2)：99-109.

Allen K A，Ryan T，Gray D L，et al.，2014. Social media use and social connectedness in adolescents：The Positives and the Potential Pitfalls[J]. The Australian Educational and Developmental Psychologist，31(1)：18-31.

Amichai-Hamburger Y， Ben-Artzi E，2003. Loneliness and Internet use[J]. Computers in Human Behavior，19(1)：71-80.

Baek Y M，Bae Y，Jang H，2013. Social and parasocial relationships on social network sites and their differential relationships with users' psychological well-being[J]. Cyber Psychology，Behavior and Social Networking，16(7)：512-517.

Barbee A P，Derlega V J，Sherburne S P，et al.，1998. Helpful and unhelpful forms of social support for HIV-positive individuals[J]. HIV and social interaction：83-105.

Barker V，2009. Older adolescents' motivations for social network site use：The influence of gender，group identity and collective self-esteem[J]. Cyber Psychology，Behavior，and Social Networking，12(2)：209-213.

Barker V，2012. A generational comparison of social networking site use：The influence of age and social identity[J]. International Journal of Aging and Human Development，74(2)：163-187.

Beiter R，Nash R，Mccrady M，et al.，2015. The prevalence and correlates of depression，anxiety，and stress in a sample of college students[J]. Journal of Affective Disorders，173：90-96.

Bhattacherjee A，2001. Understanding information systems continuance：an expectation confirmation model[J]. MIS Quarterly，25(3)：351-370.

Blanton H， Buunk B P， Gibbons F X，et al.，1999. When better-than-others compare upward：choice of comparison and comparative evaluation as independent predictors of academic performance[J]. Journal of Personality and Social Psychology，76(3)：420-430.

Bontti L， Campbell M A，Gilmore L，2010. The relationship of loneliness and social anxiety with children's and adolescents' online communication[J]. Cyber Psychology，Behavior，and Social Networking，13(3)：279-285.

Borys S，Perlman D，1985. Gender differences in loneliness[J]. Personality and Social Psychology Bulletin，11(1)：63-74.

Bourdieu P， 1986. The forms of capital[C] //Handbook of Theory and Research for the Sociology of Education，New York：Greenwood：241-258.

Boyd D， 2014. It's complicated：the social lives of networked teens[M]. New Haven：Yale University Press.

Brandtzæg P B，Heim J，2009. Why people use social networking sites//Lecture notes in computer science，online communities and social computing[C]. Berlin，Germany：Springer-Verlag(5621)：143-152.

Brashers D E，Neidig J L，Goldsmith D J，2004. Social support and the management of uncertainty for people living with HIV or AIDS[J]. Health Communication，16(3)：305-331.

Brown S A，Venkatesh V，Goyal S，2012. Expectation confirmation in technology use[J]. Information Systems Research，23(2)：474-487.

Bryce J，Klang M，2009. Young people，disclosure of personal information and online privacy：control，choice and consequences[J]. Information Security Technical Report，14(3)：160-166.

Buote V M，Pancer S M，Pratt M W，et al.，2007. The importance of friends：friendship and adjustment among 1st-year university students[J]. Journal of Adolescent Research，22(6)：665-689.

Burke M，Kraut R，Marlow C，2011. Social capital on Facebook：differentiating uses and users[C]. The meeting of the Human Factors in Computing Systems，Vancouver BC，Canada.

Burke M, Kraut R E, 2014. Growing closer on Facebook: Changes in tie strength through social network site use[C]. The SIGCHI conference on human factors in computing systems. USA: New York.

Burt R S, Kilduff M, Tasselli S, 2013. Social network analysis: foundations and frontiers on advantage[J]. Annual Review of Psychology, 64: 527-547.

Butzer B, Kuiper N A, 2006. Relationships between the frequency of social comparisons and self-concept clarity, intolerance of uncertainty, anxiety and depression[J]. Personality and Individual Differences, 41(1): 167-176.

Buunk B P, Oldersma F L, Dreu C, 2001. Enhancing satisfaction through downward comparison: The role of relational discontent and individual differences in social comparison orientation[J]. Journal of Experimental Social Psychology, 37(6): 452-467.

Buss D M, 2007. The evolution of human mating[J]. Acta Psychologica Sinica, 39(3): 502-512.

Campbell J D, Trapnell P D, Heine S J, et al., 1996. Self-concept clarity: measurement, personality correlates, and cultural boundaries[J]. Journal of Personality and Social Psychology, 70(1): 141-156.

Carlbring P, Andersson G, 2006. Internet and psychological treatmeat: How well can they be combined? [J]. Computers in Human Behavior, 22(3): 545-553.

Caplan S E, 2005. A social skill account of problematic Internet use[J]. Journal of Communication, 55(4): 721-736.

Centola D, Macy M, 2007. Complex contagions and the weakness of long ties[J]. American Journal of Sociology, 113(3): 702-734.

Ceyhan A A, Ceyhan E, 2008. Loneliness, depression, and computer self-efficacy as predictors of problematic Internet use[J]. Cyber Psychology, Behavior, and Social Networking, 11(6): 699-701.

Chen G M, 2011. Tweet this: A uses and gratifications perspective on how active Twitter use gratifies a need to connect with others[J]. Computers in Human Behavior, 27(2): 755-762.

Chen L, Yan Z, Tang W, et al., 2016. Mobile phone addiction levels and negative emotions among Chinese young adults: the mediating role of interpersonal problems[J]. Computers in Human Behavior, (55): 856-866.

Chen R, Sharma S K, 2013. Self-disclosure at social networking sites: An exploration through relational capitals[J]. Information Systems Frontiers, 15(2): 269-278.

Cheng Y, Liang J, Leung L, 2015. Social network service use on mobile devices: An examination of gratifications, civic attitudes and civic engagement in China[J]. New Media and Society, 17(7): 1096-1116.

Cheng Z C, Guo T C, 2015. The formation of social identity and self-identity based on knowledge contribution in virtual communities: an inductive route model[J]. Computers in Human Behavior, (43): 229-241.

Chou H T G, Edge N, 2012. "They are happier and having better lives than I am": The impact of using Facebook on perceptions of others' lives[J]. Cyber Psychology, Behavior, and Social Networking, 15(2): 117-121.

Clayton R B, Nagurney A, Smith J R, 2013. Cheating, breakup, and divorce: Is Facebook use to blame? [J]. Cyber Psychology, Behavior, and Social Networking, 16(10): 717-720.

Covert M V, Tangney J P, Maddux J E, et al., 2003. Shame-proneness, guilt-proneness, and interpersonal problem solving: A social cognitive analysis[J]. Journal of Social and Clinical Psychology, 22(1): 1-12.

Cruwys T，Haslam S A，Dingle G A，et al.，2014. Depression and social identity：An integrative review[J]. Personality and Social Psychology Review，18(3)：215-238.

Csikszentmihalyi M，Lefevre J，1989. Optimal experience in work and leisure[J]. Journal of Personality and Social Psychology，56(5)：815-822.

Cuhadar C，2012. Exploration of problematic Internet use and social interaction anxiety among Turkish pre-service teachers[J]. Computers and Education，59(2)：173-181.

D'Angelo B，Wierzbicki M，2003. Relations of daily hassles with both anxious and depressed mood in students[J]. Psychological Reports，92(2)：416-418.

Davis F D，1989. Perceived usefulness，perceived ease of use，and user acceptance of information technology[J]. Mis Quarterly，13(3)：319-340.

Diener E D，Emmons R A，Larsen R J，et al，1985. The satisfaction with life scale[J]. Journal of personality assessment，49(1)：71-75.

Dienlin T，Masur P K，Trepte S，2017. Reinforcement or displacement? The reciprocity of FtF，Im，and SNS communication and their effects on loneliness and life satisfaction[J]. Journal of Computer-Mediated Communication，22(2)：71-87.

DiMaggio P，Hargittai E，Neuman W R，et al，2001. Social implications of the Internet[J]. Annual Review of Sociology，27(1)：307-336.

Dionisis M，Costas V，Panagiotis G，2018. Query personalization using social network information and collaborative filtering techniques[J]. Future Generation Computer Systems，78(1)：440-450.

Douglas A C，Mills J E，Niang M，et al，2008. Internet addiction：Meta-synthesis of qualitative research for the decade 1996—2006[J]. Computers in Human Behavior，24(6)：3027-3044.

Dunbar R，1998. Grooming，gossip，and the evolution of language[M]. Cambridge：Harvard University Press.

Ellison N，Heino R，Gibbs J，2006. Managing impressions online：self-presentation processes in the online dating environment[J]. Journal of computer-mediated communication，11(2)：415-441.

Ellison N B，Steinfield C，Lampe C，2007. The benefits of Facebook "friends"：Social capital and college students' use of online social network sites[J]. Journal of Computer-Mediated Communication，12(4)：1143-1168.

Ellison N B，Steinfield C，Lampe C，2011. Connection strategies：Social capital implications of Facebook-enabled communication practices[J]. New Media and Society，13(6)：873-892.

Ellison N B，Wohn D Y，Khan M L，et al.，2012. Reshaping access：An overview of research on access to higher education，social media and social capital[EB/OL]. [2017-7-3]. http：//www-personal.umich.edu/~enicole/ReshapingAccessToDistrib.pdf.

Erikson E H，1980. Identity and the life cycle[M]. New York：W. W. Norton & Company.

Falk H，2011. Applications，architectures，and protocol design issues for mobile social networks: a survey[J]. Proceedings of the IEEE，99(12)：2130-2158.

Feinstein B A，Hershenberg R，Bhatia V，et al.，2013. Negative social comparison on Facebook and depressive symptoms：rumination as a mechanism[J]. Psychology of Popular Media Culture，2(3)：161-170.

Festinger L，1954. A theory of social comparison processes[J]. Human relations，7(2)：117-140.

Fokkema T，Knipscheer K，2007. Escape loneliness by going digital: A quantitative and qualitative evaluation of a dutch experiment in using ECT to overcome loneliness among older adults[J]. Aging and Mental Health，11(5): 496-504.

Friedkin N E，1982. Information flow through strong and weak ties in intraorganizatinal social network[J]. Social Networks，3(4): 273-285.

Frison E，Eggermont S，2015. Exploring the relationships between different types of Facebook use，perceived online social support and adolescents' depressed mood[M]. London: Sage Publications.

Frison E，Eggermont S，2015. The impact of daily stress on adolescents' depressed mood: the role of social support seeking through Facebook[J]. Computers in Human Behavior，(44): 315-325.

Fu R，Chen X，Liu J，et al.，2018. Relations between social comparison orientation and adjustment in Chinese adolescents: moderating effects of initial adjustment status[J]. International Journal of Psychology，53(2): 133-141.

Gaines B J，Mondak J J，2009. Typing together? Clustering of ideological types in online social networks[J]. Journal of Information Technology and Politics，6(4): 216-231.

Gibbons F X，Buunk B P，1999. Individual differences in social comparison: Development of a scale of social comparison orientation[J]. Journal of Personality and Social Psychology，76(1): 129-142.

Gilbert E，Bergstrom T，Karahalios K，2009. Blogs are echo chambers: Blogs are echo chambers[C]. The meeting of the 42nd Hawaii International Conference on System Sciences，Waikoloa，USA.

Glaser B，2017. Discovery of grounded theory: Strategies for qualitative research[M]. Taylor and Francis.

Goldman B M，Kernis M H，2002. The role of authenticity in healthy psychological functioning and subjective well-being[J]. Annals of the American Psychotherapy Association，5(6): 18-20.

Gosling S D，Mason W，2015. Internet research in psychology[J]. Annual Review of Psychology，66(1): 877-902.

Granovetter M S，1973. The strength of weak ties[J]. American Journal of Sociology，78(6): 1360-1380.

Granovetter M S，1983. The strength of weak ties: A network theory revisited[J]. Sociological Theory，1(6): 201-233.

Grasmuck S，Martin J，Zhao S，2009. Ethno-racial identity displays on Facebook[J]. Journal of Computer-Mediated Communication，15(1): 158-188.

Gray R，Vitak J，Easton E W，et al，2013. Examining social adjustment to college in the age of social media: Factros influencing successful transitions and persistence[J]. Computers and Education，(67): 193-207.

Greene S，2004. Social identity theory and party identification[J]. Social Science Quarterly，85(1): 136-153.

Grieve R，Indian M，Witteveen K，et al.，2013. Face-to-face or Facebook: can social connectedness be derived online? [J]. Computers in Human Behavior，29(3): 604-609.

Grieve R，Watkinson J，2016. The psychological benefits of being authentic on Facebook[J]. Cyber Psychology，Behavior，and Social Networking，19(7): 420-425.

Guadalupe E J J，2011. The pervasiveness，connectedness and intrusiveness of social network sits use among young adolescents[J]. Cyber Psychology，Behavior，and Social Networking，14(12): 705-709.

Hafen C A，Laursen B，Burk W J，et al.，2011. Homophily in stable and unstable adolescent friendships: Similarity breeds constancy[J]. Personality and Individual Differences，51(5): 607-612.

Haferkamp N，Eimler S C，Papadakis A M，et al.，2012. Men are from Mars，women are from Venus? Examining gender differences in self-presentation on social networking sites[J]. Cyber Psychology，Behavior，and Social Networking，15(2)：91-98.

Hao L，Chiu M M，Li S，2019. Subjective well-being and Internet overuse：A meta-analysis of mainland Chinese students[J]. Current Psychology，(39)：843-853.

Hayes A F，2012. Process：A versatile computational tool for observed variable mediation，moderation，and conditional process modeling[EB/OL]. [2017-7-3]. http：//www.Afhayes.com/public/process2012.pdf.

Heath R L，Bryant J，2000. Human Communication Theory and Research：concepts，contexts and challenges(2nd ed)[M]. New York：Routledge.

Helgeson V S，Mickelson K D，1995. Motives for social comparison[J]. Personality and Social Psychology Bulletin，21(11)：1200-1209.

Herbert W M，Susan A J，1999. Flow experience in sport：Construct validation of multidimensional，hierarchical state and trait responses[J]. Structural Equation Modeling A Multidisciplinary Journal，6(4)：343-371.

Higgins E T，1989. Self-discrepancy theory：What patterns of self-beliefs cause people to suffer?[C] //In advances in experimental social psychology，Academic Press，(22)：93-136.

Hsu C L，Lu H P，2004. Why do people play online games? An extended tam with social influences and flow experience[J]. Information and Management，41(7)：853-868.

Hu C，Kumar S，Huang J，et al.，2017. Disinhibition of negative true self for identity reconstructions in cyberspace：Advancing self-discrepancy theory for virtual setting[J]. PLoS One，12(4)：e0175623.

Huang C，2010. Internet use and psychological well-being：A metaanalysis[J]. Cyber Psychology，Behavior，and Social Networking，13(3)：241-249.

Humphreys L，2007. Mobile social networks and social practice：A case study of dodgeball[J]. Journal of Computer-mediated Communication，13(1)：341-360.

Humphreys L，2010. Mobile social networks and urban public space[J]. New Media and Society，12(5)：763-778.

Humphreys L，Evans S，2017. Mobile social networks[J]. Dialogues on Mobile Communication，(1)：121-138.

Humphreys L，Wilken R，2015. Social media，small business and the control of information[J]. Information，Communication and Society，18(3)：295-309.

Indian M，Grieve R，2014. When Facebook is easier than face-to-face：social support derived from Facebook in socially anxious individuals[J]. Personality and Individual Differences，(59)：102-106.

Joinson A N，Paine C，Buchanan T，et al.，2008. Measuring self disclosure online：Blurring and non response to sensitive items in web-based surveys[J]. Computers in Human Behavior，24(5)：2158-2171.

Jourard S M，2005. Self-disclosure：An experimental analysis of the transparent self[J]. Revista Española De Cardiología，63(12)：1438-1443.

Jourard S M，Lasakow P，1958. Some factors in self-disclosure[J]. The Journal of Abnormal and Social Psychology，56(1)：91-98.

Jung T，Youn H，Mcclung S，2007. Motivations and self-presentation strategies on korean-based "cyworld" weblog format personal homepages[J]. Cyber Psychology，Behavior，and Social Netwonking，10(1)：24-31.

Kalpidou M，Costin D，Morris J，2011. The relationship between Facebook and the well-being of undergraduate college students[J]. Cyber Psychology，Behavior，and Social Networking，14(4)：183-189.

Kaplan M F，Miller C E，1987. Group decision making and normative versus informational influence[J]. Journal of Personality and Social Psychology，53(2)：306-313.

Karle A，2013. Kaveri subrahmanyam and david smahel：Digital youth：The role of media in development[J]. Journal of Youth and Adolescence，42(2)：308-310.

Kays K，Gathercoal K，Buhrow W，2012. Does survey format influence self disclosure on sensitive question items? [J]. Computers in Human Behavior，28(1)：251-256.

Kelley S W，Donnelly J R，James H，et al.，1990. Customer participation in service production and delivery[J]. Journal of Retailing，66(3)：315-335.

Kenny R，Dooley B，Fitzgerald A，2013. Interpersonal relationshipsand emotional distress inadolescence[J]. Journal of Adolescence，36(2)：351-360.

Kim B，Kim Y，2017. College students' social media use and communication network heterogeneity：Implications for social capital and subjective well-being[J]. Computers in Human Behavior，(73)：620-628.

Kim J，Larose R，Peng W，2009. Loneliness as the cause and the effect of problematic Internet use：The relationship between internet use and psychological well-being[J]. Cyber Psychology，Behavior，and Social Networking，12(4)：451-455.

Kim J，Lee C，Elias T，2015. Factors affecting information sharing in social networking sites amongst university students：Application of the knowledge-sharing model to social networking sites[J]. Online Information Review，39(3)：290-309.

Kim J，Lee J E，2011. The Facebook paths to happiness：Effects of the number of Facebook friends and self-presentation on subjective well-being[J]. Cyber Psychology，Behavior，and Social Networking，14(6)：359-364.

Kim Y，Sohn D，Choi S M，2011. Cultural difference in motivations for using social network sites：A comparative study of american and korean college students[J]. Computers in Human Behavior，27(1)：365-372.

Kisilevich S，Ang C S，Last M，2011. Large-scale analysis of self-disclosure patterns among online social networks users：A russian context[J]. Knowledge and Information Systems，32(3)：609-628.

Kisilevich S，Last M，2010. Exploring gender differences in member profiles of an online dating site across 35 countries[C]. The meeting of the 2010 International Conference on Analysis of Social Media and Ubiquitous Data，Berlin，Heidelberg.

Ko H C，Kuo F Y，2009. Can blogging enhance subjective well-being through self-disclosure?[J]. Cyber Psychology，Behavior，and Social Networking，12(1)：75-79.

Koob G F，2011. Neurobiology of addiction[J]. Focus，9(1)：55-65.

Korgaonkar P K，Wolin L D，1999. A multivariate analysis of web usage[J]. Journal of Advertising Research，39(2)：53-68.

Kossinets G，Watts D J，2006. Empirical analysis of an evolving social network[J]. Science，311(5757)：88-90.

Kraut R E, Burke M, 2015. Internet use and psychological well-being: effects of activity and audience[J]. Communications of the ACM, 58(12): 94-100.

Kraut R E, Kiesler S, Boneva B, et al., 2002. Internet paradox revisited[J]. Journal of Social Issues, 58(1): 49-74.

Kraut R E, Patterson M, Lundmark V, et al., 1998. Internet paradox: A social technology that reduces social involvement and psychological well-being?[J]. American Psychologist, 53(9): 1017-1031.

Kross E, Verduyn P, Demiralp E, et al., 2013. Facebook use predicts declines in subjective well-being in young adults[J]. PLoS One, 8(8): e69841.

Kubey R W, Lavin M J, Barrows J R., 2001. Internet use and collegiate academic performance decrements: early findings[J]. Journal of Communication, 51(2): 366-382.

Lampe C, Ellison N, Steinfield C, 2006. A Face(book) in the crowd: Social searching vs social browsing[C]. The meeting of the 2006 20th Anniversary Conference on Computer Supported Cooperative Work, New York, USA.

Lariscy R W, Tinkham S F, Sweetser K D, 2011. Kids these days: Examining differences in political uses and gratifications, internet political participation, political information efficacy, and cynicism on the basis of age[J]. American Behavioral Scientist, 55(6): 749-764.

Lee C, Shin J, Hong A, 2017. Does social media use really make people politically polarized? Direct and indirect effects of social media use on political polarization in South Korea[J]. Telematics and Informatics, 35(1): 245-254.

Lee S W, Kim I, Yoo J, et al, 2016. Insights from an expressive writing intervention on facebook to help alleviate depressive symptoms[J]. Computers in Human Behavior, (62): 613-619.

Lee Y S, 2014. How do people compare themselves with others on social network sites? The case of Facebook[J]. Computers in Human Behavior, (32): 253-260.

Legris P, Ingham J, Collerette P, 2003. Why do people use information technology? A critical review of the technology acceptance model[J]. Information and Management, 40(3): 191-204.

Levine M, Prosser A, Evans D, et al., 2005. Identity and emergency intervention: How social group membership and inclusiveness of group boundaries shape helping behavior[J]. Personality and Social Psychology Bulletin, 31(4): 443-453.

Li C, Zheng Y, Tang W, et al., 2016. Mobile phone addiction levels and negative emotions among Chinese young adults: The mediating role of interpersonal problems[J]. Computers in Human Behavior, (55): 856-866.

Liao Q V, Fu W T, 2013. Beyond the filter bubble: interactive effects of perceived threat and topic involvement on selective exposure to information[C]. The meeting of the Human Factors in Computing Systems, Paris, France.

Lien C H, Cao Y, 2014. Examining WeChat users' motivations, trust, attitudes, and positive word-of-mouth: Evidence from China[J]. Computers in Human Behavior, (41): 104-111.

Lin H, Tov W, Qiu L, 2014. Emotional disclosure on social networking sites: the role of network structure and psychological needs[J]. Computers in Human Behavior, (41): 342-350.

Linley P A, Nielsen K M, Gillett R, et al., 2010. Using signature strengths in pursuit of goals: Effects on goal progress, need satisfaction, and well-being, and implications for coaching psychologists[J]. International Coaching Psychology Review, 5(1): 6-15.

Liu D，Brown B B，2014. Self-disclosure on social networking sites，positive feedback，and social capital among chinese college students[J]. Computers in Human Behavior，（38）：213-219.

Locatelli S M，Kluwe K，Bryant F B，2012. Facebook use and the tendency to ruminate among college students：Testing mediational hypotheses[J]. Journal of Educational Computing Research，46(4)：377-394.

Lu J，Li B，2015. Media representation of mobile technologies：a content analysis of television commercials[J]. International Journal of Mobile Communications，13(3)：229-243.

Luhtanen R，Crocker J，1992. A collective self-esteem scale：self-evaluation of one's social identity[J]. Personality and Social Psychology Bulletin，18(3)：302-318.

Madden M，Lenhart A，Cortesi S，et al.，2013. Teens，social media，and privacy[J]. Pew Research Center，21(1055)：2-86.

Manago A M，Taylor T，Greenfield P M，2012. Me and my 400 friends：The anatomy of college students' Facebook networks，their communication patterns and well-being[J]. Developmental Psychology，48(2)：369-380.

Marcia J E，1966. Development and validation of ego-identity status[J]. Journal of Personality and Social Psychology，3(5)：551-558.

McCord B，Rodebaugh T，Levinson C，2014. Facebook：Social uses and anxiety[J]. Computers in Human Behavior，（34）：23-27.

Mckenna K Y A，Green A S，Gleason M E J，2002. Relationship formation on the Internet：What's the big attraction?[J]. Journal of Social Issues，58(1)：9-31.

Merchant G，Weibel N，Pina L，et al.，2017. Face-to-face and online networks：college students' experiences in a weight-loss trial[J]. Journal of Health Communication，22(1)：75-83.

Milgram S，1967. The small world problem[J]. Psychology Today，2(1)：60-67.

Minimol K T，Angelina J M，2015. Teenagers' perception of social network sites in relation to academic motivation and interpersonal relationships：A focus group approach[J]. Indian Journal of Positive Psychology，6(1)：93-97.

Moody E J，2001. Internet use and its relationship to loneliness[J]. Cyber Psychology，Behavior，and Social Networking，4(3)：393-401.

Morahan-Martin J，Schumacher P，2000. Incidence and correlates of pathological internet use among college students[J]. Computers in Human Behavior，16(1)：13-29.

Morahan-Martin J，Schumacher P，2003. Loneliness and social usedof the Internet[J]. Computers in Human Behavior，19(6)：659-671.

Müller K W，Dreier M，Beutel M E，et al.，2016. A hidden type of internet addiction? Intense and addictive use of social networking sites in adolescents[J]. Computers in Human Behavior，（55）：172-177.

Muscanell N L，Guadagno R E，2011. Make new friends or keep the old：Gender and personality differences in social networking use[J]. Computers in Human Behavior，28(1)：107-112.

Neustaedter C，Fedorovskaya E，2009. Presenting identity in a virtual world through avatar appearances[C]. The meeting of the graphics interface 2009，Kelowna，Canada.

Nguyen A W，Chatters L M，Taylor R J，et al.，2016. Social support from family and friends and subjective well-being of older African Americans[J]. Journal of Happiness Studies，17（3）：959-979.

Nicole B E，Charles S，Cliff L，2011. Connection strategies：Social capital implications of Facebook-enabled communication practices[J]. New Media and Society，13（6）：873-892.

Noon E J，Meier A，2019. Inspired by friends: adolescents' network homophily moderates the relationship between social comparison，envy，and inspiration on Instagram[J]. Cyber Psychology，Behavior，and Social Networking，22（12）：787-793.

O'Donohoe S，1994. Advertising uses and gratifications[J]. European Journal of Marketing，28（9）：52-75.

Oh H J，Ozkaya E，Larose R，2014. How does online social networking enhance life satisfaction? The relationships among online supportive interaction，affect，perceived social support，sense of community，and life satisfaction[J]. Computers in Human Behavior，（30）：69-78.

Okazaki S，2006. What do we know about mobile internet adopters? A cluster analysis[J]. Information and Management，43（2）：127-141.

Oliver R L，1980. A cognitive model of the antecedents and consequences of satisfaction decisions[J]. Journal of Marketing Research，17（4）：460-469.

Olson B D，Evans D L，1999. The role of the big five personality dimensions in the direction and affective consequences of everyday social comparisons[J]. Personality and Social Psychology Bulletin，25（12）：1498-1508.

Ong C，Chang S，Wang C，2011. Comparative loneliness of users versus nonusers of online chatting[J]. Cyber Psychology，Behavior，and Social Networking，14（2）：35-40.

Ong E Y，Ang R P，Ho J C，et al.，2011. Narcissism，extraversion and adolescents' self-presentation on Facebook[J]. Personality and Individual Differences，50（2）：180-185.

Papacharissi Z，Rubin A M，2000. Predictors of Internet use[J]. Journal of Broadcasting and Electronic Media，44（2）：175-196.

Pariser E，2011. The filter bubble：What the Internet is hiding from you[M]. New York：Penguin press.

Park E，Baek S，Ohm J，et al.，2014. Determinants of player acceptance of mobile social network games: An application of extended technology acceptance model[J]. Telematics and Informatics，31（1）：3-15.

Park J，Lee D S，Shablack H，et al.，2016. When perceptions defy reality: The relationships between depression and actual and perceived Facebook social support[J]. Journal of Affective Disorders，（200）：37-44.

Park N，Jin B，Jin S A A，2011. Effects of self-disclosure on relational intimacy in Facebook[J]. Computers in Human Behavior，27（5）：1974-1983.

Paul J W，2013. Internet pornography exposure and women's attitude towards extramarital sex: An exploratory study[J]. Communication Studies，64（3）：315-336.

Peplau L A，Perlman D，1982. Perspective on loneliness//Lonelinss: A sourcebook of current theory，research and therapy[C]. New York：Wiley.

Pietiläinen A K，Oliver E，Lebrun J，et al.，2009. MobiClique：Middleware for mobile social networking[C]. The meeting of the 2nd ACM Workshop on Online Social Networks，Barcelona，Spain.

Pittman M，Reich B，2016. Social media and loneliness：Why an Instagram picture may be worth more than a thousand Twitter words[J]. Computers in Human Behavior(62)：155-167.

Pornsakulvanich V，Haridakis P，Rubin A M，2008. The influence of dispositions and Internet motivation on online communication satisfaction and relationship closeness[J]. Computers in Human Behavior，24(5)：2292-2310.

Pugliesi K，Shook S L，1998. Gender，ethnicity，and network characteristics：Variations in social support resources[J]. Sex Roles，38(3)：215-238.

Punamaki R L，Wallenius M，Holtto H，et al.，2009. The associations between information and communication technology (ICT) and peer and parent relations in early adolescence[J]. International Journal of Behavioral Development，33(6)：556-564.

Putnam R D，2000. Bowling alone：the collapse and revival of American community[J]. New York：Simon and Schuster.

Putnam R D，2001. Social capital：Measurement and consequences[J]. Canadian Journal of Policy Research，2(1)：41-51.

Rains S A，Brunner S R，2015. What can we learn about social network sites by studying Facebook? A call and recommendations for research on social network sites[J]. New Media and Society，17(1)：114-131.

Ranney J D，Troop-Gordon W，2012. Computer-mediated communication with distant friends：Relations with adjustment during students' first semester in college[J]. Journal of Educational Psychology，104(3)：848-861.

Reich S M，Subrahmanyam K，Espinoza G，2012. Friending，iming，and hanging out face-to-face：Overlap in adolescents' online and offline social networks[J]. Developmental Psychology，48(2)：356-368.

Rheingold H，1993. The virtual community：Finding connection in a computerized world[M]. Boston：Addison-wesley longman publishing.

Rivera M T，Soderstrom S B，Uzzi B，2010. Dynamics of dyads in social networks：Assortative，relational，and proximity mechanisms[J]. Annual review of sociology，(36)：91-115.

Rizvi F，Qureshi A，Rajput A M，2015. Prevalence of depression，anxiety and stress (by DASS scoring system)among medical students in Islamabad，Pakistan[J]. British Journal of Medicine and Medical Research，8(1)：69-75.

Rogers C R，1951. Client-centered therapy：its current practice，implications and theory[J]. Boston：Houghton Mifflin.

Rosen L D，Cheever N A，Cummings C，et al.，2008. The impact of emotionality and self-disclosure on online dating versus traditional dating[J]. Computers in Human Behavior，24(5)：2124-2157.

Russell D W，1996. UCLA Loneliness scale(version 3)：Reliability，validity and Factor Structurel[J]. Journal of personality Assessment，66(1)：20-40.

Ryff C D，1989. Happiness is everything，or is it? Explorations on the meaning of psychological well-being[J]. Journal of Personality and Social Psychology，57(6)：1069-1081.

Sagioglou C，Greitemeyer T，2014. Facebook's emotionalconsequences：Why Facebook causes a decrease in mood and why peoplestill use it[J]. Computers in Human Behavior，(35)：359-363.

Sanderson J，2013. From loving the hero to despising the villain：Sports fans，Facebook，and social identity threats[J]. Mass Communication and Society，16(4)：487-509.

Sanderson J，Frederick E，Stocz M，2016. When athlete activism clashes with group values: social identity threat management via social media[J]. Mass Communication and Society，19(3)：301-322.

Santosa P I，2004. Student's attitude toward webcast lecture：An online survey result[C]. The meeting of the sixth International Conference on Information Integration and Web-based Applications Services，Jakarta，Indonesia.

Shakiratul H A R，2013. Can't live without my FB，LoL：The influence of social networking sites on the communication skills of TESL students[J]. Procedia-Social and Behavioral Sciences，(134)：213-219.

Shapiro L A S，Margolin G，2014. Growing up wired：Social networking sites and adolescent psychosocial development[J]. Clinical Child and Family Psychology Review，17(1)：1-18.

Shaw L H，Gant L M，2002. In defense of the internet：The relationship between internet communication and depression，loneliness，self-esteem，and perceived social support[J]. Cyber Psychology，Behavior，and Social Networking，5(2)：157-171.

Shin D C，Johnson D M，1978. Avowed happiness as an overall assessment of the quality of life[J]. Social Indicators Research，5(1)：475-492.

Snchez M，Otero A，2009. Factors associated with cell phone use in adolescents in the community of Madrid (Spain)[J]. Cyber Psychology，Behavior，12(2)：131-137.

Soman S，Bhat S M，Latha K S，et al.，2016. Gender differences in perceived social support and stressful life events in depressed patients[J]. East Asian Archives of Psychiatry，26(1)：22-29.

Sosik V S，Bazarova N N，2014. Relational maintenance on social network sites：How Facebook communication predicts relational escalation[J]. Computers in Human Behavior(35)：124-131.

Steinfield C，Ellison N B，Lampe C，2008. Social capital，self-esteem，and use of online social network sites：A longitudinal analysis[J]. Journal of Applied Developmental Psychology，29(6)：434-445.

Stoll C，1995. Silicon snake oil：Second thoughts on the information highway[J]. New York：Doubleday.

Subrahmanyam K，Lin G，2007. Adolescents on the net：Internet use and well-being[J]. Adolescence，42(168)：659-677.

Subrahmanyam K，Smahel D，2010. Digital youth：The role of media in development[J]. Berlin：Springer Science and Business Media.

Sunstein C R，2002. The law of group polarization[J]. Journal of Political Philosophy，10(2)：175-195.

Swenson L M，Nordstrom A，Hiester M，2008. The role of peer relationships in adjustment to college[J]. Journal of College Student Development，49(6)：551-567.

Tajfel H，1978. Differentiation between social groups：Studies in the social psychology of intergroup relations[M]. London：Academic Press.

Tajfel H，Turner J C，1986. The social identity theory of intergroup behavior[J]. Psychology of Intergroup Relations，13(3)：7-24.

Thomas L，Briggs P，Hart A，et al.，2017. Understanding social media and identity work in young people transitioning to university[J]. Computers in Human Behavior，(76)：541-553.

Thong J Y L，Hong S J，Tam K Y，2011. The effects of post-adoption beliefs on the expectation-confirmation model for information technology continuance[J]. International Journal of Human Computer Studies，64(9)：799-810.

Toma C L，2010. Affirming the self through online profiles：Beneficial effects of social networking sites[C]. The meeting of the SIGCHI Conference on Human Factors in Computing systems，Atlanta Georgia，USA.

Tosun L P，2012. Motives for Facebook use and expressing "true self" on the internet[J]. Computers in Human Behavior，28(4)：1510-1517.

Trevino L K，1992. Flow in computer-mediated communication[J]. Communication Research，19(5)：539-573.

Trusov M，Bodapati A V，Bucklin R E，2010. Determining influential users in internet social networks[J]. Journal of Marketing Research，47(4)：643-658.

Tsai C C，Sunny L，Tsai M J，2001. Developing an Internet attitude scale for high school student[J]. Computers and Education，37(1)：41-51.

Turow J，Kavanaugh A，1996. Virtuality and its discontents：Searching for community in cyberspace[J]. The American Prospect，24(24)：385-397.

Twomey C，O'Reilly G，2017. Associations of self-presentation on Facebook with mental health and personality variables：a systematic review[J]. Cyber Psychology，Behavior，and Social Networking，20(10)：587-595.

Underwood H，Findlay B，2004. Internet relationships and their impact on primary relationships[J]. Behaviour Change，21(2)：127-140.

Usborne E，Taylor D M，2010. The role of cultural identity clarity for self-concept clarity，self-esteem，and subjective well-being[J]. Personality and Social Psychology Bulletin，36(7)：883-897.

Valenzuela S，Park N，Kee K F，2009. Is there social capital in a social network site? Facebook use and college students' life satisfaction，trust，and participation[J]. Journal of Computer-Mediated Communication，14(4)：875-901.

Valkenburg P M，Peter J，Schouten A P，2006. Friend networking sites and their relationship to adolescents' well-being and social self-esteem[J]. Cyber Psychology，Behavior，and Social Networking，9(5)：584-590.

Valkenburg P M，Peter J，2007a. Internet communication and its relation to well-being：Identifying some underlying mechanisms[J]. Media Psychology，9(1)：43-58.

Valkenburg P M，Peter J，2007b. Online communication and adolescent well-being：Testing the stimulation versus the displacement hypothesis[J]. Journal of Computer-Mediated Communication，12(4)：1169-1182.

Valkenburg P M，Peter J，2009. The effects of tnstant messaging on the quality of adolescents' existing friendships：A longitudinal study[J]. Journal of Communication，59(1)：79-97.

Valkenburg P M，Peter J，2011. Online communication among adolescents：An integrated model of its attraction，opportunities，and risks[J]. Journal of Adolescent Health，48(2)：121-127.

Verduyn P，Lee D S，Park J，et al.，2015. Passive Facebook usage undermines affective well-being：experimental and longitudinal evidence[J]. Journal of Experimental Psychology：General，144(2)：480-488.

Vogel E A，Rose J P，Okdie B M，et al.，2015. Who compares and despairs? The effect of social comparison orientation on social media use and its outcomes[J]. Personality and Individual Differences(86)：249-256.

Vogel E A，Rose J P，Roberts L R，et al.，2014. Social comparison，social media，and self-esteem[J]. Psychology of Popular Media Culture，3(4)：206-222.

Wallace L，James T L，Warkentin M，2017. How do you feel about your friends? Understanding situational envy in online social networks[J]. Information and Management，54（5）：669-682.

Walsh S P，White K M，Cox S，et al.，2011. Keeping in constant touch：The predictors of young Australians' mobile phone involvement[J]. Computers in Human Behavior，27（1）：333-342.

Walther J B，1996. Computer-mediated communication impersonal，interpersonal，and hyperpersonal interaction[J]. Communication Research，23（1）：3-43.

Wang H，Wang X，Li K，et al.，2017. A measurement study of device-to-device sharing in mobile social networks based on Spark[J]. Concurrency and Computation Practice and Experience，29（16）：1-13.

Wang J L，Jackson L A，Gaskin J，et al.，2014. The effects of social networking site（SNS）use on college students' friendship and well-being[J]. Computers in Human Behavior（37）：229-236.

Wang Y C，Hinsberger H，Kraut R E，2016. Does saying this make me look good? How posters and outsiders evaluate facebook updates[C]. The meeting of the 2016 CHI conference on human factors in computing systems，California，USA.

Watson D，Clark L A，Tellegen A，1988. Development and validation of brief measures of positive and negative affect：The PANAS scales[J]. Journal of Personality and Social Psychology，54（6）：1063-1070.

Webster J，Trevino L K，Ryan L，1993. The dimensionality and correlates of flow in human-computer interactions[J]. Computers in Human Behavior，9（4）：411-426.

Weimainn G，1983. The strength of weak conversational ties in the flow of information and influence[J]. social Networks，5（3）：245-267.

Wellman B，Haase A Q，Witte J，et al.，2001. Does the Internet increase，decrease，or supplement social capital? Social networks，participation，and community commitment[J]. American Behavioral Scientist，45（3）：436-455.

Wen X，2013. A study of Wechat's effects on college students' interpersonal communication and the educational countermeasures[J]. Psychol，（14）：35-38.

Wen Z，Geng X，Ye Y，2016. Does the use of WeChat lead to subjective well-being? The effect of use intensity and motivations[J]. Cyber Psychology，Behavior，and Social Networking，19（10）：587-592.

Whiting A，Williams D，2013. Why people use social media：A uses and gratifications approach[J]. Qualitative Market Research，16（4）：362-369.

Wikipedia，2017. Mobile social network[EB/OL]. [2017-3-18]. http://en.wikipedia.org/wiki/Mobile_social_network.

Wills T A，1981. Downward comparison principles in social psychology[J]. Psychological Bulletin，90（2）：245-271.

Wilson R E，Gosling S D，Graham L T，2012. A review of Facebook research in the socialsciences[J]. Perspectives on Psychological Science，7（3）：203-220.

Wilson T D，Lindsey S，Schooler T Y，2000. A model of dual attitude[J]. Psychological Review，107（1）：101-126.

Wood A M，Linley P A，Maltby J，et al.，2008. The authentic personality：A theoretical and empirical conceptualization and the development of the authenticity scale[J]. Journal of Counseling Psychology，55（3）：385-399.

Wood J V，1989. Theory and research concerning social comparisons of personal attributes[J]. Psychological Bulletin，106（2）：231-248.

Wood J V，1996. What is social comparison and how should we study it? [J]. Personality and Social Psychology Bulletin，22（5）：520-537.

Xie B, 2007. Using the Internet for offline relationship formation[J]. Social Science Computer Review, 25(3): 396-404.

Xie B, 2008. The mutual shaping of online and offline social relationships[J]. Information Research An International Electronic Journal, 13(3): 1808-1818.

Xie X, Wang X, Zhao F, et al., 2018. Online real-self presentation and depression among Chinese teens: Mediating role of social support and moderating role of dispositional optimism[J]. Child Indicators Research, 11(5): 1531-1544.

Yang C, 2014. It makes me feel good: A longitudinal, mixed-methods study on college freshmen's Facebook self-presentation and self development[D]. Madison: Wisconsin-Madison.

Yang C C, 2016. Instagram use, loneliness, and social comparison orientation: Interact and browse on social media, but don't compare[J]. Cyber Psychology, Behavior, and Social Networking, 19(12): 703-708.

Yang C C, Brown B B, 2013. Motives for using Facebook, patterns of Facebook activities, and late adolescents' social adjustment to college[J]. Journal of Youth and Adolescence, 42(3): 403-416.

Yang C C, Brown B B, 2015. Factors involved in associations between Facebook use and college adjustment: Social competence, perceived usefulness, and use patterns[J]. Computers in Human Behavior, (46): 245-253.

Yang C C, Brown B B, 2016. Online self-presentation on Facebook and self development during the college transition[J]. Journal of Youth and Adolescence, 45(2): 402-416.

Yang S, Liu Y, Wei J, 2016. Social capital on mobile SNS addiction[J]. Internet Research, 26(4): 982-1000.

Yang Z, Jun S, Hong D, et al., 2016. Personality as a metric for topic models on social networks[J]. Journal of High Speed Networks, 22(2): 169-176.

Yao M Z, Zhong Z J, 2014. Loneliness, social contacts and Internet addiction: A cross-lagged panel study[J]. Computers in Human Behavior, (30): 164-170.

Yardi S, Boyd D, 2010. Dynamic debates: An analysis of group polarization over time on Twitter[J]. Bulletin of Science Technology and Society, 30(5): 316-327.

Young S, Chu J, 2017. The Relations among mobile internet addiction, sleep quality, anxiety and interpersonal relationship for university students[J]. Journal of Korean Clinical Health Science, 5(4): 1026-1031.

Yu A Y, Tian S W, Vogel D, et al., 2010. Can learning be virtually boosted? An investigation of online social networking impacts[J]. computers and education, 55(4): 1494-1503.

Zhao S, Grasmuck S, Martin J, 2008. Identity construction on facebook: Digital empowerment in anchored relationships[J]. Computers in Human Behavior, 24(5): 1816-1836.

Zhou T, Li H, Liu Y, 2010. The effect of flow experience on mobile sns users' loyalty[J]. Industrial Management and Data Systems, 110(6): 930-946.

Zhu J, Wang Q, Yang J, 2015. Research of Wechat network information transmission based on the complex network[C]. The meeting of the 2015 International Conference on Intelligent Systems Research and Mechatronics Engineering, Zhengzhou, China.

Zimmer J C, Arsal R E, Al-Marzouq M, et al., 2010. Investigating online information disclosure: Effects of information relevance, trust and risk[J]. Information and Management, 47(2): 115-123.

Zong W，Yang J，Bao Z，2019. Social network fatigue affecting continuance intention of social networking services[J]. Data Technologies and Applications，Bingley，53(1)：123-139.

Zucchetti G，Giannotta F，Rabaglietti E，2013. Online and offline friendship among Italian adolescent girls following a non-traditional school track[J]. Scandinavian Journal of Child and Adolescent psychiatry and psychology，1(1)：24-32.

附　录

大学生移动社交网络人际交往问卷

亲爱的同学:

您好! 非常感谢您抽出宝贵的时间参与我们的调查。

移动社交网络是人们使用移动终端设备,并通过相应的应用程序在人群中分享兴趣、爱好、状态和活动等信息的在线平台。此问卷是为了解大学生在移动社交网络平台上的人际交往而设计的。问卷共包含两个部分,答案无对错之分,请不要有顾虑,也不要参考别人的回答。您的回答仅供学术研究使用,不会对他人公开,不会对您个人造成任何影响,请您放心作答。回答时请注意:①基本资料请您务必填写完整;②请逐题作答,不要遗漏。非常感谢您的支持和帮助!

个人基本资料

请在符合您的选项上打"√"

1.性别: ①男□　　　　②女□

2.户籍所在地: ①城镇□　　　　②农村□

3.父母文化程度: ①初中及以下□　　　②高中/中专□　　　③大专□
　　　　　　　　④本科□　　　　　⑤硕士及以上□

4.年级: ①大学一年级□　　　②大学二年级□
　　　　③大学三年级□　　　④大学四年级□

5.所学专业属于: ①理工类□　　　②文史类□　　　③体育艺术类□

6.是否为学生干部: ①是□　　　②否□

7.所在高校名称: ＿＿＿＿＿＿＿＿＿＿＿＿＿＿＿

8.收入水平(包括奖/助学金和兼职收入等):
①1000 元以下/月□　　　②1000~3000 元/月□
③3000~5000 元/月□　　　④5000 元以上/月□

9.连接移动社交网络常用设备: ①手机□　　　②平板□

10.移动社交网络网龄: ①1 年以下□　　　②1~3 年□

　　　　　　③3～5 年□　　　　　④5 年以上□

11.使用移动社交网络的频率：①平均每天 1～5 次□　②平均每天 5～10 次□

　　　　　　③每天 10 次以上　　　　　④其他＿＿＿＿＿＿＿

12.每天使用移动社交网络的时间：＿＿＿＿＿＿小时

13.常用的移动社交网络应用程序(多选)：①微博□　②微信□　③QQ□

　　　　　　④贴吧□　⑤MSN□　⑥知乎□

　　　　　　⑦豆瓣□　⑧其他＿＿＿＿＿

正式问卷

　　请仔细阅读以下条目，根据您在生活中的实际情况，判断下面的问题是否与您相符合，请在五个选项中选择最符合您实际情况的一项，并打"√"。

题号	问题	非常不符合1	不太符合2	不确定3	比较符合4	非常符合5
1	移动社交网络为我获取信息提供了很大便利					
2	我花费了大量的精力在移动社交网络上					
3	我会和移动社交网络上的网友分享我的人生观和价值观					
4	移动社交网络为我和朋友的联系提供了很大方便					
5	我可以一整天都耗在移动社交网络上(聊天和刷微博等)，而不去做其他事情					
6	我经常在移动社交网络上发起和讨论自己感兴趣的话题					
7	我主要通过 QQ 等应用程序获取学院或班级事务的有关信息					
8	当不能使用移动社交网络时，我常常感到焦虑不安					
9	我经常在移动社交网络上发表我对某些事情的看法					
10	通过移动社交网络我能够迅速了解热点事件和话题					
11	为了使用移动社交网络，我放弃或减少了重要的娱乐和人际交往等活动					
12	我会在移动社交网络上向网友表露我的个性特点					
13	我会通过移动社交网络深入了解某一方面的信息					
14	我会利用休息或工作时间去使用移动社交网络					
15	我会向移动社交网络上的网友表露我学习(工作)的情况					
16	当不能与朋友见面时，我经常使用移动社交网络跟他/她联系					
17	同学和朋友常说我花了过多的时间使用移动社交网络和上网聊天					

　　对于您提供的协助，我们表示诚挚的感谢！为了保证资料的完整与翔实，请您再花一分钟时间检查一下自己填写的问卷，看是否有填错或填漏的地方。谢谢！

问卷维度划分

信息沟通

1. 移动社交网络为我获取信息提供了很大便利
4. 移动社交网络为我和朋友联系提供了很大方便
7. 我主要通过 QQ 等应用程序获取学院或班级事务的有关信息
10. 通过移动社交网络，我能够迅速了解热点事件和话题
13. 我会通过移动社交网络深入了解某一方面的信息
16. 当不能与朋友见面时，我经常使用移动社交网络跟他/她联系

网络依赖

2. 我花费了大量的精力在移动社交网络上
5. 我可以一整天都耗在移动社交网络上(聊天和刷微博等)，而不去做其他事情
8. 当不能使用移动社交网络时，我常常感到焦虑不安
11. 为了使用移动社交网络，我放弃或减少了重要的娱乐和人际交往等活动
14. 我会利用休息或工作时间去使用移动社交网络
17. 同学和朋友常说我花了过多的时间使用移动社交网络和上网聊天

自我表露

3. 我会和移动社交网络上的网友分享我的人生观和价值观
6. 我经常在移动社交网络上发起和讨论自己感兴趣的话题
9. 我经常在移动社交网络上发表我对某些事情的看法
12. 我会在移动社交网络上向网友表露我的个性特点
15. 我会向移动社交网络上的网友表露我学习(工作)的情况

索　引

后 记

自 2015 年来，我们依托国家社会科学基金项目"移动社交网络对大学生交往方式的影响研究"（15BSH025）开展了近五年的系列研究。从研究初期对文献的搜集梳理，到采用线上与线下研究相结合的方式在全国多个省市通过调查、实验和访谈等方法收集大学生原始资料，力求使样本数据尽可能覆盖国内东、西、南、北多个区域且更具代表性，再到最终研究成果的撰写，各种艰辛与困难，至今历历在目。

本书特色主要体现在三个方面。一是本土化的研究取向。本书立足于国内大学生常用的社交平台或软件，在中国文化这一特定背景下分析揭示移动社交网络对当代大学生人际交往及社会适应的影响，其研究结果具备较高的生态效度。在此基础上，本书提出适合我国本土文化的针对大学生积极交往的对策建议，以为提升大学生社会适应能力，铸牢中华民族共同体意识，以及促进社会和谐做出贡献。二是融合多学科的研究。本书根据我国大学生使用移动社交网络的现状，并结合社会学、心理学和传播学等学科，系统地揭示了移动社交网络对大学生人际交往方式变化的影响。三是研究方法的多元结合。本书内容突破了传统研究对单一移动社交软件的分析，结合多种大学生常用的移动社交软件，分析大学生交往方式的动态变化，构建移动社交网络对大学生人际交往影响的模型，揭示在移动社交网络环境中大学生交往方式的特点，解析移动社交网络对大学生认知、情感和行为(线上和线下)的影响。其中，多个问题的研究均以定性研究与定量研究所获数据为支撑，在一定程度上避免了类似研究中或者纯粹用现象学分析，或者纯粹用统计学数据堆积的不足，通过社会科学与自然科学研究范式的有机结合，使研究成果的学理逻辑性更科学，研究结论的可靠性更强。

本书是近五年来围绕移动社交网络与大学生人际交往所做的探索，也力图在研究中有所突破。但限于时间、精力及能力，得出的结论仍显粗浅。盼各位同仁批评指正。

本书的出版，得到了四川师范大学学术著作出版基金的资助。同时，感谢科学出版社莫永国主任、陈丽华编辑认真细致的工作。感谢我的学生胡东、郑荃、何翔、肖飒、王琦、李颖、罗攀、唐佳丽、刘奉洁、邓靖丰、陈灿杰、袁安怡、葛玥、马娜娜、张婷、张雨露和曾倩等在资料收集、数据分析和文字排版等方面的辛勤付出。

郭英

2021 年 5 月 23 日